COMO ENFRENTAR O ÓDIO

FELIPE NETO

Como enfrentar o ódio

A internet e a luta pela democracia

COMPANHIA DAS LETRAS

Grafia atualizada segundo o Acordo Ortográfico da Língua Portuguesa de 1990, que entrou em vigor no Brasil em 2009.

Capa
Filipa Pinto | Foresti Design

Preparação
Maria Emilia Bender

Checagem
Érico Melo

Revisão
Clara Diament
Jane Pessoa

Dados Internacionais de Catalogação na Publicação (CIP)
(Câmara Brasileira do Livro, SP, Brasil)

Neto, Felipe
Como enfrentar o ódio : A internet e a luta pela democracia / Felipe Neto — 1ª ed. — São Paulo : Companhia das Letras, 2024.

ISBN 978-85-359-3891-3

1. Brasil – Política e governo 2. Democracia 3. Internet – Aspectos sociais 4. Internet – Aspectos políticos I. Título.

24-213667 CDD-303.4834

Índice para catálogo sistemático:
1. Democracia : Internet : Sociologia 303.4834

Cibele Maria Dias – Bibliotecária – CRB-8/9427

EDITORA SCHWARCZ S.A.
Rua Bandeira Paulista, 702, cj. 32
04532-002 — São Paulo — SP
Telefone: (11) 3707-3500
www.companhiadasletras.com.br
www.blogdacompanhia.com.br
facebook.com/companhiadasletras
instagram.com/companhiadasletras
x.com/cialetras

Sumário

PARTE II: COMUNICAÇÃO COMO ARMA

PARTE III: ENFRENTANDO O ÓDIO

PARTE IV: GOVERNO ASSASSINO

PARTE V: VENCENDO O ÓDIO

Um dia para não esquecer

Naquela segunda-feira, 15 de março de 2021, fazia sol no Rio de Janeiro. Eu tinha acordado tarde, hábito que viria a mudar depois da pandemia. Por volta do meio-dia, me sentei em frente ao computador para trabalhar.

O isolamento social imposto um ano antes começava a abalar minha saúde mental. Preferia ficar sozinho na maior parte do tempo e às vezes passava mais de dez horas seguidas trabalhando, estudando, publicando e gravando conteúdo para o meu canal do YouTube. No ano anterior, eu havia feito uma série de vídeos ambientados no jogo *Minecraft* que se tornara um sucesso. Assim, gastava um bom tempo assistindo a tutoriais e utilizando aquele ambiente tridimensional em cubos para criar meu próprio mundo de fantasia, com histórias e aventuras envolvendo um homem, um cão e um gato, explorando cenários diferentes e descobrindo o prazer da imaginação.

Estava entretido com isso quando me avisaram que um carro da polícia estacionou na porta de casa. Pausei o jogo e tirei o fone de ouvido. Eu não ignorava os riscos de enfrentar o poder, sobretudo o da extrema direita. Quando se combate um governo, pode acontecer de tudo, eu sabia. Quando chega a retaliação, porém, de nada adianta você ter se preparado: não vai se sentir apto a lidar com a situação.

Desci as escadas devagarinho. Meu escritório era no terceiro andar, e isso me deu algum tempo para refletir. Por que a polícia estaria me procurando? Até então, todos os processos em que eu estivera envolvido tinham sido entregues por oficiais de justiça, até intimações criminais.

"O que eu fiz?", eu me perguntava. Absolutamente nada. Pelo menos nada que pudesse resultar em prisão. A não ser que fosse mais uma tentativa de me prender ilegalmente, como já acontecera alguns meses antes.

Cheguei à porta, uma policial me aguardava do lado de fora. Ela vestia calça jeans escura justa e camisa social branca. Senti um alívio enorme; não eram personagens como ela que eu via no noticiário quando alguém era preso. Ela segurava um envelope grande, pardo, e tinha uma expressão meio impaciente, como se quisesse acabar logo com aquilo. Esboçou um sorriso quando abri a porta de vidro que dava para o jardim.

"Boa tarde, sr. Felipe", ela disse, cordial.

"Boa tarde. A senhora é da polícia?", perguntei, na esperança de que se tratasse de mais uma oficial de justiça trazendo mais um processo.

"Sim, senhor, sou policial civil do estado. Trouxe uma intimação."

Então estendeu o envelope, que peguei com a mão firme, interpretando um personagem de muita coragem enquanto suava em bicas e ao mesmo tempo sentia frio.

"Estou sendo intimado por quê?"

"O senhor vai encontrar todas as explicações dentro do envelope. Vai ter que comparecer à delegacia na quinta-feira para depor."

Na hora imaginei a repercussão. Fotógrafos me esperando do lado de fora da delegacia, eu sendo exposto ao ridículo e chamado de criminoso, como eles vinham tentando fazer havia tempos. Seria mais uma mancha na minha reputação, já comprometida com tantas mentiras. É assim que o assassinato de reputações muitas vezes funciona: bombardeiam o alvo sem parar, até que as pessoas se cansem e presumam que ele não merece ser levado a sério.

"A senhora pode me dizer por que eu preciso ir à delegacia?", perguntei, querendo ligar para o meu advogado o quanto antes.

"Para prestar depoimento. O delegado quer ouvir o senhor para concluir a investigação."

"Mas posso saber do que estou sendo acusado?"

A mulher refletiu por alguns segundos. Eu não sabia se ela me admirava ou me execrava, mas dava para ver que não se mostrava indiferente.

“Olha, sr. Felipe”, ela media cada palavra. “Só posso dizer que não queria estar aqui.”

Senti empatia. Sorri e agradeci.

Corri para dentro de casa e abri o envelope. Havia uma única folha:

> MANDADO DE INTIMAÇÃO
>
> *O Delegado de Polícia PABLO DACOSTA SARTORI* [...] *intima FELIPE NETO RODRIGUES VIEIRA a comparecer ao DRCI* (endereço) *no próximo dia 18/03, às 13:00, a fim de prestar declarações, no procedimento investigativo número 218-00320/2021 iniciado em 10/03/2021 para apurar:*
>
> *Crimes Contra a Segurança Nacional* (*Lei 7.170/83*) — *Autor*
>
> [...] *ficando o intimado advertido de que, não comparecendo no dia e hora determinados, sem justificativa, incorrerá no crime de Desobediência, previsto no Artigo 330 do Código Penal.*

No dia 15 de março de 2021, o governo de Jair Messias Bolsonaro, por intermédio da Polícia Civil, me acusava de crimes contra a segurança nacional e associação criminosa. Pela primeira vez na vida, enquanto olhava para aquele papel, completamente atônito e esquecendo de respirar, pensei: “Vou ser preso”.

O policial comandado

Não aconteceu da noite para o dia. Até aquele momento, já haviam procurado me silenciar muitas vezes. Se não era a primeira acusação de crime grave que me imputavam, pelo menos era a primeira vez que eu senti de fato que poderia ser preso.

Quando li a intimação, mais do que os supostos crimes de que eu era acusado, foi outra coisa que me chamou a atenção. Os crimes em si eu sabia se tratarem de um engodo, uma farsa, mero subterfúgio para tentar me prender. O pedido de quebra de sigilo telemático tampouco me surpreendeu; a polícia queria ter acesso a todas as minhas mensagens privadas. O que mais me chamou a atenção foi um nome escrito em letras maiúsculas: *Delegado PABLO DACOSTA SARTORI.*

Eu conhecia aquele nome de algum lugar, embora não conseguisse lembrar de onde. Sabe quando assistimos a um filme e nos deparamos com um ator que temos a certeza de já ter visto mas não conseguimos lembrar em qual filme? A gente fica com uma coceirinha cerebral, um incômodo que só vai embora depois de uma pesquisa no celular.

Foi o que fiz.

O tal delegado comandava a Delegacia de Repressão a Crimes de Informática e parecia alinhado ao governo, embora de maneira discreta. Não tinha sido acusado de práticas criminosas, mas tudo indicava que agia para perseguir opositores da gestão de Jair Bolsonaro.

E foi aí que a ficha caiu.

Era o mesmo delegado que, quatro meses antes, no dia 6 de novembro de 2020, havia concluído outra "investigação" sobre mim e me indiciara pelo crime de "corrupção de menores", que é quando alguém induz (ou facilita, ou obriga) um menor de idade a cometer crimes em geral associados a prostituição, venda de drogas, entre outros.

O mesmo delegado. O mesmíssimo. Responsável pelas duas acusações mais sórdidas que o sistema legal brasileiro me imputou.

Naquela noite, pouco dormi. Não por medo.

De ódio.

PARTE I
A ORIGEM DO ÓDIO

Cego pelo ódio

O ódio cega, controla, não permite o contraditório. O ódio pode nascer do desejo por vingança após uma injustiça, da explosão de amor por um time do coração, entre outros. No meu caso, ele se devia à minha ignorância da história do Brasil e à influência de familiares que repetiam mentiras que eles mesmos não sabiam serem mentiras.

Nasci no Morro da Laranja, bairro do Engenho Novo, zona bastante desfavorecida da cidade do Rio de Janeiro, longe dos cenários de cartão-postal. Eu já era adulto quando a rua onde cresci foi asfaltada, e volta e meia faltava água. Desde pequeno vi como funciona o descaso do poder público pela população mais pobre. A despeito da situação difícil, ainda era um homem branco de família branca, e a realidade do meu contexto familiar se mostrava muito diferente daquela de outras pessoas do subúrbio, sobretudo as negras.

Não chegamos a passar necessidade, mas enfrentávamos o dia a dia com aperto. Minha mãe trabalhava como secretária em uma creche-escola, numa jornada de doze horas de trabalho sem ganhar hora extra, e vivia sempre atolada em dívidas de cartões de crédito, que ela usava apenas para o supermercado. Apesar dos percalços, éramos felizes.

Meus avós maternos, dona Maria e seu Francisco, ambos operários da indústria têxtil, eram portugueses e vieram tentar a vida no Brasil em meados da década de 1950, de navio, trazendo meu tio, então com cinco anos. Minha tia nasceu em 1957 e minha mãe, Rosa, em 1965. Eles passaram temporadas alternando entre os dois países, até que decidiram fincar raízes no Rio em 1982 e compraram a casa onde eu moraria por 22 anos.

Em 1987, aos 21 anos, Rosa engravidou por acidente de um rapaz de dezenove, Alexandre, e assim eu vim ao mundo. Meu pai pediu o divórcio três meses depois do casamento, e minha mãe voltou para o Engenho Novo, onde passamos a morar todos nós — ela, eu recém-nascido, minha avó, meu avô, minha tia, seu marido e suas quatro filhas — em uma casa de dois quartos. Meu tio morava no terreno dos fundos com a esposa e um filho.

Para lidar com a falta de espaço, meu avô deixou a casa para a família da minha tia e construiu uma edícula (que chamávamos de "casinha") para o restante da família, com uma saleta, um banheiro e um quarto. Era apertado, mas era o teto que podíamos ter. Teríamos ficado ali por bastante tempo, não fosse um assalto à casa principal que faria com que minha tia decidisse voltar para Portugal em 1989. E então ficamos só eu, mamãe, vovó e vovô, mais a família do meu tio nos fundos. A edícula se tornou um anexo que viria a ser meu pequeno escritório e onde eu gravaria meus primeiros vídeos para o YouTube. Em 1991, minha mãe se casou de novo e engravidou do meu irmão, Luccas, que nasceu em 1992. No ano seguinte meu avô morreu de forma inesperada, vítima de um AVC. Mesmo abalada minha família se reergueu, sempre oferecendo amor, aceitação e carinho. Meu pai e a família dele também foram extremamente presentes, em geral durante os períodos de lazer e férias, mas também na educação.

Minha mãe trabalhava muito mais do que era concebível para um ser humano. Acordando todos os dias às 5h45 e voltando para casa às 19h30, não sobrava tempo para que ela pudesse se aprofundar em assuntos como a política. Nessa área, até por ter entrado na faculdade de direito, quem fazia a cabeça da família era meu tio.

O mantra "é só plantar que irá colher" guiava nossos dias. Eu não acreditava em sorte, muito menos que os políticos deveriam se meter em qualquer coisa, afinal eles nunca ajudaram minha mãe. Como trabalhava e tinha um pequeno salário, ela não tinha direito a nenhum auxílio, o que me fazia acreditar, revoltado, que "ajuda do governo é coisa pra vagabundo que não quer trabalhar". Equivocado, eu acreditava que só trabalhadores deveriam receber algum auxílio, o que contemplaria minha mãe e ajudaria minha família. Mas o governo só ajudava gente sem estudo e sem emprego, que eu via como "gente burra e vagabunda", não "gente desfavorecida e marginalizada".

Essas ideias não brotaram sozinhas na minha cabeça. Meu tio era um homem tradicional e conservador. Entrou na faculdade já depois dos quarenta anos, ascendeu e começou a ganhar dinheiro com escritório próprio de advocacia, transformando sua casa dos fundos em uma grande casa de três andares. Era um homem peculiar. Nutria um ódio gigantesco por governos de esquerda e dizia que Fernando Collor de Mello havia sido o melhor presidente da história do país. Para meu tio, Luiz Inácio Lula da Silva era o satanás personificado, um demônio comunista que comia bebês no café da manhã. Tudo que ele dizia ficava impresso na minha cabeça, e o mesmo ocorria com minha mãe, verdadeira esponja replicadora de tudo que chegava a ela pelo irmão.

Não acredito que ele seja uma pessoa ruim. Hoje consigo entender que meu tio também foi vítima, condicionado a pensar assim por todo um sistema de ideias, uma máquina de propaganda da meritocracia que vende que a direita é boa e a esquerda é má. "Vai por mim, basta se esforçar. Não acredite no Estado, não acredite em políticos, eles só ajudam os pobres para continuar no poder."

Cresci alimentando o mais profundo ódio por tudo que se relacionasse à "esquerda". Quando Luiz Inácio Lula da Silva tornou-se presidente do Brasil, eu tinha quinze anos e senti meu ódio disparar. Também não ajudou que o primeiro governo Lula tenha sido manchado pelo escândalo do Mensalão, em 2005, que resultou na cassação e renúncia de vários aliados do presidente. Acreditávamos que Lula era um corrupto, bandido, safado. Todo mundo que o cercava e que votava nele era igual. E só votavam nele porque eram comprados com o Bolsa Família.

Enquanto isso, nossa crença na meritocracia continuava inabalável. Por isso, comecei a trabalhar aos treze anos. Foi com essa idade que abri minha primeira "empresa", um serviço de telemensagens. Juntei dinheiro de um emprego temporário numa loja que pertencia a meu avô paterno e que vendia utensílios de metal para camelôs no Centro da cidade, comprei o equipamento, anunciei no jornal, mas a empresa não deu certo — é óbvio, eu tinha treze anos... Aos catorze conheci o mundo do design gráfico e comecei a desenvolver sites, logotipos e todo tipo de arte visual. Aos quinze, consegui um estágio como designer de interface.

* * *

É curioso como o meritocrata precisa encontrar desculpas para justificar o suposto fracasso daqueles que ama. Afinal, se para enriquecer basta a gente se esforçar e ser inteligente, por que minha mãe continuava pobre? Ela seria menos inteligente, menos esforçada? Ora, dona Rosa trabalhava mais de doze horas por dia, sem cobrar hora extra, e era tão inteligente que, sem qualquer diploma de curso superior, foi alçada ao cargo de coordenadora após uma década de dedicação. Não faltava por doença, vendia as férias para botar mais dinheiro dentro de casa, ou seja, não parava em momento nenhum. Além disso, dizer que minha mãe teria qualquer déficit de inteligência seria uma tremenda inverdade. Dotada de uma extraordinária capacidade de leitura, que herdei parcialmente, ela devora livros a uma velocidade quase sobre-humana, e acabou entrando na faculdade de pedagogia. Formou-se em 2008, com notas que deixavam a mim e a meu irmão com enorme vergonha. Sem exagero, dona Rosa ficava furiosa quando tirava 9,5.

Mas acreditar cegamente na meritocracia é um veneno tão corrosivo que por um tempo eu de fato supus que minha mãe não fosse dedicada ou inteligente o bastante para ficar rica. E a culpa seria inteiramente dela, que preferia ser uma simples funcionária a se arriscar e colher os frutos do capitalismo, sistema maravilhoso que pode deixar qualquer um milionário, basta querer e se jogar.

Quando eu era adolescente, ela brigou comigo porque eu não saía do computador e minhas notas estavam caindo. Retruquei que um dia eu ficaria milionário com aquilo tudo e que o problema era ela que não entendia. Dona Rosa respondeu prontamente: entendia o suficiente para saber que aquilo poderia comprometer meu futuro. Perdi a cabeça e explodi: "Do que você sabe? Você é uma *secretária*". Ela começou a chorar e se defendeu aos gritos: "FOI ESSA SECRETÁRIA QUE TE SUSTENTOU ATÉ HOJE". No mesmo instante percebi que tinha falado uma coisa horrorosa. Abracei minha mãe desesperado, pedindo perdão, mas o que eu havia dito não poderia ser desdito.

Hoje percebo que aquela fala não decorreu de um mero impulso, não foi dita impensadamente, mas era o reflexo de uma ideia que estava impregnada em mim. Se minha mãe era uma secretária que trabalhava doze horas por dia e não conseguia pagar as contas, a culpa era dela. Nem passava pela minha cabeça questionar que talvez o problema estivesse no discurso meritocrático, nas desigualdades sociais que impactavam as oportunidades que cada pessoa tinha — afinal, por que tantas pessoas se esforçavam e mesmo assim não tinham como se sustentar? Para mim, pensar dessa maneira era papo de comunista. E comunistas queriam destruir a família e a sociedade, conforme meu tio havia me ensinado e eu mesmo tinha lido em diversos livros.

Tudo que eu lia ou assistia só reforçava o que eu já sabia: a esquerda é a vilã, a direita é a heroína. Desde os livros de George Orwell até os filmes de Hollywood, o que valia era essa interpretação do mundo. Mais tarde eu entenderia que isso é o "viés de confirmação", que é quando só levamos em conta as opiniões que nos convêm. Como desde cedo eu fora inoculado com uma verdade absoluta, jamais a punha em xeque. Com o tempo, buscava em livros ou filmes apenas o que se alinhava às minhas convicções, descartando tudo que pudesse confrontá-las. Se meu professor de história pintava Collor com tintas não muito favoráveis, eu presumia que ele era mais um esquerdista imoral querendo desvirtuar a mente dos jovens. Se um autor questionava a direita, eu me mantinha longe daquele degenerado. Ignorava reportagens que falavam das grandes conquistas da gestão do Lula, feitos que eu considerava "sorte" ou "mentiras". Já aquelas que apontavam erros e escândalos eu automaticamente presumia como verdadeiras. Nós queremos estar certos, então negamos tudo o que nos confronte e nos apegamos a tudo o que confirma o que supomos saber.

Minha principal discordância com meu tio era sua defesa da ditadura militar. Desde pequeno eu repudiava aquele período, sobretudo em função das torturas, das mortes e da censura artística e jornalística. E, diferentemente dele, sempre demonstrei grande interesse pela arte e pela cultura, incentivado pelo meu pai, que me levava a museus, espetáculos da Orquestra Sinfônica Brasileira e de balé. Na escola particular que frequentei graças ao esforço dos meus pais e avós, esse gosto se materializou no curso de teatro.

Eu amava o palco e sentia a arte em mim em cada gesto, mas sabia que a atuação era uma carreira difícil financeiramente, então optei pela área de design gráfico, que também tinha seu lado artístico. Mais do que uma paixão, a arte me proporcionou um sentimento e uma experiência que talvez eu jamais tivesse encontrado de outra forma: a rebeldia e o contato com o contraditório.

Comecei a fazer o curso de desenho industrial na faculdade, onde conheci muita gente de esquerda, e o estereótipo do "esquerdista monstruoso" que eu havia construído ao longo da vida ficou balançado. Ainda que não admitisse mudar uma vírgula sobre meus "valores", a convivência com aquelas pessoas foi um primeiro minúsculo passo para expandir minha visão. Aos vinte anos resolvi dar uma chance ao teatro e saí de casa para tentar a faculdade de artes cênicas, enquanto fazia meus trabalhos como designer. Foi aí que mergulhei de vez num mundo que nunca imaginava ser possível. Fosse contracenando em cenas homossexuais, fosse fazendo uma aula inteira com a turma toda nua, ou participando de festas em que as pessoas "perdiam a linha", eu de repente me vi num ambiente que cresci ouvindo ser imoral, nojento e destruidor. O problema era que nada nem ninguém ali era nada disso — talvez só "imoral", a depender de certos padrões. Mas, até aí, o que seria a moral? Será que essa tal moral era realmente positiva para a sociedade? Quem definia o que era moral ou não? Meu cérebro, que antes era um caldeirão de certezas, começou a virar um caldeirão de dúvidas.

Infelizmente, depois de um ano a falta de dinheiro me obrigou a voltar para a casa da minha mãe, quebrado e tendo que recomeçar. Eu havia fracassado em minha tentativa de ser ator, havia fracassado em ganhar dinheiro como designer, fracassara em uma empresa de design que tinha aberto com um sócio. Fracassei até mesmo em um site com notícias e downloads de seriados, o IsFreeTV, que eu administrava havia quatro anos e amava. Eu era um fracasso. E se tinha uma coisa que a vida tinha me ensinado era que, se eu tinha fracassado, a culpa era do PT.

Quase toda pessoa que acredita na meritocracia tem isso em comum. Quando consegue sucesso, o mérito se deve inteiramente a seu esforço. Contudo, quando fracassa, o meritocrata é o primeiro a não assumir a culpa. Foram os impostos, foi a burocracia, foi esse Estado inchado, foram os outros. Mas quando outra pessoa fracassa, nesse caso a culpa é só dela.

O ódio pelo Lula e pelo PT permanecia inalterado, mesmo depois das minhas incursões ao mundo da esquerda. Por mais que agora eu conseguisse enxergar as pessoas de esquerda como "normais", nada tinha mudado na minha relação com a política. Aquele era um ódio muito mais enraizado e profundo, do qual nem mesmo a minha família paterna, que sempre votou no PT, conseguia me dissuadir.

Eu havia quebrado financeiramente em função da crise de 2008, que fez com que as empresas que me pagavam para fornecer serviços de design cortassem essa despesa. Na televisão, via o Lula dizer que essa crise internacional seria apenas uma "marolinha" no Brasil. Eu havia perdido toda a minha fonte de renda e fora obrigado a voltar para o Engenho Novo por causa dessa "marolinha". Minha rejeição àquele homem era imensa.

E eu seguiria com aquele sentimento até a criação do meu canal no YouTube, dois anos depois. Eu tinha 22 anos e estava exausto. Exausto de me sentir fracassado. Exausto de sentir tanto ódio o tempo inteiro. Tinha raiva de atores sem talento que faziam sucesso, tinha raiva de bandas que explodiam com músicas que eu considerava imbecis, tinha raiva da vida, da política, de tudo. Eu estava mais radical do que nunca, contra tudo e todos.

Luz, câmera, ação

Alguns anos antes eu havia tido uma ideia. Tudo que eu fazia na vida era teatro e design gráfico. Dominava a internet e sabia da minha capacidade de interpretação no palco. Por que não tentar unir as duas coisas? Algumas pessoas nos Estados Unidos já estavam começando a fazer isso. Existia até um nome: "videologger". Era como ter um blog, mas em vídeo. Eu já estava frustrado e sem nenhuma perspectiva, não custava experimentar. Juntei um pouco de dinheiro e comprei uma câmera com um belo desconto, porque ela estava no mostrador da loja e já tinha sido muito manuseada pelos clientes.

Cheguei em casa e guardei a câmera no armário, e lá ela ficou até março de 2010. Foram dois anos acumulando poeira. Eu tinha medo de botar um vídeo na internet e me transformar em chacota, envergonhar minha família, ser visto apenas pelos amigos e mesmo assim passar vergonha. Acima de tudo, tinha medo do fracasso. Foi apenas dois anos depois que o ódio superou o medo e eu decidi que era a hora. Converti todo aquele ódio, todo aquele rancor, num personagem visceral que gritava o tempo inteiro com a câmera. Chamei aquele quadro de "Não Faz Sentido" e passei a escrever roteiros em que atacava, extremamente agressivo e bem-humorado, várias coisas que faziam sucesso entre os adolescentes, como a saga Crepúsculo, além de atitudes e fatos que julgava nocivos à sociedade, como a corrupção no governo brasileiro. O sucesso foi astronômico, muito maior do que eu jamais poderia imaginar. Em poucos meses eu não podia andar nas ruas sem ser reconhecido. Invadi a casa de milhões de brasileiros. Revistas e jornais queriam falar comigo.

Ainda naquele ano, comecei a pôr para fora meu ódio ao PT e à esquerda brasileira. O ápice, para mim, era a candidatura de Dilma Rousseff para o pleito presidencial, que eu e meu tio entendíamos como uma artimanha de Lula para se manter no poder. Antes das eleições, gravei um vídeo em que condenei todos os candidatos, mas chamei Dilma Rousseff de "terrorista" — aludindo ao período em que ela militou em organizações armadas durante a ditadura militar. Embora eu não quisesse apoiar ninguém, ficou claro para quem assistiu ao vídeo que o meu ódio era reservado a ela em especial.

O canal deslanchou, comecei a faturar e assinei contratos publicitários, abrindo portas inéditas no Brasil. Fui o primeiro criador do YouTube a fechar uma publicidade em vídeo, na época para uma marca de chicletes. Também fui o primeiro a atingir 1 milhão de inscritos e a faturar valores mais relevantes com a monetização da plataforma. Agora que eu estava ganhando dinheiro, encontrava outras formas de responsabilizar o PT por qualquer coisa que desse errado em minha vida. Eu queria empreender, então culpava o governo Lula pelos impostos que tinha de pagar, gritando aos quatro cantos que era muito difícil prosperar neste país porque a esquerda queria que os empresários fracassassem.

Em outubro de 2010, Dilma Rousseff venceu José Serra e se tornou a primeira mulher eleita presidente da República Federativa do Brasil. Lamentei o resultado publicamente, mas não tive muito tempo para focar nisso, porque minha vida havia virado de cabeça para baixo. Voltei a morar sozinho, abri minha própria empresa de conteúdo no YouTube, a Parafernalha, e prosperei bastante. Focada em criação de vídeos de humor, a Parafernalha se tornou o primeiro canal brasileiro a atingir 2 milhões de inscritos no YouTube, ultrapassando o meu canal pessoal.

Em 2013, enquanto mapeava oportunidades de negócios no entretenimento brasileiro, conheci um modelo norte-americano de monetização no YouTube, o Multi-Channel Network (MCN). Eram empresas que, agenciando canais na plataforma, facilitavam que eles pudessem receber dinheiro com seus vídeos, além de auxiliá-los em diversas outras frentes, como a venda de conteúdo publicitário e assessoria de imprensa. Aos 25 anos, fui até Los Angeles para uma reunião com o board executivo da gigantesca Maker Studios, que acabara de receber um robusto aporte de investimentos. Saí de lá com um acordo que mudaria a minha vida e abri a Paramaker, a união da Parafernalha com a Maker Studios, que acabou se tornando um enorme sucesso no cenário do entretenimento brasileiro.

A ascensão do ódio brasileiro

Em junho de 2013, uma série de protestos tomou as ruas do Brasil, com desdobramentos que se revelariam históricos. Inicialmente, as manifestações eram convocadas por um movimento social formado em sua maioria por estudantes de esquerda que lutavam pela gratuidade do transporte público. À medida que cresciam, porém, os protestos se tornaram uma massa amorfa de insatisfação, com as mais diversas pautas.

Às vésperas de um dos maiores protestos, lancei um vídeo no meu canal com o título "MUDA BRASIL", convocando todos os meus seguidores a sair às ruas. Eu gritava contra o PT e a presidenta Dilma, ofendendo sua gestão de todas as formas possíveis. A repercussão foi grande, e milhões de pessoas foram inflamadas por aquele mesmo ódio que eu sentia. Muitos outros influenciadores também convocaram seu público para os atos, porém o principal responsável pela divulgação foi o boca a boca. Fui com uma máscara do filme *V de Vingança*, acreditando lutar para tirar aquela esquerda nojenta do país para sempre.

As ruas ficaram abarrotadas. A polícia foi acionada. Grupos mais radicais utilizavam-se da tática *black bloc* para atacar e vandalizar estabelecimentos. A tropa de choque tomou as ruas. Era um verdadeiro cenário de guerra.

Precisei fugir de cassetetes e balas de borracha, muito spray de pimenta passou perto do meu rosto. Das ruas e das janelas, as pessoas gritavam: "VEM PRA RUA! VEM PRA RUA!".

Elas pareciam movidas a ódio. No ar, uma sensação de revolta generalizada, diferentes grupos defendendo diferentes pautas, às vezes contraditórias entre si. Havia gente de direita, de esquerda e muitos outros sem identificação clara, até apartidários. Alguns gritavam pelo fim da corrupção do PT, ou contra os gastos com estádios para a Copa do Mundo de 2014, que se aproximava. Outros protestavam contra o oligopólio da Rede Globo. Outros, pela melhoria dos serviços públicos, como hospitais e transporte público. Havia um único consenso: as pessoas queriam mudanças. Era um ódio como eu jamais tinha visto, e que parte dos manifestantes e eu dirigíamos ao PT. Eu tinha certeza de que estava do lado certo dos protestos.

Em teoria, a aprovação ao governo petista era positiva. Embora tenha havido erros graves, em onze anos o Brasil passara da 14ª para a sétima maior economia do mundo,[1] com projetos de distribuição de renda e de combate à fome. Em 2013, a taxa de desemprego alcançara o menor valor em onze anos,[2] a inflação anual de 2012 havia ficado em 5,84% (inferior à de 2011)[3] e o PIB havia crescido 0,9%, número depois revisto para 1,9%.[4] Eu não admitia — e não era o único — essas conquistas, porque a situação do país não era tão boa na prática. Parecia haver um descompasso com a realidade que vivíamos no dia a dia. Eu e milhões de brasileiros insatisfeitos julgávamos que a qualidade dos serviços públicos não acompanhara o aumento de renda e que a classe política parecia acomodada. Notícias sobre corrupção pipocavam.

Qualquer conquista positiva do governo eu atribuía à sorte, sobretudo a descoberta de mais petróleo. Quando era confrontado com algum feito extraordinário do PT, como os programas de inclusão que ofereceram a milhões de jovens pobres a oportunidade de seguir um curso superior, eu respondia com um bordão que havia aprendido na direita: "Aham, tá bom, mas quem paga essa conta?". Ou pior: "De que adianta colocar os jovens na universidade se é a gente que tem que pagar?". Tudo o que a população pede ao governo é saúde e educação... Como eu poderia retrucar àquela pergunta? Eram questionamentos totalmente equivocados. Mas esse é o método da direita: quando o governo faz algo que beneficia o povo, gritam "MAS QUEM PAGA A CONTA?". É sempre igual.

Tampouco ajudava nessa dinâmica a pressão da elite econômica. Não é segredo que mais de 60% de toda a riqueza do país se concentra nas mãos de 1% da população.[5] Ou seja, sobra menos de 40% para compartilhar entre os 99% restantes.[6]

Apesar de Lula ter feito o máximo para agradar aos banqueiros e bilionários do país, o mesmo não podia ser dito de Dilma, que era muito mais linha-dura e tinha infinitamente menos jogo de cintura. Mas a presidenta era combativa, não levava desaforo para casa, e, segundo pessoas queridas que conheci anos depois e integraram o governo dela, absolutamente incorruptível.

Muitos defendem que Lula foi o maior presidente da nossa história justamente por sua habilidade política de operar em consonância com a oposição e o grupo 1% mais rico, valendo-se desse poder político para criar os programas sociais que mudaram o país. Contudo, essa manobra foi interpretada por outros tantos como corrupção, tipo fazer vista grossa para crimes praticados ou fechar alianças com poderosos políticos sabidamente corruptos. Por tudo o que apurei, Dilma não tinha essa característica. Não tolerava, não fazia vista grossa, não permitia, ou pelo menos tentava ser assim a maior parte do tempo.

Conclusão? Os grandes oligopólios, banqueiros, os donos da mídia e as pessoas mais poderosas do país acumularam verdadeiro ódio a Dilma Rousseff. E, por anos, atacaram o PT de todas as formas possíveis, moldando a opinião pública por meio do noticiário, sempre destacando tudo de negativo, repetidamente, o tempo inteiro. Se a passagem do metrô aumentava, era culpa do PT. Se havia crise internacional, a culpa era do PT. Se um avião caísse, a culpa só podia ser do PT. Ora, a sua mãe faleceu? Se o PT não estivesse no poder, o hospital público seria muito melhor e isso jamais teria acontecido. Aliás, também era culpa do PT que não houvesse hospitais em número suficiente, isso porque o partido havia decidido gastar em obras de estádios para a Copa do Mundo de futebol de 2014.

Havia problemas? Sem dúvida. Escândalos de corrupção envolvendo representantes do partido eram os principais. O tempo todo vinha à tona uma notícia de corrupção protagonizada por algum integrante do PT, o que ajudou a criar a narrativa de que o Partido dos Trabalhadores era o mais corrupto da história não só do Brasil, mas do mundo.

Em retrospecto, parece inegável que em geral a grande mídia carregou nas tintas, deu pouca importância ao contraditório, a contextos específicos e à história. Forjou uma narrativa maniqueísta que, ao demonizar o PT, se mostraria bastante perniciosa para a política brasileira.

Para a sorte dessa turma da direita (e azar do povo brasileiro), Dilma também cometeu graves erros, sobretudo no fim de seu primeiro mandato e início do segundo, afundando o país numa grave crise econômica. Era o que faltava para cristalizar o ódio da parcela da população que manifestava cansaço com as instituições políticas vigentes e uma frustração generalizada.

Outro ponto que prejudicava o governo petista aos olhos da opinião pública era o ótimo relacionamento que seus representantes mantinham com ditadores de esquerda, como Hugo Chávez e Fidel Castro, mesmo sob o risco de serem interpretados como seus iguais. Sendo o medo do comunismo o maior combustível da direita, essa relação do partido com ditadores favorecia o discurso inflamado de que o sonho de Lula e Dilma era transformar o Brasil numa ditadura comunista.

Além disso, os gastos com a Copa do Mundo de 2014, amplamente alardeados, colaboraram para massacrar a imagem do governo — de fato, as despesas com obras foram faraônicas. Porém, para a grande mídia pouco importava que o mesmo evento representaria uma injeção de 142 bilhões de reais na economia.[7] Praticamente só o que saía dos cofres públicos era noticiado.

Não quero atacar ou questionar o papel da imprensa, que trabalha jogando luz no que se desconhece ou é escuso, sobretudo quando o assunto é de interesse de toda a sociedade. Depois do que vivemos nos últimos anos, ficou mais do que provado que a existência de uma imprensa livre é essencial para a democracia, e devemos continuar lutando por ela. Por outro lado, ela não está isenta de críticas. Hoje, é possível ver que a mídia não atuou com imparcialidade ao noticiar os acontecimentos. O mesmo ocorreu à época da corrupção das empreiteiras (empresas de construção, como a Odebrecht), que todo mundo sabia que funcionavam como uma máfia. A ruidosa cobertura dada às negociatas ligava-as ao governo petista. Essa máfia, porém, não era uma novidade: ela havia surgido décadas antes, durante a ditadura militar.[8]

Nenhum presidente enfrentou o poder das empreiteiras, mas o que saltava aos olhos era que a bola da vez era o PT, então a culpa só podia ser do partido. A comunicação institucional da esquerda brasileira perdia território, a passos largos, para um ódio descomunal alimentado por uma elite controladora, manipuladora e sedenta de poder.

Em 2013, fui às ruas tomado de um ódio que jamais sentira na vida.

Esse mesmo ódio parecia ter estimulado outras pessoas, que em geral não se envolviam em manifestações públicas. Era o germe do renascimento da extrema direita brasileira, mas poucos conseguiam vislumbrar essa gestação. Havia quem pedisse a morte de Lula e Dilma, quem gritasse que a esquerda era o câncer do mundo e iria transformar o Brasil numa ditadura comunista. Faixas pediam intervenção militar!

Não, com essa reivindicação eu não conseguia concordar. Sempre fui opositor ferrenho a qualquer tipo de ditadura. Jamais, sob nenhuma hipótese, me alinharia a um golpe militar. E se pessoas de direita eram a favor, será que eu era mesmo de direita?

Naquele cenário de puro ódio, uma dúvida se instalou na minha cabeça. O que era, afinal, esquerda? O que era direita? Onde eu estava nessa polarização? Será que eu entendia mesmo de política, do que estava acontecendo à minha volta?

Bem, ali tudo ficou claro. A resposta era, obviamente, "não".

Quase todos os intelectuais que eu admirava se identificavam com a esquerda (como esquerda e direita dependem do recorte na linha do tempo, eu me refiro ao final do século XIX até o XXI). Albert Einstein escreveu *Por que o socialismo?*. José Saramago integrou o Partido Comunista Português. Marie Curie foi precursora do feminismo. E muitos outros, como Stephen Hawking, Jean-Paul Sartre, Martin Luther King Jr., Frida Kahlo, Oscar Wilde, Liev Tolstói, Fiódor Dostoiévski, Paulo Freire, Malcolm X. Eu ficava desacorçoado. E olha que eu não conhecia Noam Chomsky ou Eduardo Galeano.

Esse alinhamento dos intelectuais que eu admirava me incomodava demais. Como aqueles gênios não enxergavam que a esquerda era, afinal, o mal do mundo? E, para piorar, os grandes nomes da direita eram pessoas pelas quais eu não tinha o menor apreço: Ronald Reagan, Winston Churchill, Margaret Thatcher…

Sempre que se condenava a esquerda, vinham à baila as ditaduras para justificar o "lado sombrio da Força". Hugo Chávez, Fidel Castro, Nicolás Maduro, Ióssif Stálin. Nesses momentos eu me sentia manipulado, uma vez que a direita tinha dado ao mundo ditadores como Augusto Pinochet, no Chile; Jorge Rafael Videla, na Argentina; Gregorio Álvarez, no Uruguai; Alfredo Stroessner, no Paraguai; Alberto Fujimori, no Peru; toda a ditadura militar no Brasil — eu ainda não tinha lido *As veias abertas da América Latina*. Tudo isso sem considerar Hitler, Franco e Mussolini.

O que aquilo me dizia, de maneira clara, era que os extremos não me agradavam. Por absoluto repúdio a qualquer regime antidemocrático, eu não era capaz de experimentar nenhum grau de admiração pela extrema direita ou pela chamada extrema esquerda. O problema era que, a vida inteira, eu havia acreditado que só existia uma esquerda, a extrema, radical. E, pelo visto, aquilo também não era verdade.

Comecei então a pesquisar mais, ler mais, para entender o contexto político e suas nuances. E foi com certa surpresa que me dei conta de que os valores em que eu acreditava estavam muito mais próximos da esquerda do que da direita. Quanto mais eu lia, mais descobria que tudo aquilo que eu havia aprendido a refutar me despertava simpatia. Cota para pessoas negras em universidades, por exemplo, era uma política de inclusão social incrível e necessária para qualquer país com um histórico racista e escravagista. O Bolsa Família não era um meio de comprar votos, mas uma forma de distribuir renda e acabar com a miséria do país, até porque era impossível alguém optar por não trabalhar para ganhar um auxílio governamental que só servia para não morrer de fome.

E, claro, havia a questão das minorias. O teatro havia me aproximado de homossexuais, transexuais e outros grupos da comunidade LGBTQIAPN+. Com essa proximidade, veio a compreensão de tudo que eles enfrentavam no dia a dia. Os crimes odiosos que se cometiam contra eles. E essa compreensão foi me livrando da homofobia que eu cultivara ao longo do meu crescimento, influenciado pela Igreja católica, entre outros.

Em 2010, fiz um vídeo chamando de "viadinhos" integrantes de uma banda, e disse que em breve seria crime ser hétero no Brasil. Eu não me considerava homofóbico, achava engraçado esse tipo de piada. Em 2013 fiz o vídeo "Homofobia — Não faz sentido!" condenando abertamente toda prática homofóbica e vários líderes religiosos brasileiros que endossavam o preconceito. Nunca mais postei comentários homofóbicos.

A mudança foi acontecendo gradativamente. É muito difícil dinamitar as colunas que sustentam tudo aquilo em que acreditamos, isso requer tempo, estudo e vontade. Contudo, mesmo com muita leitura, o ódio pelo PT permanecia intacto dentro de mim.

Quanto mais estudava, mais eu começava a me identificar com ideais defendidos pela esquerda, mas que agora eu associava ao "progressismo". Eu era um progressista. Defendia os direitos humanos, a liberdade de expressão, a liberdade de imprensa, as cotas, os auxílios governamentais, a luta diária pela diminuição da desigualdade, a exclusão da religião em decisões político-sociais. Sob o escudo do progressismo, eu não precisava me reconhecer de esquerda. Afinal, cresci sabendo que a esquerda era um desvio de caráter, uma doença social, um câncer no mundo. Tudo bem, eu era progressista, não de esquerda.

Em oposição aos progressistas estão os conservadores, que defendem a tradição. É comum conservadores brasileiros advogarem, por exemplo, pela não intervenção do Estado na economia, mas defenderem que o Estado deve *sim* impor preceitos e valores cristãos se a maioria da população segue o cristianismo. Os conservadores no Brasil pregam mais preceitos morais, muito embora a moralidade não tenha qualquer definição específica, o que acaba resultando em uma confusão absoluta, em que um homem é capaz de gritar na rua contra um homossexual por considerá-lo imoral, mas trair a esposa com prostitutas no fim de semana.

Os conservadores tendem a defender a manutenção daquilo que consideram tradicional, como os valores associados à família — defendem os costumes e as convenções sociais. No Brasil, costumam ser "liberais na economia e conservadores nos costumes", aplicando os princípios teóricos do liberalismo parcialmente — apenas no que diz respeito à política econômica. Buscam o encolhimento do Estado, salvo quando ele serve para salvar da falência algum bilionário, e nesses momentos são os primeiros a gritar que o Estado deve intervir.

E daí que quase todo progressista fosse de esquerda? E daí que quase todo conservador fosse de direita?

"Eu não. Eu sou só progressista", me justificava.

As manifestações de 2013 me fizeram descobrir esse valor dentro de mim, mas, para a sociedade, serviram para uma coisa muito pior: marcaram o início da luta ativista e organizada da extrema direita e o fim de uma hegemonia da esquerda em movimentos sociais.

O tempo foi passando e eu seguia estudando os valores humanitários, e necessários, do progressismo. Lendo e pesquisando, descobri algumas mentiras em que acreditava desde criança. A falácia, por exemplo, de que "bandido bom é bandido morto". A literatura, desde romances como *Crime e castigo*, de Dostoiévski, até um tratado filosófico como *Vigiar e punir*, de Michel Foucault, foi fundamental para pôr abaixo essa e várias outras concepções. Embora essas obras não abarcassem questões entranhadas no sistema penitenciário brasileiro, como o racismo estrutural, na época elas me ajudaram a entender que meu tio e eu estávamos muito, mas *muito* errados. Punir não era solução para nada, era apenas um paliativo para lidar com um sintoma social. Um placebo administrado em doses erradas.

Toda hora eu descobria algum equívoco em que havia acreditado a vida inteira, mas uma certeza permanecia inabalável: o PT era um câncer. O problema não era a esquerda em si, mas o partido, principalmente Lula e Dilma. Ainda que agora soubesse que a esquerda não era o mal do mundo, esses dois com certeza eram.

A Lava Jato e as eleições de 2014

Em 2014, teríamos novas eleições para presidente. Naquela época, eu ficava cada vez mais nos bastidores do entretenimento digital, sem me preocupar em gravar para o YouTube, intuindo que para mim seria melhor estar atrás das câmeras, gerindo minhas empresas.

Em março, uma grande cobertura da mídia jogou holofotes sobre a Operação Lava Jato, que acabara de ser deflagrada. Um dos primeiros acontecimentos que desencadeariam essa grande investigação remonta a 2009, quando a Polícia Federal começou a apurar um esquema de lavagem de dinheiro do qual faziam parte o deputado federal José Janene, o doleiro Alberto Youssef e o então diretor de abastecimento da Petrobras, Paulo Roberto Costa.

Era a nascente de uma cascata de descobertas no cerne do núcleo político brasileiro, culminando na operação que mudaria tudo e ganharia o mundo. O gigantesco esquema de corrupção envolvia a fraude de licitações por meio de cartel para a execução de grandes obras públicas. As empreiteiras apresentavam seus planos e orçamentos numa concorrência que, como é do jogo, deveria ser imparcial. Mas na prática não era o que acontecia: as empreiteiras pagavam polpudas propinas para os responsáveis pelas decisões, superfaturavam as obras e usavam empresas de vários segmentos diferentes para desviar o dinheiro e entregar aos corruptos.

Estavam envolvidos inúmeros políticos, a maioria do PP, do PT e do PMDB.

Estavam no esquema diversas empreiteiras.

Estavam mancomunadas empresas de todos os segmentos.

Estavam participando vários empresários poderosos.

Porém todas as reportagens que cobriam diariamente os primórdios da Operação Lava Jato destacavam um integrante: o Partido dos Trabalhadores.

Ao longo desse período, as péssimas decisões econômicas do governo Dilma cobraram seu preço e, no segundo trimestre de 2014, o Brasil entrou oficialmente em recessão. Era o início de uma profunda crise econômica, num momento em que as eleições presidenciais se aproximavam.

De um lado, Dilma Rousseff, confiante em sua reeleição, mesmo com a Lava Jato mordendo sua imagem e a do seu partido, mesmo depois que milhões de pessoas indignadas haviam tomado as ruas do país contra seu governo. Do outro lado, com o apoio de banqueiros e grandes empresários, o representante do PSDB, Aécio Neves, um político mineiro tradicional e muito poderoso.

Às vésperas do segundo turno, ninguém sabia quem seria o próximo presidente do Brasil. Alguns institutos de pesquisa davam vitória para Dilma, outros para Aécio. Era a disputa mais acirrada da história até então.

Mesmo com toda a máquina de destruição de reputações apontada para ela, Dilma venceu Aécio por 51,64% contra 48,36% dos votos.

Eu gritei de ódio.

O golpe

Com a vitória do PT, decidi esquecer aquele assunto e tocar a vida, concentrado nos estudos e na carreira de empresário. Sem um diploma de ensino superior, me inscrevi e fui aprovado em um curso na Harvard Business School. Arrumei as malas e parti para Boston.

Mais importante do que as estratégias para ser um CEO de sucesso, essa formação me fez perceber a verdade: eu odiava tudo aquilo. Quem eu queria enganar? Desde que abandonara o YouTube, estava deprimido, sem entusiasmo algum, passando dias e mais dias em reuniões. Estava na hora de aceitar minha posição no mundo. Eu não nasci para liderar equipes, não nasci para gerir empresas, eu nasci para entreter e me comunicar.

Em outubro de 2015, finalizei a venda da companhia para a gigante multinacional francesa Webedia, que levou a Paramaker e a Parafernalha, enquanto eu fiquei com meu canal, minha carreira e minha liberdade. Eu já tinha retornado ao YouTube alguns meses antes de concluir a venda, tentando recuperar a relevância que havia perdido como comunicador ao longo dos três anos anteriores. Àquela altura, com 4 milhões de assinantes e sem um vídeo de sucesso havia tempos, eu não figurava nem entre os dez primeiros canais do YouTube Brasil.

Então, buscando um tema que pudesse atrair acessos, decidi voltar com o "Não Faz Sentido", o personagem agressivo que havia me projetado em 2010. Era a hora de resgatar os óculos escuros, o ódio, a fúria, os palavrões... E qual foi o tema do vídeo que escolhi para esse retorno? Ora, o motor do meu ódio. A Dilma e o PT.

Durante quase treze minutos, proferi todo tipo de ofensa e vulgaridade para atacar a presidenta do país, o Partido dos Trabalhadores e Lula. Cheguei a dizer: "As minhas esperanças nesse momento estão depositadas nas investigações da corrupção, nas investigações da Lava Jato. A minha esperança é ver Lula, Dilma e toda a corja de safado atrás das grades".

Depois de publicar aquele vídeo, senti um medo enorme de ser silenciado pelo governo ou sofrer algum tipo de represália. Mas, mesmo com o vídeo atingindo milhões de visualizações e fazendo o meu canal voltar a ter alguma relevância, não sofri nenhuma sanção.

A situação de Dilma Rousseff era crítica. O Brasil estava em plena crise e os índices de desemprego tinham disparado. A mídia descascava o PT a cada novo passo da Lava Jato. A imagem do partido jazia na sarjeta da opinião pública.

Para garantir que o país não tivesse como se recuperar, a Câmara dos Deputados passou a atuar contra a presidenta, que não tinha o mínimo traquejo para negociar com aquela turma e assegurar a governabilidade. Durante 2015 e 2016, a Câmara, sob a presidência de Eduardo Cunha, fez tudo para implodir a gestão de Dilma Rousseff. Sempre que uma reforma era proposta pelo governo federal para tentar melhorar o quadro da economia, Cunha a engavetava. Ao mesmo tempo, ele permitia que avançassem as chamadas "pautas-bomba", que pioravam ainda mais o cenário econômico, impedindo que o governo batesse as metas fiscais, como reajustes salariais, e bloqueando novas formas de arrecadação.

Nada andava. O poder do presidente da Câmara dos Deputados era, e ainda é, impressionante.

No dia 2 de dezembro de 2015, Cunha abriu o processo de impeachment contra a presidenta Dilma, alegando que ela havia cometido crime de responsabilidade por fazer uso de "pedaladas fiscais" para maquiar as contas públicas. Embora adotado em larga escala por Dilma, esse recurso — atrasar o pagamento de repasses para bancos estatais e usar o dinheiro em caixa para cumprir metas fiscais — havia sido habitual entre presidentes anteriores.[9] Mas ela não teve chance.

Eu comemorava cada passo e me regozijava com a constatação de ter estado sempre do lado certo. Ainda me apegava ao argumento do progressismo e xingava Dilma e Lula de todos os nomes possíveis. Chamava abertamente qualquer defensor remanescente do PT de burro, imbecil ou corrupto.

A esquerda foi destroçada. Defender a Dilma ou o PT virou sinônimo de burrice. Ao longo de 2016, a crise se agravava, catapultada pelas ações do Congresso Nacional.

O cerco se fechou ao redor de Lula. Aproveitando-se da queda vertiginosa do apoio popular ao governo, a Operação Lava Jato mirou no ex-presidente. O nome de Sergio Moro, o juiz de Curitiba responsável pelo julgamento dos processos da Lava Jato, era enaltecido em todo o país como herói. Ele era o cara, o homem, o Batman.

Lula foi acusado de ter se beneficiado de acordos corruptos com empreiteiras e teria recebido um apartamento triplex na cidade litorânea do Guarujá, em São Paulo, e uma reforma em um sítio na cidade de Atibaia, no interior do estado. Mesmo virando a vida do ex-presidente de cabeça para baixo, investigando cada integrante da sua família, chegando ao cúmulo de apreender o tablet do netinho de cinco anos de Lula, as únicas acusações que conseguiram levantar diziam respeito a dois imóveis que, somados, mal chegavam a 1 milhão de dólares.

Já eu soltava fogos. Agora, enfim, o país tinha acordado e as instituições estavam trabalhando para prender toda aquela corja.

No dia 27 de junho de 2016, a perícia oficial do processo concluiu que Dilma não tivera participação alguma nas pedaladas fiscais.[10] Mesmo assim, no dia 31 de agosto, a presidenta sofreu oficialmente o impeachment sob a alegação de crime de responsabilidade fiscal, e Michel Temer assumiu a Presidência após um golpe de Estado realizado à perfeição.

Em 2013, Dilma era aprovada por 79% da população brasileira.[11] Perto do início do processo de impeachment, a aprovação era de 9%.[12] O objetivo daquele grupo político havia sido atingido. O PT tinha sido derrubado.

Naquele dia, gravei uma sequência de vídeos para minhas redes sociais, comemorando aos gritos a justiça sendo feita. De novo, não recebi nenhuma intimação, nenhuma postagem, nenhuma ameaça, nenhum processo. Anos depois, isso seria determinante para o meu despertar.

Enfrentando o conservadorismo

Ainda que continuasse odiando o PT, eu não abria mão das pautas progressistas e queria levá-las para meus seguidores, corrigindo meus erros do passado e me valendo da minha influência para combater a homofobia. Naquele mesmo ano, meses antes do impeachment de Dilma, desafiei para um debate Marco Feliciano, um relevante político da bancada evangélica e defensor da "cura gay".

A repercussão daquele episódio foi gigante, com ampla cobertura da imprensa. Coube a mim o papel de "inimigo da frente evangélica parlamentar". Um comentário de uma internauta no vídeo resume bem a reação de certa parcela da população: "Você é um demônio usado por Satanás. Você vai prestar contas a Deus por tudo que você está fazendo. Deus é justo, você está falando mal de um servo de Deus. Você nem o conhece, nunca conversou com ele pessoalmente. O que você vai debater com ele, seu imundo inimigo da cruz e de Cristo? Você não tem argumento, só serve para falar palavrão. Nem te conhecia, minha filha que me mostrou seus vídeos de lixo".

O debate foi ponderado, nenhum dos dois levantou a voz ou perdeu a compostura. O vídeo, de mais de 46 minutos, foi visualizado mais de 10 milhões de vezes no YouTube. Em determinado momento, disse a ele que a condenação da homossexualidade ocorre apenas no Antigo Testamento. O deputado discordou, evocando uma passagem controversa de Paulo, em Coríntios 6,9-11. Tentando mostrar como a visão de Paulo era um recorte de sua época, perguntei se ele achava certo existirem professoras mulheres. E ele respondeu que sim.

"Em Timóteo", argumentei, "Paulo também deixa claro que é vedado à mulher ensinar."

"Ensinar na igreja", ele respondeu.

"Sua mulher é pastora!", eu disse de bate-pronto.

E aí Feliciano rebateu com a frase mais clichê do mundo, utilizada por quem se vale da Bíblia para condenar:

"Naquele tempo, Felipe. Houve um tempo para isso."

Ora, então por que não podíamos usar o "naquele tempo" para pessoas LGBTQIAPN+ se o argumento era válido para as mulheres?

"Porque não. É um ato de imoralidade sexual, envolve tradições, envolve vida, envolve extinção de um gênero em si, envolve a deturpação da imagem de Deus no ser humano."

A resposta dele traduzia com exatidão o pensamento ultraconservador de quem fazia uso seletivo da Bíblia, ou seja, o livro sagrado só era lido ao pé da letra quando convinha. As passagens de Paulo a respeito das mulheres deveriam ser consideradas no contexto, mas não as falas sobre homossexuais.

Marco Feliciano me via como "esquerdista". Para ele, eu já estava cooptado pelo tal comunismo, muito embora, ao final do debate, eu tenha dito a ele, com todas as letras, que era completamente contra o PT.

Aquilo o agradou, e eu fiquei bastante desconfortável ao notar isso.

No ano seguinte, em 2017, foi a vez de enfrentar Silas Malafaia. Se Feliciano era um poderoso político da bancada evangélica, Malafaia era o segundo maior influenciador da fé no Brasil, perdendo apenas para o bispo Edir Macedo, o dono da Igreja Universal do Reino de Deus e da Rádio e Televisão Record S.A. Embora jamais tenha se candidatado a algum cargo político, Malafaia conseguia exercer grande influência na política, apoiando candidaturas de seu interesse e proferindo discursos de ódio para condenar iniciativas como o projeto de lei que criminalizava a homofobia (PL 122/2006).

Na mídia, o pastor cuspia impropérios homofóbicos e preconceituosos como "amo homossexuais assim como amo bandidos".[13] Em 2014, declarou: "Perto de 50% dos homossexuais foram violados quando crianças ou adolescentes. É provado. Mas tem também os que são por opção".[14] Tal comprovação não existe. O que se sabe é que pessoas LGBTQIAPN+ sofrem mais abusos na infância e na adolescência exatamente por serem LGBTQIAPN+. Eles não "viram gays" porque são abusados, eles são mais abusados por serem gays.[15]

O pastor também ficou conhecido por promover boicotes contra marcas que apoiassem pessoas LGBTQIAPN+. Em 2015, quando a empresa de cosméticos O Boticário lançou um comercial com vários casais trocando presentes no Dia dos Namorados, incluindo casais homoafetivos, Malafaia convocou toda a comunidade evangélica para boicotar a marca: "Eu quero conclamar — porque nós somos a maioria — as pessoas de bem que não concordam com essa promoção de homossexualismo, através de propaganda, de televisão e de revista, para boicotarem os produtos dessas empresas, como agora O Boticário". E finalizou: "Vai vender perfume pra gay".[16]

Em 2017, foi a vez da Disney. Em *Star vs. As forças do mal*, vários casais dão um selinho, entre os quais um casal gay. Era o primeiro beijo gay em uma animação na história da Disney. Revoltado, Malafaia fez inúmeros posts e gravou um vídeo convocando a sociedade evangélica a não comprar absolutamente nada do estúdio.

Meu canal estava começando a ter força outra vez, bem naquele início de 2017. Aproveitei o momento para lançar um vídeo em que eu promovia um boicote contrário. Tive mais de 3 milhões de visualizações.

"A partir de hoje, todas as empresas que Silas Malafaia promover boicote usando seus fiéis, eu vou fazer campanha de graça."

Em seguida, publiquei o link da loja oficial da Disney, comuniquei que havia comprado mil reais em produtos e convidei todo mundo a consumir qualquer coisa como resposta à homofobia do pastor. Os estoques da loja se esgotaram.

E Silas Malafaia me processou criminalmente.

Novos tempos, novos públicos

Até 2016, não pensávamos que crianças pudessem acessar o YouTube. Era uma questão que praticamente não existia. Elas eram uma minoria tão insignificante que não despertavam qualquer preocupação entre os criadores de conteúdo. O foco estava nos adolescentes e jovens adultos, entre treze e 25 anos. O próprio YouTube deixava claro que era uma plataforma proibida para menores de treze anos, delegando aos pais a responsabilidade de monitorar o acesso de seus filhos ao site.

Havia pouquíssimos canais para crianças, como alguns com desenhos infantis e músicas, mas quase nenhum criador se dedicava a elas. Em função disso, os maiores criadores de vídeo da plataforma eram quase todos jovens que falavam todo tipo de palavrão e contavam piada de cunho sexual, como eu, Whindersson Nunes, Kéfera e Cauê Moura, entre outros. E fazíamos muito sucesso.

Foi apenas em 2015 que o YouTube lançou o YouTube Kids, uma versão da plataforma exclusivamente voltada para o público infantil. A despeito dos palavrões e das piadas de cunho sexual, quase todos os meus vídeos e de outros criadores de conteúdo parecido eram aprovados no YouTube Kids. E ninguém tinha se dado conta de que isso poderia ser um problema. Ninguém nem questionava essa inclusão dos nossos vídeos numa plataforma infantil porque, na minha opinião, nessa época nem a equipe do YouTube Brasil acreditava na versão Kids da plataforma. Era um período anterior à invasão das telas digitais na educação infantil. Acreditava-se que as crianças não viam o YouTube.

Quando voltei de vez para a plataforma, em 2016, comecei a produzir vídeos diariamente, mas com um conteúdo mais divertido e menos polêmico. Estava cansado daquela postura combativa, gritalhona e rabugenta, então aos poucos fui mudando meu conteúdo para ser mais alegre, brincalhão e engraçado. Assim, o canal começou a atrair mais público do que jamais havia atingido. A cada mês, as visualizações e os inscritos aumentavam. E, a cada novo vídeo, mais palavrões e piadas de muito mau gosto — mas isso eu só fui perceber mais tarde.

Também passei a gravar com meu irmão, Luccas Neto, que havia criado um canal próprio. Juntos, estudávamos o algoritmo e importávamos conteúdos e tendências de todos os cantos do mundo, até de canais asiáticos. Observamos que, em alguns países como Estados Unidos e Rússia, o YouTube estava sendo invadido por crianças. Provavelmente impulsionados pelo barateamento de smartphones e tablets, os pais já deixavam os filhos usar mais a internet sem supervisão. Era questão de tempo que o mesmo acontecesse no Brasil.

Luccas tinha o perfil, o gosto e a vocação para criar conteúdo para crianças. Elaboramos um plano e o pusemos em ação em 2017. Eu continuaria produzindo meu conteúdo para adolescentes e jovens adultos, enquanto o Luccas começaria focando em adolescentes e aos poucos deixaria seus vídeos mais infantis. E assim fizemos. Sempre que aparecíamos juntos, batíamos milhões de visualizações.

Naquele mesmo ano, uma grande editora me procurou para lançar um livro-revista, voltado para o público jovem, que trazia literatura misturada a passatempos e curiosidades. Gostei da ideia e decidimos chamá-lo de "livrão" e cadastrá-lo como livro tradicional para tentar figurar na lista de mais vendidos do ano.

Na seção de jogos e brincadeiras, havíamos definido que o livro-revista manteria a pegada do canal, incluindo as piadas mais pesadas e de cunho sexual. Em função disso, em uma das páginas, a editora havia incluído uma versão impressa de um dos quadros de maior audiência do meu canal no YouTube: "Casa, Mata ou Trepa", em que o apresentador recebe convidados e os desafia a dizer, de uma lista de três celebridades sorteadas, com quem eles "casariam" ou "trepariam" e quem "matariam". Eu, bem como outros criadores, tinha publicado vídeos assim, e eles jamais haviam causado qualquer polêmica.

A página já estava definida e havíamos avançado nas conversas para discutir o aspecto comercial do livro. Sinalizei à editora a dificuldade em vender produtos relacionados a mim, sobretudo considerando a faixa etária do meu público, de treze a 25 anos. Os mais jovens estão numa idade em que os pais já não atendem a tantos caprichos e preferem dar presentes em datas especiais. Já aqueles entre dezoito e 25 anos sentem vergonha de pedir coisas aos pais e em geral ainda não têm renda para gastar com produtos "supérfluos".

Por isso, a estratégia da editora foi adaptar o produto, pensando num público ainda mais jovem e que estava começando a movimentar o canal. Comercialmente, era uma ideia excelente. Se conseguíssemos apresentar o tal livrão como um produto mais educativo, que levasse literatura para crianças e pré-adolescentes, poderíamos fazer com que muitos pais presenteassem seus filhos com o produto. Topei, pedindo para incluir brincadeiras e modificando partes do livro, que passou a ter coisas como "pinte você mesmo o cabelo do Felipe Neto" e "veja qual cor de cabelo combinaria com a sua personalidade".

Ninguém lembrou daquela página.

Aquela maldita página.

Foi um dos maiores erros da minha vida, que me traria repercussões que nem em meus piores pesadelos eu poderia imaginar. Mas, naquela época, eu não fazia ideia do que estava por vir. Pelo contrário. O livro se tornou o título mais vendido do ano no Brasil, com 149 mil cópias comercializadas em apenas quatro meses, sendo 25 mil só na pré-venda. Para o cenário brasileiro, aquilo não era um best-seller, era um acontecimento, que prosseguiu no ano seguinte, atingindo centenas de milhares de cópias vendidas. Eu só aproveitava o sucesso e pensava em como continuar meu canal e minha carreira.

Seguindo o nosso plano inicial, Luccas e eu continuávamos empenhados em atingir adolescentes e jovens adultos, falando os tradicionais palavrões, mas já começando a maneirar para que o Luccas pudesse focar em conteúdo mais infantil.

Eu tinha muito medo do que essa mudança poderia representar para o meu canal. Não conhecia nenhum grande comunicador que tivesse feito uma transição drástica como aquela, trocando o linguajar mais pesado por um comportamento mais família, e eu temia perder inscritos e visualizações.

Era um passo no escuro, mas, ainda em 2017, decidi ir com tudo e mudar de vez. Era a hora de dar um basta e provar que conseguiria fazer sucesso sem precisar mandar as pessoas enfiarem coisas em locais íntimos. Eu iria me redescobrir como comunicador e mostrar que era possível ser engraçado de outra forma, sem esse recurso fácil e manjado. Além de eliminar as piadas de cunho sexual, decidi que o canal não teria mais palavrões. Ainda mandava um aqui e outro ali, mas editava com um "pi".

Luccas e eu decidimos arriscar e começar um canal do zero no YouTube. Produziríamos um conteúdo familiar livre de polêmicas, palavrões ou conotações sexuais, e para isso decidimos morar juntos. Eu ainda residia no bairro do Flamengo, na Zona Sul do Rio de Janeiro, enquanto Luccas morava no Recreio. Escolhi uma casa bem espaçosa na Barra da Tijuca que seria cenário, estúdio e personagem do canal.

Passamos semanas mergulhados no projeto, escolhendo cada detalhe e gravando um vídeo atrás do outro. No dia 31 de julho de 2017, lançamos o canal Irmãos Neto e quebramos o recorde histórico do YouTube com 1 milhão de inscritos em menos de 24 horas. Nosso vídeo de estreia, onde mostrávamos a mansão pela primeira vez, atingiu mais de 35 milhões de pessoas.

As crianças adoraram aquela união familiar, com vídeos leves, que podiam ser vistos com os pais na sala de casa. O timing também não podia ter sido melhor: pusemos a ideia no ar bem quando o público infantil brasileiro estava chegando em peso ao YouTube. Havíamos acertado na mosca.

Em meados de 2018, o Irmãos Neto era o maior fenômeno da história do YouTube Brasil. O meu canal pessoal seguia batendo recordes de visualizações, e o canal infantil do Luccas havia se tornado o maior do país e um dos maiores do mundo. Todos com identidade própria, sem linguajar chulo nem piadas de cunho sexual. Parecia que havíamos atingido o paraíso.

Até que chegaram as eleições presidenciais.

Quem é esse maluco?

Foi em março de 2011 que tomei conhecimento da existência de Jair Bolsonaro, então deputado federal do Rio de Janeiro. Eu morava no bairro das Laranjeiras e assistia ao *CQC* na minha televisão de 55 polegadas, um dos primeiros luxos que eu me dera de presente. O programa misturava jornalismo com comédia — se, por um lado, noticiavam grandes escândalos e denúncias, por outro, se divertiam, e nos divertiam, aproximando câmeras e microfones do rosto dos políticos para pegá-los desprevenidos.

Naquela noite, o *CQC* anunciou que o deputado Bolsonaro, então filiado ao Partido Progressista (que de progressista não tinha nada), participaria do quadro "O Povo Quer Saber", com perguntas do público. Eu não o conhecia e me sentia desatualizado da política, mas resolvi assistir. Bolsonaro foi apresentado como um político polêmico, famoso por não ter papas na língua, lutar pelo militarismo e ser contra os direitos de pessoas homossexuais. Pelo visto, era só mais um conservador querendo atenção, do qual a televisão se aproveitava para gerar audiência.

Fui até a cozinha, que era integrada à sala e de onde era possível seguir o programa. Enquanto mexia na geladeira, ouvi uma senhora perguntar: "Está com saudades do Lula?". Dei um sorrisinho. O que aquele político de direita teria a dizer sobre Lula, o terrível e malfadado Lula?

"Não, de jeito nenhum, né? Tenho saudade de pessoas sérias, como Médici", foi a resposta.

O sorriso sumiu do meu rosto e corri de volta para a sala. Não era possível que uma emissora de TV aberta estivesse veiculando aquilo. E a dinâmica continuou:

"Do que você tem mais saudade da ditadura?"

"Do respeito, da família, da segurança, da ordem pública e das autoridades que exerciam a autoridade sem enriquecer."

A garrafa de água de plástico caiu da minha mão.

A entrevista prosseguiu, e eu assisti, boquiaberto, ao show de horrores que impactaria milhões de brasileiros nos dias seguintes. Teve pergunta sobre bomba atômica ("Só é respeitado quem tem o poder de intimidar"), a postura dele caso encontrasse o filho fumando maconha ("Daria umas porradas nele"), a possibilidade de ter um filho gay ("Isso nem passa pela minha cabeça, porque tiveram uma boa educação") ou de participar de um desfile gay ("Acredito em Deus, tenho a família e a família tem que ser preservada a qualquer custo"), cotas ("Não entraria num avião pilotado por um cotista e nem aceitaria ser operado por um médico cotista"). O pior estava guardado para o final, quando a cantora Preta Gil perguntou a Bolsonaro qual seria a reação dele se o filho se apaixonasse por uma mulher negra:

"Ô Preta, eu não vou discutir promiscuidade com quem quer que seja. Eu não corro esse risco, meus filhos foram muito bem-educados. E não viveram em ambiente como lamentavelmente é o teu", bradou Bolsonaro.

Sim, ele havia entendido errado a pergunta. Em vez de "pessoa negra", ele havia entendido "pessoa gay" e a associou a "promiscuidade" e "falta de educação".

A confusão ajudou a entrevista a viralizar e aumentou a popularidade de Bolsonaro, que ganhou mais uma cobertura no programa seguinte. Apesar das piadinhas — "ele é doido" e "o Bolsonaro é tão louco que o gabinete dele é todo acolchoado" —, o *CQC* não se deu ao trabalho de fazer qualquer crítica ou correção àquele discurso.

Quem transmite uma ideia perigosa deve providenciar a imediata reparação do dano que ela pode causar. Em uma apresentação televisiva de um grupo circense com um engolidor de espadas ou um cuspidor de fogo, é preciso zelar por uma comunicação explícita que indique que os telespectadores não devem repetir aquilo em casa e que se trata de ações de extremo perigo executadas por profissionais treinados. Eu não posso gravar vídeos no meu canal fazendo brincadeiras com facas, sob o risco de a plataforma removê-los por incentivar a prática de ações perigosas.

Mas esses mesmos princípios não vigoram quando a comunicação envolve racismo, xenofobia, homofobia, misoginia e outros comportamentos nocivos à sociedade. Sob a alegação de uma suposta "liberdade de expressão", permitimos que atrocidades sejam ditas com a máscara da "opinião" e não cobramos dos veículos transmissores a obrigatoriedade dos avisos, alertas e correções necessários. Não que a entrevista com Bolsonaro devesse ter sido censurada, não é por aí, mas acredito que o bom jornalismo deve fazer intervenções que questionem o entrevistado, que o confrontem com os impropérios que ele diz.

Bolsonaro se deliciou com a repercussão dos dois programas do *CQC*. Apesar de se eleger deputado desde 1990, ele nunca havia tido tamanha projeção. Integrava o que os jornalistas chamam de "baixo clero", ou seja, políticos inexpressivos. Sua atuação como parlamentar era pífia, com apenas dois projetos aprovados ao longo da carreira, um sobre isenção do Imposto sobre Produtos Industrializados e outro que autorizava o uso da fosfoetanolamina sintética, o charlatanismo conhecido como a "pílula do câncer". Entre os não aprovados, há maldades como proibir o uso do nome social para travestis e transexuais nos boletins de ocorrência e instituições de ensino e homenagens duvidosas, como nomear uma faixa do território marítimo de "Mar Presidente Médici — Amazônia Azul".

Nos corredores de Brasília, era conhecido por empregar funcionários-fantasma, bem como seus filhos, para a prática do crime que se popularizou como "rachadinha". O político Ciro Gomes comentou essa peculiaridade de Jair Bolsonaro em 2022: "Quem conhecia o Bolsonaro como eu, que fui contemporâneo dele como deputado federal, sabia: Bolsonaro roubava o dinheiro da gasolina, roubava o dinheiro de funcionário-fantasma, o nome da funcionária era Natália, e eu tenho aqui os documentos, por isso é que ele não me processa".[17]

Portanto, quando o *CQC* deu a Bolsonaro a oportunidade de aparecer como um personagem popular, ele a agarrou com unhas e dentes, empenhado em se pintar de verdadeiro defensor da moralidade brasileira, enquanto emitia opiniões que poucas pessoas tinham a coragem, ou a burrice, de levar a público.

Entre 2011 e 2018, Jair Bolsonaro participou dezenas de vezes de grandes programas superpopulares e de grande audiência como principal convidado, como *CQC*, *SuperPop*, *Pânico na Band* e *Casos de Família*.

Em 6 de abril de 2011, manifestantes foram até a Câmara dos Deputados protestar contra as falas do político no *CQC*. Um dos cartazes o retratou com o bigode de Hitler. Outro estampou uma foto do líder nazista — com a suástica —, com a cabeça trocada pela de Bolsonaro, que comentou: "Muito bonito o cartaz". Quando lhe perguntaram o que sentia ao ser retratado com o bigode de Hitler, ele respondeu: "Ficaria bravo se tivesse brinquinho, batom na boca e eles usassem isso em uma passeata gay".[18]

Mais uma vez, sua resposta viralizou. Pessoas inconformadas repercutiam aquela fala à exaustão, exigindo que algo fosse feito contra alguém capaz daquela declaração homofóbica. Outras apenas riam e frisavam o quanto aquele homem era maluco.

No mesmo dia, grupos neonazistas saíram em defesa de Jair Bolsonaro, contra "a opressão da esquerda que queria silenciá-lo". Uma manifestação de apoio ao deputado foi marcada no vão do Museu de Arte de São Paulo, o Masp. O ato foi promovido nas redes sociais, administrado pelo movimento neonazista "White Pride World Wide" (Orgulho Branco Pelo Mundo). No post principal, o organizador dizia: "Vamos dar o nosso apoio ao único deputado que bate de frente com esses libertinos e comunistas!!! Será um manifesto cívico, portanto, levem a família, esposas e amigos".[19]

O ato ocorreu três dias depois, com confronto entre os manifestantes e estudantes e ativistas defensores dos direitos da pauta LGBTQIAPN+. A polícia precisou intervir. Entre os neonazistas, a maioria carecas e encapuzados, havia um homem que já tinha sido preso por arremessar uma bomba em direção a uma Parada Gay.[20]

Era uma época em que o apoio a Jair Bolsonaro ainda era considerado um disparate, apenas neonazistas e skinheads tinham coragem de endossá-lo publicamente. Contudo, as ideias que ele defendia viralizavam na sociedade brasileira e logo aquele apoio deixaria de ficar restrito a extremistas simpatizantes do nazismo.

Sem se dar conta, Bolsonaro tinha dado o passo definitivo rumo à glória. Aquele era o homem que em 2010 havia dito, em programa da TV Câmara: "Se o filho começa a ficar assim meio gayzinho, [ele] leva um couro, muda o comportamento dele".[21] No ano seguinte, em entrevista à revista *Playboy*, falou: "Prefiro que [um filho meu] morra num acidente do que apareça com um bigodudo por aí. Para mim ele vai ter morrido mesmo".[22] Ainda na mesma entrevista, disse: "O cara vem pedir dinheiro para mim para ajudar os aidéticos. A maioria é por compartilhamento de seringa ou homossexualismo. Não vou ajudar porr* nenhuma! Vou ajudar o garoto que é decente".[23]

Após anos proferindo atrocidade atrás de atrocidade, Jair Bolsonaro, transformado em um personagem folclórico, caricatural, começava a ser visto como uma opção viável pelo povo brasileiro. Ele nunca teve inteligência para prever isso, apenas se deixou levar. E o que era para ter sido interpretado como monstruoso muita gente viu como cômico, histriônico, mero exagero cênico.

Qual foi a reação dos apresentadores da bancada do *CQC* depois da primeira entrevista com Bolsonaro? Não foi chamar o deputado de criminoso, protótipo de ditador fascista, nem jogar uma pá de cal nas sementes da extrema direita que ele havia plantado.

Não.

Foi chamá-lo de "doido".

"Bolsonaro é doido."

"Nossa, ele é mesmo muito louco."

"Tu viu a última do Bolsonaro?"

"Confesso que eu dei muita risada dele dessa vez."

"Hahahaha, que figura."

Tudo começa assim.

Surge um líder para a extrema direita

Em abril de 2016, no meio do segundo mandato de Dilma Rousseff, os deputados federais foram convocados para votar o impeachment da presidenta. Cada um era chamado para declarar seu voto ao microfone, ao som de aplausos ou vaias, em um cenário lamentável. Quando chegou a vez de Bolsonaro, ninguém tinha a menor dúvida. Seria um sonoro "sim". Mas o que surpreendeu foi seu discurso: "Perderam em 64", ele disse, referindo-se ao golpe militar brasileiro. "Perderam agora em 2016. Pela família e pela inocência das crianças em sala de aula que o PT nunca teve. Contra o comunismo. Pela nossa liberdade. Contra o Foro de São Paulo. Pela memória do coronel Carlos Alberto Brilhante Ustra, o pavor de Dilma Rousseff!".

Durante o período da ditadura militar, foi criado o DOI-Codi, um órgão de repressão política que podia dar cabo de quaisquer "esquerdistas", fazendo-os desaparecer da noite para o dia, matando-os ou levando-os a porões escuros, de onde saíam — quando saíam — ou num caixão, ou traumatizados para o resto da vida. Os anos entre 1970 e 1974, sob o comando do sanguinário Emílio Garrastazu Médici, foram os mais brutais. Justamente o período em que um novo coronel assumiu o posto de chefe do DOI-Codi do II Exército (São Paulo): Carlos Alberto Brilhante Ustra, o mais cruel e sádico torturador e assassino da ditadura militar.

Amelinha Teles, sobrevivente dos porões do DOI-Codi, sequestrada de 28 de dezembro de 1972 a 14 de fevereiro de 1973, disse: "Eu vi o Ustra torturando a minha irmã grávida de oito meses. Eu vi o Ustra torturando meu marido até entrar em coma [...]. As torturas eram do espancamento, do arrancar sua roupa, palmatórias. As palmatórias vão batendo na sua pele, é uma madeira com buraquinhos que vão suspendendo sua pele e vai arrebentando, é como se estivesse passando uma lixa grossa na pele. Choques elétricos, pau de arara, afogamento. [...] Meus filhos foram levados pra dentro de uma sala de tortura e eu nua, urinada, vomitada, pelas mãos do Ustra. Eu olhava pros meus filhos e via que eles queriam me abraçar, mas não tinham condições. Primeiro porque eu estava presa na cadeira do dragão, uma cadeira que eles te amarram todo e começam a dar choque no seu corpo, vagina, ânus, seios, boca, ouvidos [...]. Eu lembro da minha filha perguntando 'por que o pai ficou verde?' — porque ele entrou em coma e ficou verde — e 'por que você ficou azul?'. Eu olho pro meu corpo e vejo que eu estou toda cheia de hematomas, azulados e roxeados. Minha filha tinha cinco anos e meu filho tinha quatro anos".[24]

Em julho de 1971, o coronel Ustra torturou o jornalista Luiz Eduardo da Rocha Merlino, de 22 anos, deixando-o agonizando em uma cela solitária até a morte. Então fraudou a causa do óbito, dizendo que o rapaz havia cometido suicídio, jogando-se debaixo de um caminhão numa estrada.[25]

Segue o relato de Cristina Moraes de Almeida: "Eu comecei a me encolher. Ele puxou a perna, rasgando minha calça. Ele pega uma furadeira, e me furou daqui até aqui, com uma furadeira. Elétrica. Furadeira. Eu não vi mais nada. [...] Nove meses sem caminhar. [...] Furaram o osso. Furaram derme, epiderme, o osso".[26]

Gilberto Natalini, poeta e médico: "Tiraram a minha roupa e me obrigaram a subir em duas latas. Conectaram fios ao meu corpo e me jogaram água com sal. Enquanto me dava choques, Ustra me batia com um cipó e gritava pedindo informações. [...] A tortura comprometeu minha audição. Mas as marcas que ela deixou não são só físicas, mas também psicológicas".[27]

Em 1974, a educadora Darcy Andozia foi presa: "Quando cheguei ao DOPS

(Departamento de Ordem Política e Social), dei de cara com meu filho, que tinha um ano e oito meses à época, e com a babá dele. Ele tinha um corte na boca e chorava muito. Mais tarde, descobri que o corte era resultado de um tapa que ele havia levado de um policial que se irritou com o choro. Ele passou o dia inteiro na cela sem comida".[28]

Andozia foi posta numa cela ao lado daquela em que prenderam seu bebê: "Eu ouvia os policiais gritando com ele e dizendo: 'Viu como sua mãe não te ama? Você está sozinho aqui, com fome. É culpa dela que você está assim'. Do outro lado, eu chorava com as pernas encolhidas entre os braços. Doeu em mim também, mas isso ecoou na cabeça do Cacá [seu filho] a vida toda, até ele desistir de viver". Cacá se matou aos 39 anos.

Outros relatos de vítimas de Ustra e seus comparsas incluem a penetração de objetos de madeira no ânus das vítimas e estupro de mulheres, prática corriqueira. Também é de conhecimento público que Ustra se comprazia em inserir ratos ou insetos vivos na vagina e no ânus das vítimas. Por vezes, obrigava as vítimas a comer os insetos.[29] Em 1970, Dilma Rousseff tinha 22 anos e foi presa, sendo levada aos porões do DOI-Codi. Ela passou três anos em cárcere no Rio de Janeiro, em São Paulo e em Minas Gerais.

"Me deram um soco e o dente se deslocou e apodreceu. [...] Só mais tarde, quando voltei para São Paulo, o Albernaz [capitão do DOI-Codi de São Paulo] completou o serviço com um soco, arrancando o dente", relatou ela em 2001. Em sua prisão em São Paulo foi torturada por 22 dias: "Não se distinguia se era dia ou noite. O interrogatório começava. Geralmente, o básico era choque. Se o interrogatório é de longa duração, com interrogador 'experiente', ele te bota no pau de arara alguns momentos e depois leva para o choque, uma dor que não deixa rastro, só te mina. Muitas vezes também usava palmatória; usava em mim muita palmatória. [...] Era de dia e de noite. Emagreci muito, pois não me alimentava direito. [...] Quando eu tinha hemorragia, na primeira vez foi na Oban [...], uma hemorragia de útero. Me deram uma injeção e disseram para não bater naquele dia. Em Minas, quando comecei a ter hemorragia, chamaram alguém que me deu comprimido e depois injeção. Mas me davam choque elétrico e depois paravam".

Dilma disse que nunca mais foi a mesma pessoa: "Acho que nenhum de nós consegue explicar a sequela: a gente sempre vai ser diferente. [...] As marcas da tortura sou eu. Fazem parte de mim".[30]

O coronel Ustra viveu até os 83 anos. Morreu em 2015 de uma pneumonia em decorrência da luta contra o câncer. Ao longo da vida, chegou a declarar que morreria sem ser julgado e condenado. O livro *Brasil: Nunca mais* mostra que ao menos 502 pessoas foram torturadas no local comandado por Ustra.[31]

Um ano antes de sua morte, Ustra foi reconhecido oficialmente pelo Superior Tribunal de Justiça como um torturador, mas ele nunca cumpriu pena.

Morreu de maneira serena, com a presença da família, após décadas de conforto, com uma bela aposentadoria. O Exército Brasileiro realizou uma solenidade militar oficial como homenagem póstuma.[32]

Esse homem era (e ainda é) o maior ídolo de Jair Messias Bolsonaro.

Conteúdo impróprio

Em abril de 2018, lancei meu segundo livro, *Felipe Neto: A vida por trás das câmeras*. Meu irmão fez sua estreia com um livro 100% infantil, com passatempos, páginas para colorir, cards colecionáveis e brincadeiras como "Desenhe Você Mesmo". Já o meu era mais voltado a um público adolescente, com muito conteúdo informativo, curiosidades, textos longos, fotos exclusivas. Foi um estouro. Um livro puxava o outro, dispensando palavrões, piadas de cunho sexual ou falas de duplo sentido.

Com o sucesso dos dois lançamentos, aquele primeiro livro que tinha a página imprópria foi varrido de nossas memórias. A memória da internet, porém, não esquece.

No meio de toda a discussão sobre o bolsonarismo, algumas pessoas encontraram aquela bendita página com o jogo "Casa, Mata ou Trepa". Ninguém lembrava dela. Nem eu, nem a editora, nem meus assessores, nem meus advogados. A brincadeira era tão comum no YouTube e havia tantos vídeos parecidos, muitos feitos por menores de idade, que ela passou batido, sem a devida atenção. O culpado, claro, fui eu, não me eximo.

Em julho de 2018, quando eu ainda não publicava nada a favor do PT, mas já condenava veementemente Jair Bolsonaro, vi a primeira publicação falando dela, num jornal relativamente modesto, com a manchete: "Livro de Felipe Neto traz atividade com conotação sexual e revolta pais". Não entendi. Atividade com conotação sexual? Oi? Até então eu já tinha sido alvo de pequenas mentiras, mas em geral vinham de pessoas que não gostavam de mim e tentavam me prejudicar. Ainda não havia lidado com uma desinformação realmente mal-intencionada, e de cara pensei que era disso que se tratava.

Até que abri o link e fui contemplado com uma foto bem grande da página do livro: "O 'Casa, Mata ou Trepa' é um quadro muito divertido do qual três nomes são escolhidos e os jogadores devem definir, entre as opções existentes, com quem praticaria tal ação. Que tal jogar com o Felipe Neto?".

Quando percebi a batatada, senti muito ódio. Dessa vez, eu estava errado.

Quis culpar a editora, esbravejei que aquilo era um absurdo, eu só tinha visto aquela página uma vez, lá no início de 2017, quando meu canal tinha um monte de palavrão e piada com sexo e todo mundo achava a coisa mais natural do mundo. Quis culpar a equipe de redação que criou a página. Quis culpar todo mundo.

Precisei de alguns minutos para me acalmar e cair na real. Como eu aprovava tudo, precisava ter dito que cortassem aquela página. Talvez a brincadeira de mau gosto fizesse sentido num Brasil que cresceu ouvindo Mamonas Assassinas. Mas aquilo não era mais aceitável. Agora que meu irmão era oficialmente um comunicador infantil e eu recebia milhões de acessos de crianças, aquele conteúdo era inadmissível.

Liguei para a editora e pedi que todos os exemplares do livro fossem recolhidos de todas as lojas do país. Não houve nenhum cancelamento da minha imagem, porque a repercussão da matéria havia sido baixíssima. Fizemos o melhor que pudemos para recolher todos os exemplares, depois postei um vídeo pedindo desculpas pelo meu erro e avisando que o livrão seria substituído por um sem aquela página, porque minha nova fase não permitia aquele tipo de conteúdo.

De novo: praticamente nenhuma comoção. Mas era maio de 2018, os bolsonaristas ainda não haviam me elegido inimigo, sobretudo porque eu ainda não me manifestara positivamente sobre o PT. Eu criticava o Bolsonaro, mas não apoiava Fernando Haddad, de modo que não era alvo do movimento bolsonarista, apesar de parte dessa turma já me chamar de "comunista" e "esquerdista". Meu histórico de ofensas a Lula e Dilma também serviu de escudo, me protegeu, porque num primeiro momento muitos me viram como aliado.

Na mesma época, tomei uma decisão drástica. Reuni minha equipe e pedi que me ajudassem a rever *todos* os vídeos lançados até aquele momento, para detectar aqueles que deveriam ser removidos ou receber um aviso sinalizando a faixa etária adequada. Até o dia 15 de julho de 2018, eram quase 1500 vídeos, que somavam 375 horas de conteúdo.

Nosso critério para a remoção era simples: se o vídeo tivesse um linguajar excessivamente pornográfico, ou agressivamente impróprio, *tchau*. Considerando meu passado, dá para imaginar a trabalheira que isso deu. Foram removidos 278 vídeos que somavam mais ou menos 1,5 bilhão de visualizações (quando você apaga um vídeo, as visualizações daquele vídeo também são apagadas do canal, impactando nos números que ajudam a atrair novos anunciantes).

Antes da perseguição que eu viria a sofrer pelos vídeos do passado e pela página do livrão, eu já havia corrigido vídeos e a tal página por puro interesse meu e da minha equipe de deixar o canal mais apropriado a todos os públicos. Mas os bolsonaristas não levariam nada disso em conta. No futuro, essa página seria revivida várias e várias vezes como uma das principais munições para me atacar. Não tem um ano sem que essa história não venha à tona, sempre de forma mentirosa e distorcida.

Uma pulga atrás da orelha

O maior risco da convicção cega fundamentada no ódio é que ela não permite estabelecer limites para o que se pode fazer numa disputa. Eu estava atolado de gravações para o meu canal e o canal Irmãos Neto. A cada novo milhão de inscritos, eu alterava a cor do cabelo, que já tinha sido vermelho, azul, verde, rosa, branco, lilás e continuava mudando a todo momento. Não acompanhava o que acontecia na política e confiava no trabalho de Sergio Moro e Deltan Dallagnol na Operação Lava Jato, com a certeza de que elegeríamos um bom representante para o país nas eleições que se aproximavam.

Foi mais ou menos nessa época que a pulga atrás da minha orelha passou a me incomodar mais, e me peguei lendo mais a fundo as matérias jornalísticas, em vez de me deter nas manchetes. Ainda que continuasse me opondo a Lula com todas as forças, comecei a ponderar sobre a fragilidade das provas contra o ex-presidente, que lhe possibilitaria escapar da cadeia.

Mas não, ele seria preso. Eu estava convencido... mas nem tanto. Meus estudos sobre os pilares do progressismo, dos direitos humanos, do amplo direito à defesa, dos procedimentos legais executados de maneira correta, nada disso me tranquilizava. A verdade é que no fundo da minha consciência eu já sabia que estava do lado errado, apenas não queria admitir. Tudo isso servia como um bombardeio na fortaleza da convicção do ódio, ajudando a minar minhas certezas e a substituir esse ódio pela confusão e pela dúvida.

Mas ainda não era o suficiente. Lembro, como se fosse hoje, como se fosse agora, que torci para que Sergio Moro e Deltan Dallagnol agissem acima da lei e prendessem Lula mesmo sem ter provas definitivas que lhe atribuíssem a autoria dos crimes. Minha convicção de que ele era um criminoso contumaz era tão absoluta que abracei a visão fascista de como lidar com o sistema judiciário: "Se não tem provas o suficiente, mas tem convicção, prenda mesmo assim".

Eu comemorava cada segundo da cobertura jornalística que passava na televisão, condenando todos os apoiadores e admiradores daquele ladrão. E assim, em 7 de abril de 2018, quando Lula foi preso, exultei. O Brasil tinha conseguido. O povo venceu. Nunca mais veríamos aquela banda podre no comando do país. Estávamos, finalmente, livres.

Mas a fortaleza do meu ódio ao Lula, à Dilma e ao PT já começava a apresentar rachaduras visíveis, que só iam se tornando mais profundas.

A hora de me posicionar

No segundo turno das eleições de 2018, minha relação com o antipetismo chegou ao limite. Apesar de ter feito várias publicações contra Jair Bolsonaro, eu não havia me posicionado a favor de Fernando Haddad. Minha convicção de que o PT era um antro de criminosos resistia. Sim, eu já tinha percebido muita coisa equivocada naquela prisão do Lula. Sim, eu já sabia que Haddad era milhões de vezes superior a Bolsonaro sob qualquer ponto de vista. Mas a gente não demole décadas de condicionamento da noite para o dia. Optei por não me manifestar até a véspera da eleição.

E eis que, enquanto navegava na internet, encontrei um discurso em que Bolsonaro dizia: "[se eu vencer] Vamos varrer do mapa os bandidos vermelhos do Brasil. Essa turma, se quiser ficar aqui, vai ter que se colocar sob a lei de todos nós. Ou vão para fora ou vão para a cadeia".[33]

O que enxerguei naquele discurso foi uma ameaça real à minha integridade física. Eu era um ferrenho opositor do bolsonarismo e já estava me preparando para enfrentar seu governo. Já tinha feito diversas publicações em repúdio à figura de Bolsonaro e ao bolsonarismo. Já estava sendo chamado de comunista por várias pessoas da extrema direita. Ao ver o discurso, fui ao Twitter: "Em dezesseis anos de PT eu fui roubado, mas nunca ameaçado. Autoritarismo nunca mais! Irei de Haddad sem orgulho algum, mas pela Democracia".

Nunca, em toda a minha vida, qualquer um que tivesse me conhecido acreditaria que eu declararia voto em um candidato do PT. Meu ódio contra aquela figura havia começado como um pequeno tijolo e se transformara em uma fortificação indestrutível, rodeada de um fosso cheio de crocodilos e guardas armados até os dentes com granadas e fuzis. Mas, dados os acontecimentos recentes, eu tinha mais dúvidas do que certezas a respeito do partido, de Lula e de Dilma.

Nunca, nem uma única vez, eu me vi ameaçado pelo governo petista, mesmo com as centenas de ataques e xingamentos que proferi contra Lula e Dilma. Nunca senti que minha vida estivesse em risco, ou minha liberdade. E olha que eu havia publicado posts suficientes para responder a diversos processos. Ainda assim, mesmo com os milhões de visualizações, os políticos e o partido nunca moveram um único dedo contra mim. Talvez eles não fossem os vilões que desde criança me disseram que eram.

Eu evitava ao máximo pensar no assunto, mas toda vez que ele surgia em alguma conversa, ou eu lia algo a respeito na internet, sentia um negócio impossível de controlar lá no fundo do cérebro: e se eu estive errado a vida inteira?

Não. Impossível. Melhor não pensar nisso.

Segui em frente. Vi Bolsonaro ser eleito e demonstrei publicamente toda a minha indignação contra aquele Brasil que estava se delineando. O que isso suscitou foi o mais puro e legítimo ódio contra um ser humano que a internet é capaz de promover. Em pouquíssimo tempo, logo após a publicação do meu tuíte em apoio a Haddad, comecei a receber muito mais mensagens de ódio e ameaças à minha integridade física e liberdade que eu jamais havia recebido em oito anos de ofensas ao PT.

Ao publicar aquele post, eu não havia mencionado o nome de Bolsonaro. Só havia dito "autoritarismo nunca mais", o que foi o suficiente para marcar um alvo no meio da minha testa. Um alvo que permanece até hoje, já perdi a esperança de que desapareça.

Aquela foi minha primeira percepção de que o bolsonarismo não era só um grupo de pessoas perdidas, seduzidas por teorias da conspiração e sedentas por soluções fáceis vindas de um líder carismático neofascista. Não, o bolsonarismo estava articulado, montado e esquematizado por meio de grupos de aplicativos de mensagens e redes sociais. Sua capacidade de congregar o ódio de milhões de pessoas estava tão estabelecida que bastava um único post para acionar um efeito cascata.

"Este é o alvo", significava o post. No mesmo instante, hashtags subiriam para os trending topics do Twitter, milhares e milhares de publicações iriam ao ar em diversas redes sociais, mentiras seriam fabricadas com cara de notícia séria, videomontagens seriam criadas para pintar a pior imagem possível daquele "inimigo" e desencadear todas as demais técnicas de assassinato de reputação.

Em 2019, ano em que Bolsonaro assumiu o poder, o meu canal era o segundo mais visto de todo o planeta, entre youtubers. Minha audiência era assustadora e isso me conferia um poder de influência que o bolsonarismo via como perigoso, sobretudo porque minha capacidade de articulação se dava no território em que eles mais prosperavam e a esquerda mais tinha dificuldade de atingir: o digital. E Bolsonaro havia trabalhado, e muito, com uma minuciosa estratégia para dominar as redes.

PARTE II
COMUNICAÇÃO COMO ARMA

A história ensina (ou não)

A comunicação é o maior poder da humanidade — ela conta a história, constrói o mundo, controla o homem. Cada fala pode mudar alguma coisa.

Não foi pela força que Hitler convenceu grande parte do povo alemão a perseguir e assassinar judeus, gays, ciganos e tantos outros. Não é a força que transforma alguém em racista. O repertório de crenças de uma pessoa é constituído pelas informações que essa pessoa recebe e absorve — ou não recebe e não absorve.

A comunicação não é apenas o que se diz. Ela é tudo aquilo que é percebido, seja de maneira explícita ou velada. A comunicação está no cheiro, no tato, no sabor, ela está presente em tudo, o tempo inteiro. Um segurança olhando torto para uma pessoa negra em um supermercado passa uma comunicação para a pessoa branca que vê a cena e para a pessoa negra que a vivencia.

Em 1964, o teórico da comunicação Marshall McLuhan escreveu que "o meio é a mensagem", argumentando que o veículo que nos transmite uma informação é tão importante quanto o conteúdo dessa informação. Cada mídia — TV, rádio, cinema, jornal, aplicativo de mensagens, redes sociais etc. — altera à sua maneira nossa percepção de determinada informação. Por isso a comunicação é o maior poder da humanidade.

A extrema direita soube fazer um uso muito eficiente disso. Hitler jamais teria chegado aonde chegou não fosse o poder da comunicação e da ideia de cultura de massa, sobretudo com o suporte do rádio, que começou a se popularizar na Europa na década de 1920. Em 1933, seis anos antes da eclosão da guerra, o regime nazista lançou o Volksempfänger (receptor do povo), que nada mais era que um rádio muito barato, ao alcance do bolso de todo trabalhador. Joseph Goebbels, o ministro da Propaganda, transmitia na íntegra os discursos inflamados do Führer e todo tipo de informação que apoiasse o regime.

"Uma mentira contada mil vezes torna-se verdade", diz uma frase atribuída a Goebbels. Além de veicular notícias em meios oficiais, ele compreendeu que para alterar a percepção de realidade do povo alemão era necessário modificar também a produção cultural. Por isso, cooptou todas as artes, desde arquitetos até escultores, músicos, radialistas, atores e cineastas, ao longo de um processo que durou anos, perseguindo toda e qualquer manifestação artística contrária aos ideais nazistas.

Em 1935, a cineasta Leni Riefenstahl lançou o documentário *Triunfo da vontade*. Hoje banido na Alemanha, o filme trazia imagens de um congresso do Partido Nazista com mais de 700 mil simpatizantes. Os espectadores puderam ver soldados transformados em heróis, refletindo a "superioridade da raça ariana".

Em 31 de agosto de 1939, a rádio de Gleiwitz, cidade alemã fronteiriça (hoje Gliwice, na Polônia), transmitia sua programação quando, tarde da noite, foi interrompida. Uma vez retomada a transmissão, um tiro foi ouvido e uma voz triunfante gritou em polonês que a estação estava nas mãos de forças polacas. O corpo de um alemão foi encontrado no local. Os veículos alemães denunciaram em detalhes o ataque polonês, enfurecendo o povo, que pedia retaliação. Outros ataques poloneses foram noticiados, como a um alojamento florestal e a uma estação aduaneira. Aproveitando-se dos acontecimentos, Hitler foi a público e declarou que a Polônia havia atacado oficialmente a Alemanha e que o regime precisava reagir.[1] No dia seguinte, a Alemanha invadiu a Polônia, dando início à Segunda Guerra Mundial.

Hoje sabemos que os ataques nunca aconteceram. O "ataque" à rádio alemã em Gleiwitz foi uma encenação da SS nazista, comandada por Alfred Naujocks. O corpo encontrado no local era do alemão Franciszek Honiok, simpatizante da Polônia e decerto já na mira da Gestapo. Ou seja, tudo aponta para alguém assassinado pelos oficiais nazistas e plantado no local para gerar comoção popular.

Hitler utilizou-se dessa mentira para fazer o papel de vítima e acender o estopim da guerra. Para milhões de pessoas, a Alemanha estava apenas reagindo a uma violência polonesa, tanto que Hitler e Goebbels proibiram que a palavra "guerra" fosse utilizada quando comunicaram a invasão à Polônia.[2]

As mentiras nunca terminavam. Cartazes espalhados em pontos estratégicos mobilizavam a população alemã contra o povo judeu. De 1939 até 1945, até a hora da morte de Hitler, o regime nazista fez uso da desinformação, da mentira e da manipulação. A rádio oficial informou que o Führer havia morrido em combate, quando na realidade ele cometera suicídio em um bunker.

Quase setenta anos depois, em outro contexto histórico, outros governantes se inspirariam em várias dessas técnicas de comunicação para manipular a população a seu favor. Mas agora não precisariam da rádio nazista. Sua ferramenta de transmissão para espalhar mentiras seriam as redes sociais.

Um candidato feito sob medida

Alguns líderes ocidentais de extrema direita do século XXI obedecem a certo padrão, quase uma fórmula da comunicação da era digital.

Tudo começa com um "doido" que ninguém leva a sério e que precisa se expor ao máximo para atingir o maior número de pessoas ao vociferar absurdos que mais ninguém ousaria falar. Essa figura excêntrica não pode ser considerada uma pessoa moderada, séria ou coerente: é necessário que ela se transforme num personagem, numa figura folclórica que se sinta livre para falar o que bem entender. Quanto mais excentricidades, melhor a composição dessa persona. Um cabelo chamativo, por exemplo, é uma ótima ideia. O bigode estranho não é mais aconselhável.

Em geral essa criatura se posiciona como antipolítica, tirando proveito da percepção popular de que a política por si só está desgastada, manchada por corrupção e burocracia. "Fora da política", o líder carismático bate exaustivamente na tecla da corrupção, vendendo-se como um indivíduo incorruptível.

Esse outsider defende valores tidos como "morais" por determinada parcela da população, repetindo os mantras de "família", "pátria" e "Deus". Isso não é novo. Todos sabemos disso e ainda assim descartamos comparações apenas porque Trump e Bolsonaro não construíram câmaras de gás. Hitler e Goebbels já tinham trilhado o mesmo caminho, sob o lema "Deus, Pátria e Família". As mesmas palavras, os mesmos valores para convencimento e propaganda.

Por fim, é preciso fazer o mesmo que Goebbels fez com o seu "receptor do povo", o rádio barato que deu o poder integral da comunicação alemã ao regime nazista. O líder da extrema direita precisa ter uma via de comunicação direta com seus admiradores. Hoje dispensa-se a criação de um novo dispositivo físico, o foco está nas redes sociais, para as quais são criados perfis fundamentalistas que disseminam toda a comunicação mentirosa.

Só que, diferentemente dos anos 1930, agora não é mais possível impedir que o povo receba notícias e informações de outras fontes. A solução da extrema direita para isso é simples: convencer o maior número possível de pessoas de que a imprensa é corrupta, alinhada com a esquerda, bandida e imoral. Constantemente, 24 horas por dia, bombardear a imprensa tradicional e os grandes veículos de informação com todo tipo de acusação, para assim minar a credibilidade desses veículos e passar a ser, a partir de sua plataforma digital, a principal fonte de informações para seus súditos. E então é hora de agir.

A extrema direita no ambiente digital

Afinal, por que a extrema direita foi tão bem-sucedida em sua estratégia digital? Por que é tão mais fácil criar engajamento e atenção para conteúdos neofascistas?

Quando a internet se popularizou, imaginou-se que ela proporcionaria reviravoltas progressistas planeta afora. Para muitos povos, aquela era a primeira oportunidade de se fazerem ouvir e de se ouvirem mutuamente. Foi a época de ouro do Facebook, YouTube e Twitter. Parecia que as redes sociais tornariam o mundo melhor.

Em 2010, essa onda de solidariedade culminou numa revolução no mundo árabe. Pequenos protestos organizados na internet começaram a tomar proporções inéditas por diversos países, como Egito, Tunísia, Líbia, Argélia, Iraque, Jordânia, Iêmen, Kuwait, Líbano, Marrocos e Arábia Saudita. Era a Primavera Árabe.

Graças a essas manifestações, o presidente da Tunísia, Zine El Abidine Ben Ali, foi forçado a fugir para a Arábia Saudita. Já o presidente do Egito, Hosni Mubarak, renunciou, encerrando uma ditadura que já perdurava por três décadas. Na Líbia, o presidente ditador Muammar al-Gaddafi foi executado por rebeldes, dando fim a 42 anos de atrocidades.

Se tudo indicava que movimentos espontâneos haviam se voltado para a luta contra os opressores, então o que havia de errado?

A esperança de que a internet fosse um local descentralizado e livre não passava de ilusão. Em pouquíssimo tempo, os regimes autoritários compreenderam como controlar o mundo digital e suprimir ações populares de revolta. A Primavera Árabe acabou servindo de gatilho para que grandes ditadores do Norte africano e do Oriente Médio agissem com mais rigor no âmbito das redes. No Egito, por exemplo, o general Abdel Fattah al-Sisi, hoje no poder após eleições acusadas de fraude pela comunidade internacional, passou a agir com punho de ferro, bloqueando centenas de sites e prendendo internautas.

O que ocorreu foi um tremendo e minucioso processo de ramificação e pulverização da influência. E a guinada para a extrema direita aconteceu quase como um processo natural, acionada por uma palavrinha: lucro.

Até 2008, o Facebook ainda não havia rendido um único dólar de lucro e seu modelo de negócios era sustentado inteiramente por investimentos. Como a plataforma prometia ser a galinha dos ovos de ouro do Vale do Silício, todos queriam um pedacinho, o que resultava na venda de percentuais da empresa em troca de muitos milhões de dólares, na esperança de uma rentabilidade futura. Esse dinheiro era utilizado para custear a existência do site e ampliar sua cadeia de operações.

Ante a pressão dos acionistas, Mark Zuckerberg e demais executivos da companhia vislumbraram a abertura do capital da empresa na bolsa de valores. Essa operação — IPO, do inglês *inicial public offering*, ou oferta inicial de ações — renderia muitos bilhões de dólares ao Facebook e a seus investidores. Para dar certo, era necessário mostrar forte tendência de crescimento em faturamento e, obviamente, lucro.

Por isso, não demorou muito para que o Facebook mudasse de rota, acompanhado por todas as outras plataformas. Com a nova estratégia, os ambientes digitais passaram a ficar repletos de anúncios, principalmente antes da exibição de vídeos e ao longo das linhas do tempo (*timelines*) de conteúdo. Facebook e Google dispararam na frente em relação à eficiência desse serviço, mapeando a navegação de cada usuário e exibindo anúncios dirigidos para obter o melhor resultado. Em função disso, a internet mudou. Os executivos haviam percebido o óbvio: a guerra entre plataformas não era para ver quem conseguia mais acessos, mas ganhava quem conseguisse manter o usuário hipnotizado por mais tempo.

Antes, as plataformas brigavam por acessos, e por isso os números de cadastros determinavam o sucesso de uma rede social. O YouTube se orgulhava da quantidade de visualizações por vídeo e do número de inscritos de cada canal. O Facebook se comprazia da quantidade avassaladora de usuários no mundo. O objetivo era claro: chamar mais gente. Quem tiver mais gente, ganha.

Quando o objetivo de uma plataforma é atrair pessoas novas e crescer em número de acessos, a tendência é que em sua página principal ela exiba postagens criativas, inesperadas, atraentes, de assuntos familiares ao leitor. O Facebook se preocupava em ter conteúdo de qualidade e entregar à pessoa aquilo pelo qual ela já sinalizara interesse. Já o YouTube destacava conteúdo de boa produção, incentivando e investindo em qualidade, e entregando o conteúdo no qual as pessoas haviam se inscrito.

Só que essa estratégia não dava tanto dinheiro. O que os especialistas em desenvolvimento digital, marketing e algoritmos detectaram era que, se um canal no YouTube tivesse 50 milhões de inscritos, isso não significaria nada para o Google (dono do YouTube), assim como se o Facebook tivesse páginas com 30 milhões de curtidas, isso não significaria nada em termos financeiros para a empresa. A única métrica que importava era o tempo de permanência de tela, de modo a permitir que as plataformas pudessem exibir o máximo possível de anúncios sem fazer com que o usuário saísse.

Essa nova lógica marca a era da guerra por atenção, quando todo aplicativo passa a ser desenvolvido com o objetivo de dominar o interesse do usuário e mantê-lo olhando para a tela o máximo de tempo possível. O algoritmo, por intermédio de uma inteligência artificial que mapeia o comportamento do usuário na plataforma, exibe exatamente aquilo que considera vital para mantê-lo preso e querer ver o próximo post, que não será necessariamente só o conteúdo de quem a pessoa segue, nem necessariamente em ordem cronológica. Esse mecanismo não utiliza apenas o seu comportamento de consumo para decidir o que vai exibir para você. Não. O algoritmo sabe que existem verdadeiras bombas de prender a atenção e as solta em momentos-chave.

São vídeos hipnotizantes e variados: mulheres dançando de forma sensual, torsos nus, cravos sendo espremidos, jardins zen sendo manuseados, ASMR com sussurros sensuais e relaxantes, facas muito afiadas cortando objetos macios e vários outros. E não só isso. Para certos tipos de usuários, poucas coisas são mais eficazes para hipnotizá-los do que o conteúdo criado pela extrema direita, que inclui vídeos extremistas, monólogos de grandes líderes carismáticos e teorias da conspiração, em especial.

Essa recomendação de conteúdos inverteu a ordem que deve guiar o consumo de entretenimento e informação. Antes, cada indivíduo podia escolher ao que assistir, fosse sintonizando em uma rádio ou em um canal de televisão, abrindo um site específico, seguindo determinado perfil numa rede social ou alugando um filme em uma locadora. A decisão sobre o conteúdo era um ato individual. A partir da mudança do algoritmo de recomendação para a priorização do lucro, essa realidade se inverteu.

Agora, quem decide o que você vai consumir é o algoritmo, não importa a rede social. O botão "seguir" tornou-se mero detalhe, porque a plataforma se beneficia muito mais quando você não segue ninguém e apenas consome o que ela recomenda, como atesta o sucesso estarrecedor do TikTok. Para deixar o usuário mais tempo na plataforma, as redes começaram a recomendar cada vez mais conteúdo radicalizante e "hipnótico".

Mostre um vídeo de uma faca quente cortando blocos de areia e você capturará a atenção do usuário por alguns segundos. Agora, mostre um vídeo de um homem carismático argumentando que as mulheres são beneficiadas por um sistema que as trata como vítimas e você planta uma semente perigosa na cabeça de uma pessoa suscetível.

Outro exemplo: a teoria de que a Terra seria plana já havia caído em desuso havia mais de 2 mil anos. Em 1956 ela retornou com uma força tímida, após a criação da Sociedade da Terra Plana pelo britânico Samuel Shenton, mas o assunto não era tratado como uma questão minimamente séria. Até a popularização das redes sociais.

Uma pesquisa de 2019 realizada pelo Datafolha mostrou que 7% (!!!) dos brasileiros afirmam que a Terra é ou pode ser plana. São cerca de 11 milhões de pessoas. Nos Estados Unidos, uma pesquisa de 2018 mostrou que 5% da população do país — cerca de 15 milhões de pessoas — tinha dúvidas sobre o planeta ser redondo.[3] Mas como isso é possível?

A ideia da Terra plana é mais uma teoria da conspiração que foi cooptada pela extrema direita, baseada em um fundamentalismo cristão que visa convencer as pessoas de que a ideia da Terra redonda faz parte de um gigantesco plano de governos globais para a erradicação do cristianismo e da Bíblia. Eu mesmo vi isso acontecer. Uma pessoa esclarecida da minha família começou a acreditar que a Terra era plana, pois aquilo se conectava a todas as outras teorias de conspirações globais contra a sua religião e dava mais sentido para a sua vida.

No fim, tudo se conecta. Nenhuma teoria da conspiração é inocente e todas precisam ser enfrentadas pelas plataformas, por meio de um sistema regulatório que detenha sua proliferação nociva. Não deve haver brechas para se questionar aquilo que é consenso da comunidade científica, sob o risco de se pôr em xeque toda a estrutura social que protege a democracia e os direitos humanos.

Mas isso ainda não acontece. Certa vez fiz um experimento e tentei manipular meu TikTok para receber apenas conteúdos de futebol, uma coisa à primeira vista inocente. Foi só abrir o aplicativo e automaticamente foram exibidos vídeos recomendados por ele e não de perfis que eu seguia. Então, ignorei toda vez que um vídeo não relacionado a futebol surgia na tela. Foi assim por pelo menos uma semana. E toda vez que um vídeo de futebol aparecia, eu assistia até o final e clicava na opção "curtir". Isso abasteceu meu algoritmo com a informação: "Esse usuário é viciado em conteúdo de futebol, logo, devemos lotá-lo de vídeos desse tipo". E isso de fato ocorreu. Passados alguns dias, os vídeos recomendados eram praticamente todos relacionados a futebol.

Praticamente. E é aí que reside o problema. O algoritmo não para de empurrar conteúdos radicalizantes para os usuários, sejam de política, sejam de cultura ou de outras áreas.[4] Era inevitável: a cada tantos vídeos de futebol, o TikTok me presenteava com conteúdos de extrema direita. No meu caso, recebi sobretudo vídeos do teórico conspiracionista canadense misógino e transfóbico Jordan Peterson. Não importava o que eu fizesse, o TikTok não parava de me recomendar seus vídeos. Então comecei a marcar a opção "não tenho interesse" cada vez que um vídeo dele aparecia. A incidência diminuía, mas bastavam algumas horas para que Peterson me visitasse de novo.

O algoritmo não é um monstro malvado que quer direcionar o mundo para o fascismo. A inteligência artificial não tem preferências políticas. O algoritmo é pura e simplesmente baseado em números. Se ele recomenda o conteúdo radicalizante é porque tem motivos, sobretudo manter o usuário na plataforma.

É muito provável que o público consumidor de futebol tenha forte atração pelos vídeos de Peterson, o que inclusive faz sentido, basta observar os perfis voltados para futebol na internet brasileira. Então, como se eu participasse de uma espécie de bolha de usuários, o algoritmo me analisava: "Ele gosta de vídeos de futebol. Observando a tendência de outros públicos que consomem muito conteúdo de futebol, detectei um caminho para gerar um segundo interesse: muitos gostam de vídeos do Jordan Peterson".

E aparece o Peterson na minha tela.

"O usuário marcou que não tem interesse, então vou parar de recomendar por algumas horas e tentar outros da mesma temática."

Lá vêm outros vídeos de outros autores com discursos parecidos.

"Vou tentar o Jordan Peterson de novo, pois o potencial é altíssimo com base nas estatísticas da amostragem."

E mais um vídeo do Jordan Peterson...

Como impedir isso? Enquanto não houver regulamentação sobre os algoritmos, as plataformas continuarão repetindo o mesmo padrão. Por que elas se preocupariam em não recomendar conteúdo radicalizante? Elas perderiam dinheiro. É ingênuo acreditar que as plataformas vão agir para a desradicalização de seus algoritmos de recomendação. Enquanto a estratégia for deixar as próprias empresas se autorregularem, nada irá mudar.

Por que a extrema direita domina as redes digitais, então? Parte dessa resposta é justamente porque os algoritmos das plataformas se beneficiam desse conteúdo extremista para deixar as pessoas mais tempo conectadas, intensificando a recomendação dessas publicações e a criação e aumento do interesse por esse tipo de assunto.

E por que o conteúdo de extrema direita é tão atraente? Seria natural imaginar que a humanidade tem discernimento para não cair em armadilhas que a induzam a comportamentos que ponham em risco sua existência. Se fôssemos seres pensantes com alta capacidade cognitiva e blindados para discursos imbecis, repudiaríamos de imediato um vídeo pregando que os pais não vacinem seus filhos porque as vacinas fazem parte de um conluio governamental para controle da população. Mas isso não acontece.

A atração exercida por conteúdos de extrema direita nasce de uma combinação entre a natureza humana, a estrutura capitalista e a falha organizacional e estratégica na comunicação progressista e dos grupos moderados.

Primeiro, nós temos uma marcante tendência à curiosidade. A psicóloga Denise Ramos, professora de pós-graduação em psicologia da PUC-SP, afirma: "O desejo de conhecer faz parte da nossa estrutura psicológica. Queremos saber o que está além daquilo que estamos vendo".[5] Somos inerentemente curiosos, alguns mais, outros menos.

Também queremos pertencer a um grupo. Em 1995, os psicólogos Roy F. Baumeister e Mark R. Leary desenvolveram a "hipótese do pertencimento"[6] e concluíram que o ser humano possui a necessidade de manter um relacionamento estável com um grupo de indivíduos. Essa necessidade de pertencimento vai além de se ver rodeado de pessoas e diz respeito a se sentir acolhido e compreendido, o que em geral nasce de um processo de identificação entre pares. É fácil ver isso no cotidiano, e o leitor já deve ter passado por situações como estas: você sente uma empatia maior por uma pessoa que acabou de conhecer apenas por descobrir que ela torce pelo mesmo time que você, ou tem o mesmo nome, ou a mesma religião, ou é do mesmo signo do zodíaco.

Temos ainda a necessidade de dar sentido à vida. Platão definia o "homem" como "um ser em busca de significado". É essa busca por sentido que fundamenta vários aspectos da humanidade, em especial quando falamos das religiões e da fé em algo "além da vida". Queremos que nossa existência seja mais do que apenas um conjunto de células que entrarão em decomposição após a morte. Essa necessidade do "sentido" vai além, ultrapassa aspectos sobrenaturais e invade nosso cotidiano, causando em muitas pessoas uma ansiedade provocada pelas perguntas: "O que eu estou fazendo com a minha vida e de que forma posso colocá-la a serviço de um bem maior?".

Finalmente, observa-se uma crescente intolerância ao tédio. Em *Nação dopamina*, Anna Lembke traz um choque de realidade a respeito da dependência do cérebro por dopamina, também liberada pelo vício em aparelhos móveis, que nos mantêm hipnotizados enquanto rolamos linhas do tempo intermináveis de conteúdos recomendados. "O smartphone é a agulha hipodérmica dos tempos modernos, fornecendo incessantemente dopamina digital para uma geração plugada", ela sustenta.[7]

Além de a busca por dopamina atuar como uma porta de entrada para o usuário viciado cair em conteúdos de extrema direita, a necessidade dela também reflete a incapacidade humana de lidar com tudo que é tedioso. Ficar sem nada para fazer, apenas existir olhando para o vazio, gera mais e mais ansiedade. Muitas pessoas sonham com uma vida mais venturosa, distante das trivialidades do cotidiano. Não é possível que a vida seja só isso, deve haver algo mais… Bem, esse discurso é um prato cheio para todo tipo de conspiração mirabolante, o que a extrema direita soube explorar muito bem.

Vamos imaginar uma pessoa entediada, sem objetivo, alguém que quer entender o mundo por meio de razões complexas e interligadas. Agora conjecturemos que esse alguém não recebeu educação midiática, não sabe o que são fake news, sua alienação em relação à política é total. O sujeito não entende nada de política, não se mete com isso, está exausto do trabalho e do transporte público, frustrado pela falta de dinheiro.

Suponhamos que esse personagem se chama Aurélio. Tem 27 anos, é solteiro e vive cada dia igual ao anterior, acordando no mesmo horário, pegando a mesma condução lotada, tendo um emprego que não o estimula e chegando em casa perto da hora do jantar, depois do qual assiste alguma coisa e vai dormir. Seus fins de semana são chatos.

Aurélio acha sua vida um tédio. Sente, no íntimo, que misteriosas aventuras devem acontecer em túneis secretos da humanidade, é impossível que a vida se resuma a um bando de gente vivendo por aí. Não. Existe algo. Existe "o sistema". Tem que existir.

Ele decide abrir o Facebook, desesperado pela liberação de dopamina que simplesmente ler um livro não é capaz de lhe oferecer, e atualiza a linha do tempo. Uma foto de sua irmã na casa de praia com o marido aparece na tela. Aquele traste não serve para nada, vive de dar aula de música, como se isso fosse levar alguém a algum lugar!

Aurélio respira fundo, pensando no desperdício de vida de alguém que se dedica a ensinar um monte de criança a tocar, o que não resulta em nada, porque a maioria das crianças só consegue extrair ruídos incompreensíveis de seus instrumentos.

Ele atualiza a linha do tempo. Surge na tela uma foto chocante. Um caixãozinho de criança. Aurélio fica impressionado, nunca tinha pensado que os caixões de crianças fossem tão pequenos. Aquela foto desperta seus instintos protetores, de compaixão e preocupação. Por que uma criancinha morreria? Isso é tão antinatural. Mas logo ele entende. Acima da foto, uma legenda diz: "CRIANÇA DE 6 ANOS MORRE DE PARADA CARDÍACA LOGO APÓS TOMAR VACINA DE COVID-19".

Aurélio fica pasmo. Como assim? Por que uma vacina mataria uma criança de seis anos? Que história é essa? Ele clica na página que compartilhou a imagem, que chama Patriotas pela Verdade. Pronto, acaba de cair no que chamamos de *bait* — "isca" em inglês. Ele "mordeu a isca". A todo momento, páginas de extrema direita jogam na internet iscas — sempre baseadas em sensacionalismo barato e mentiras — com o objetivo de fisgar novos Aurélios.

Ao entrar na página, Aurélio fica curioso sobre a vacina. Se ela matou aquele garotinho, quantos mais podem morrer? E ele, deve ou não tomar a vacina? Então abre o post completo da foto do caixão e lê toda a história. O tédio, de repente, sumiu, Aurélio é tomado pela curiosidade e pela vontade de ir até o fim naquele buraco obscuro. Descobre uma história surpreendente. O menino morto se chamava Pedro. Em entrevista ao portal Chega de Censura, seu pai, Jorge Soares, declara: "Fui forçado a levar meu filho para tomar vacina, foi contra a minha vontade, mas a escola falou que ele não poderia ser matriculado sem a vacinação estar em dia. Mataram o meu filho!".

Aurélio, lívido, tomado pelo ódio e pela tristeza, lê mais, obcecado por entender tudo aquilo. Descobre que a vacina aplicada foi uma tal de CoronaVac, que utiliza um negócio chamado RNA. Logo em seguida, vem o depoimento do dr. John Spiziack, um especialista sueco que está sendo silenciado pelo governo norte-americano. A notícia da morte do menino Pedro havia chegado à Europa e o cientista dissera: "O caso dessa criança é apenas um dentre milhões que estão sendo ocultados pela trama de governos mancomunados. Os hospitais já foram instruídos a preencher o atestado de óbito de toda criança que morre atribuindo motivos aleatórios à causa da morte. Resolvi revelar a verdade depois que soube disso. O índice de mortalidade infantil provocado pelas vacinas com RNA não para de crescer, mas elas estão sendo aplicadas mesmo assim para atender às agendas de lideranças comunistas da Europa e dos Estados Unidos".

Ele sabia! Sabia que no mundo havia poderosos desse tipo controlando os cordões das marionetes! Aurélio descobre o nome da escola de Pedro: Santa Teresinha. Bem rápido, encontra o perfil dela no Instagram, abre a última foto publicada e vai até a seção de comentários. Escreve "ASSASSINOS!!!" e envia. Ele então repara em vários outros comentários com ataques parecidos.

"Vocês pagarão pela justiça divina!"

"Comunistas sujos!!! Fim ao passaporte vacinal!"

"Estão fazendo com nossas crianças o que Hitler fez com os judeus!"

Um sentimento de identificação se apodera dele. Aurélio não está sozinho. Existem pessoas que lutam. Como conhecer essas pessoas? Ele volta ao Facebook e decide seguir a página Patriotas pela Verdade. Imediatamente a plataforma lhe sugere seguir outras quatro páginas: Direita Unida, Abaixo o Comunismo, Seguidores de Olavo de Carvalho e Pátria Salvadora. Ele curte cada uma.

Ao voltar para a página inicial do Facebook, agora ele pode acompanhar conteúdos importantes. Passa a ler tudo que as páginas publicam (e segue várias outras novas). Também se habitua a deixar comentários em diversos posts, o que lhe rende novas amizades digitais. Ele descobre que no mundo existe uma rede de poderosos bilionários comunistas que visam controlar tudo e todos, liderados pelo magnata Bill Gates. Descobre, além disso, que esses líderes globais são satanistas e mantêm redes de pedofilia, praticando o tráfico de crianças para satisfazer desejos perversos. Muita gente está envolvida: Hillary Clinton, Barack Obama, George Soros (o homem que financia grande parte disso tudo) e até o papa.

A vida sai do preto e branco e se torna colorida. Ele ganha novo combustível para acordar de manhã. Seus amigos digitais o acolhem, conversando dia e noite e compartilhando links entre si. Em determinado momento, um deles o convida a integrar um grupo de WhatsApp no qual ele conhecerá mais de duzentas pessoas novas, todas irmanadas com o propósito de "descobrir e espalhar a verdade".

Ele entra no grupo. Sua vida agora se divide entre ir para o trabalho que odeia e descobrir a verdade, compartilhando tudo o que vem a saber para atrair novas pessoas para o grupo. Ele encontrou sua missão. Em pouco tempo se tornou um soldado eficiente da guerra midiática da extrema direita. Agora ele compartilha tudo que recebe no grupo de WhatsApp. Os links já chegam avisando como ele deve publicar nas diferentes redes, incluindo outras imagens com caixões de criancinhas. A cada dia ele se depara com uma coisa nova. A cada dia sua vida ganha mais sentido. A cada dia ele se sente mais acolhido. Seus irmãos de batalha. Seus companheiros de luta. Inimigos da corja comunista.

Aurélio foi mais uma vítima das teorias de conspiração da extrema direita, que funcionam como uma teia de aranha. Na maioria das espécies, as aranhas tecem suas teias a fim de capturar alimento. A extrema direita tece sua teia de desinformação e teorias conspiratórias com o objetivo principal de capturar futuros apoiadores. Um emaranhado de mentiras que veicula todo tipo de conspiração para atrair indivíduos e deixá-los interessados, querendo saber mais. É dessa forma que eles reescrevem a história, deturpam valores básicos e radicalizam pessoas para a sua luta. Alguns grupos ainda se valem disso para vender cursos e ganhar muito, mas muito dinheiro.

A teoria da conspiração que serviu como isca para Aurélio e o fez cair nessa teia foi uma das mais famosas: a "antivac", ou seja, antivacina. Tudo era mentira, a CoronaVac nem sequer utiliza RNA mensageiro. Mas poderia ter sido qualquer outra teoria mirabolante que seduzisse novos seguidores para a radicalização digital, como:

- QAnon: um grupo de esquerdistas poderosos, satanistas, pedófilos e canibais está no comando de uma rede de tráfico infantil. Eles controlam políticos e a mídia, além de Hollywood. O único capaz de vencer o "Q" é Donald Trump, e por isso essa cabala satânica faz tudo para prejudicar a imagem do líder da extrema direita americana.
- Terra plana: ultrapoderosos satânicos comunistas querem impedir que se diga que a Terra é plana, pois essa teoria comprovaria a existência de Deus, visto que somente a providência divina, e não a física, possibilitaria um planeta nesse formato e com as regras que operam sobre ele.
- O homem não foi à Lua: entre outros motivos, Deus não teria permitido. Porém, para ganharem a corrida espacial, os ultrapoderosos contrataram o cineasta Stanley Kubrick, que então forjou todas aquelas imagens que correm por aí, com os astronautas pisando na Lua.
- Nova Ordem Mundial: há um plano em ação para implementar um governo único no mundo, com planos extremamente maléficos e satânicos. Por intermédio de sociedades secretas, os illuminati controlam governos, indústria e meios de comunicação de todo o planeta, ditando o começo e o fim das guerras.
- Ameaça comunista: a mais comum e manjada, essa teoria da conspiração defende que todo adversário da extrema direita deseja implementar o co-

munismo no país caso vença as eleições. O famoso "fantasma do comunismo" é uma das mais eficazes ferramentas de radicalização.

Os grupos de extrema direita também costumam refutar questões científicas comprovadas, como o aquecimento global e a participação direta da ação humana no aumento descontrolado da temperatura média da Terra. Tudo isso também faria parte de um plano de dominação mundial: comunistas bilionários plantaram essa mentira para, em nome do combate ao aquecimento global, forçar empresas do mundo inteiro a tomar medidas que as enfraqueceriam.

A extrema direita não existe sem as teorias da conspiração, pois elas sustentam o interesse de seus participantes. Sem elas, a radicalização digital seria muito mais difícil. É uma estratégia complexa, mas que entrega sedução, pertencimento, acolhimento, vida com propósito, luta, aguçamento da curiosidade, sensação de ser mais inteligente, busca por um bem maior e o calor da fé.

É difícil a esquerda fazer frente a isso, sobretudo se ela ainda patina para encontrar a forma e o tom mais adequados para se comunicar — e se conectar — com a população. Não raro os discursos de oposição soam teóricos ou complexos demais, além de muitas vezes apresentarem soluções demoradas para problemas urgentes. A direita, por sua vez, oferece um discurso indignado com o qual parte da população logo se identifica.

Também é impossível desconsiderar o papel do sistema capitalista tardio, que subtrai do pai e da mãe de família o tempo necessário para poder focar em si e estudar, ler, se abastecer de bons conteúdos, boa informação e cultura. Quanto mais uma sociedade está desconectada do conhecimento, da informação e da literatura, mais propensa ela estará para a sedução das teorias conspiratórias.

E que tempo sobra para alguém que precisa enfrentar duas horas de transporte público para chegar ao trabalho, seguidas de nove horas de labuta e mais duas horas para voltar para casa? No que esse pai de família vai acreditar mais rápido: que bandido bom é bandido morto, ou que os alicerces que fundamentam a existência do crime passam pela cultura do ódio, da marginalização, do racismo e da perpetuação da violência? Como uma mãe de família trabalhando nessas condições vai acreditar que, para diminuir o crime, é preciso investir muito dinheiro público para melhorar os presídios e erradicar a cultura prisional de formação de novos criminosos?

A extrema direita é fácil de entender, simples de explicar e promete resultados imediatos, que ela nunca consegue entregar quando é alçada ao poder. Mas aí é só continuar culpando a esquerda por obstruir o governo e impedir que as medidas certas sejam tomadas. Munido de teorias da conspiração e frases de efeito, você está pronto para o jogo. E se falar bem, tiver carisma e treinar seus discursos ao melhor estilo de um pastor evangélico, você ainda pode virar um grande influenciador da extrema direita e ser eleito para algum cargo no Congresso. Quem sabe, um dia, até vire presidente.

A instrumentalização das fake news

Tudo era novidade quando se falava de "eleições no ambiente digital". Ainda que as mentiras e o sensacionalismo fossem práticas comuns, a real ascensão de smartphones com internet ainda era um fenômeno recente no país. Segundo o pesquisador Marco Aurélio Ruediger, a prática intencional de notícias falsas começou nas eleições presidenciais de 2014.[8] Em quatro anos, a coisa explodiu.

De 2016 a 2018, o tempo médio de uso de smartphones no Brasil cresceu 50%.[9] Quando chegaram as eleições, uma pesquisa realizada pela Deloitte revelou que 92% da população brasileira tinha ou utilizava com frequência um smartphone.[10] O poder da comunicação já estava literalmente na palma da mão.

O Brasil ainda teve tempo para se preparar. Nas eleições de 2016 nos Estados Unidos, em que Donald Trump saiu vencedor, inúmeros mecanismos de divulgação de notícias falsas e manipulação de algoritmos vieram à tona. A instrumentalização da *timeline* das redes sociais foi revelada no escândalo da Cambridge Analytica,[11] empresa que foi responsável direta por influenciar o resultado do pleito mediante a exibição de propagandas personalizadas pelo Facebook.

O mundo inteiro já sabia que era possível mapear o interesse de grupos de pessoas e financiar propaganda política para moldar o comportamento humano. O mundo inteiro também já sabia que era possível utilizar as plataformas de mensagens privadas (WhatsApp, Telegram, SMS etc.) para formar exércitos digitais de compartilhamento de fake news e ataques contra indivíduos. Nós tivemos dois anos para estudar os acontecimentos nos Estados Unidos, e também em outros países, e criar prerrogativas legais para solidificar uma política de enfrentamento aos crimes de desinformação e destruição de reputações. Pouco foi feito.

Quando o Brasil entrou na corrida eleitoral, não havia mecanismos para combater os crimes eleitorais e contra a honra no ambiente digital, o que permitiu ao bolsonarismo explorar todo tipo de mentira. Ninguém sabia como enfrentar aquilo por vias legais.

Para vencer as eleições, a equipe bolsonarista montou uma forte máquina de destruição de reputações, que seria utilizada ao longo dos anos subsequentes, controlando milhões e milhões de perfis na internet brasileira, segmentando cada publicação e espalhando todo tipo de atrocidade que favorecesse sua narrativa. Um dos carros-chefes das mentiras era, logicamente, o assunto preferido de Bolsonaro: os homossexuais.

Fazia anos que Bolsonaro era categórico ao afirmar que o governo petista pretendia espalhar nas escolas brasileiras um "kit gay", cujo objetivo era erotizar crianças e guiá-las para a homossexualidade e, consequentemente, para o comunismo. O tal kit era, na verdade, um material criado pelo Ministério da Educação durante o governo Dilma, destinado aos professores. Parte do projeto Escola Sem Homofobia oferecia subsídios e material didático-pedagógico para que os docentes tivessem mais repertório ao abordar temas relacionados à homossexualidade em sala de aula, de maneira segura e profissional.[12]

Em 2011, Bolsonaro havia feito vídeos virulentos contra a medida, empregando discursos homofóbicos a torto e a direito. Mas, em vez de enfrentar o problema e incentivar o Ministério da Educação a distribuir o material e esclarecer à população que se tratava de um material para um público específico, Dilma Rousseff cometeu o erro de suspender todo o projeto, o que acabou dando munição a Bolsonaro no futuro.

A campanha bolsonarista também contou com a participação de um guru chamado Olavo de Carvalho. Astrólogo, ele se autodenominava filósofo e durante anos ministrou cursos em que promovia uma lavagem cerebral neofascista e negacionista. Entre os absurdos que proferia, havia a ideia de que a Terra é o centro do universo.[13] Tinha a petulância de dizer que Isaac Newton era uma fraude da ciência.[14]

Ao longo dos anos, Olavo ganhou projeção como referência intelectual da extrema direita brasileira, reverenciado por pessoas que acabavam caindo em seus vídeos e cursos e passavam a se enxergar como grandes sábios da humanidade. Não por acaso, tornou-se o guru dos filhos de Jair Bolsonaro.

Olavo defendia, acima de tudo, que "o PT adotou a estratégia da Escola de Frankfurt para destruir o capitalismo a partir da nova cultura moral".[15] Era o tal "marxismo cultural", que teoricamente, dizia ele, visava à implementação do comunismo por meio de um plano de longo prazo, com base na mudança dos valores morais da cultura de uma nação. Uma teoria da conspiração que tem como cerne uma narrativa: "A esquerda é podre e quer implantar o comunismo, a direita é santa e quer proteger o mundo do comunismo".

Com o tempo, o tal "marxismo cultural" impregna a mente de quem sucumbe a essa conspiração, e o indivíduo passa a enxergar comunismo em praticamente tudo. Músicas, filmes, programas, vídeos: tudo prega o comunismo e visa à ruptura dos valores tradicionais cristãos, à destruição da família e à substituição do capitalismo pelo comunismo. Olavo foi um dos principais responsáveis pela disseminação do medo do comunismo no Brasil no século XXI e, para ele, quase todas as pessoas da face da Terra eram comunistas, incluindo todos os veículos de comunicação, artistas e bilionários.

Com o "respaldo intelectual" em Olavo, Bolsonaro seguiu a cartilha de Donald Trump e da extrema direita e passou toda a campanha eleitoral atacando os principais meios de comunicação, dizendo que só noticiavam fake news e que apenas os veículos bolsonaristas eram detentores da verdade. A técnica de descredibilizar a imprensa é antiga, busca monopolizar a informação, tal qual Goebbels na década de 1930.

No dia 28 de agosto de 2018, quando Jair Bolsonaro sentou-se diante de William Bonner e Renata Vasconcellos, os âncoras do *Jornal Nacional*, o clima era de nítida tensão. Naquela entrevista, repleta das mentiras de sempre, Bolsonaro apontou seu canhão contra a comunidade LGBTQIAPN+, desviando de outros temas e fazendo a questão parecer "chata" e "apenas mimimi". E foi além.

À pergunta sobre sua notória homofobia, ele retomou o kit gay e abriu o livro *Aparelho sexual e cia.*, que traz na capa o desenho de um menino abrindo as calças e olhando para o próprio pênis, com uma expressão assustada. O subtítulo é "Um guia inusitado para crianças descoladas".

"O pai que tenha filho na sala agora retira o filho da sala, pra ele não ver isso aqui. Se bem que na biblioteca das escolas públicas tem." Era uma mentira deslavada. O livro nunca fez parte do projeto Escola Sem Homofobia, nunca foi comprado pelo Ministério da Educação ou distribuído para alguma escola. Era apenas um livro escrito pelo autor suíço Philippe Chappuis e pela francesa Hélène Bruller, recomendado para um público de onze a quinze anos. Traduzido para mais de dez idiomas, vendeu mais de 1,5 milhão de exemplares pelo mundo. Seu conteúdo nada tinha de pornográfico.[16]

Bolsonaro e sua campanha mentiram tanto sobre esse assunto que no dia 15 de outubro de 2018 o ministro Carlos Horbach, do Tribunal Superior Eleitoral, ordenou a suspensão de todos os links de sites e redes sociais que utilizassem a expressão "kit gay".[17] Mas o estrago já estava feito e servia de combustível para uma campanha eleitoral que se norteou pela mentira — e não só nas "pautas de costumes".

Com frequência, a campanha bolsonarista atacava a credibilidade das urnas eletrônicas, referência internacional, de eficácia comprovada por todos os testes e ângulos possíveis. Mais uma vez, seguindo o manual da extrema direita, eles se dedicavam a desacreditar as estruturas de informação e de poder, o que alimentava as teorias da conspiração e o desejo por justiça da população que acreditava nelas.

Olavo de Carvalho, ele de novo, estava envolvido em praticamente todas as disseminações de mentiras. Em um post no Facebook, ele escreveu que Fernando Haddad defendia a prática do incesto em seu livro *Em defesa do socialismo: Por ocasião dos 150 anos do Manifesto*, escrito em 1998: "O homem quer que os meninos comam suas mães". Imediatamente surgiram montagens, incluindo uma em especial que dizia "BOMBA! POW! LIVRO DE HADDAD DEFENDE SEXO ENTRE PAIS E FILHOS".

O post de Olavo foi compartilhado por Carlos Bolsonaro, filho de Jair Bolsonaro e responsável pela comunicação do candidato: "É ISSO QUE VOCÊ QUER VER GOVERNANDO SEU PAÍS? Mais uma das milhões de verdades que os bandidos te omitem". A mentira ganhou corpo, e de repente milhares de pessoas acreditavam que Fernando Haddad havia publicado um livro em 1998 que defendia não só o incesto, mas também a prática de crimes de pedofilia.

Quando o povo brasileiro foi às urnas, o impacto das fake news da campanha de Bolsonaro foi avassalador. Segundo a pesquisa IDEIA Big Data/Avaaz, 98,21% dos eleitores de Bolsonaro foram expostos a uma ou mais notícias falsas durante a corrida eleitoral.[18] Dentre esses eleitores, 83,7% votaram acreditando na informação de que Fernando Haddad distribuiu kit gay para crianças em escolas quando era ministro da Educação; 74% votaram acreditando que as urnas brasileiras eram fraudadas; 74,6% votaram acreditando que Fernando Haddad defendia a prática dos crimes de pedofilia e de incesto.

PARTE III
ENFRENTANDO O ÓDIO

Luta diária

Não sou santo, nem pretendo ser. Já acertei muito, mas também errei. Lutei e ainda luto pelo meu aprendizado e pela minha evolução, bem como contra a tirania e o neofascismo. Em ambas as frentes, acredito que venci e ainda venço diariamente.

Minha transformação a respeito das minhas convicções sobre a esquerda começara havia muito tempo, no início dos anos 2010. Tive uma educação calcada em ideias por vezes bastante extremas, sobretudo quando o assunto era política, o que contribuiu para a exasperação de um ódio que parecia impossível de ser vencido, como já disse. A influência do meu tio em minha formação havia solidificado aspectos que se tornaram verdades absolutas na minha vida. E não, ele não alimentava apenas meu ódio à esquerda. Ele me ensinou sobre amor à família, união, prestatividade, além da importância do bom humor. Teve papel fundamental no desenvolvimento do meu carisma, que depois se tornaria o meu ganha-pão. Reduzir sua importância na minha história apenas ao extremismo de direita seria uma mentira. Nunca deixei de amá-lo, nem mesmo quando ele continuou ao lado de Bolsonaro, enquanto este tentava me prender.

As fontes da origem do ódio são inúmeras. A principal foi meu tio, mas não a única. Eu poderia ter me informado mais cedo, poderia ter demonstrado maior curiosidade ainda na adolescência, poderia não ter lido apenas o que confirmava minhas certezas. A culpa do meu ódio à esquerda e ao PT foi, como sempre será no final das contas, minha. A família inteira do meu pai sempre foi de esquerda. Eu apenas não dava ouvidos a eles, considerando-os pobres coitados que haviam caído nas artimanhas do comunismo. Já minha mãe não entrava nesses assuntos, e acabava influenciada pelo meu tio.

Por que eu não dava ouvidos à família do meu pai e tudo que eles tinham a dizer sobre a esquerda não ser a vilã do mundo? Porque o ódio cega. Foi pelo ódio que eu fundamentei minha visão de sociedade e foi pelo ódio que iniciei o projeto de entretenimento que mudaria minha vida e me alçaria para a elite do 1%.

Quando comecei minha aventura no YouTube, em 2010, o único sentimento que eu experimentava era esse ódio — contra a esquerda, contra os artistas de sucesso, contra a Globo, contra o sistema, contra tudo de que eu discordava. A origem do meu sucesso como comunicador está atrelada ao ódio e não há nada que eu possa fazer para mudar isso. Além de ter criado ódio, eu também havia sofrido, e muito, com ele.

Desde meu surgimento no YouTube, acabei atraindo haters e fui alvo de campanhas de ódio por diferentes grupos, incluindo fãs do cantor Justin Bieber, da saga Crepúsculo e do livro *Cinquenta tons de cinza*, além de outras bandas e artistas que eu havia criticado. Como o YouTube era uma novidade, fui alvo do ódio de vários jornalistas por uns bons anos, por puro e absoluto preconceito. Eram comuns artigos que achincalhavam meu conteúdo. Aquilo acabava desencadeando uma rejeição em inúmeras pessoas que nem sequer assistiam a meus vídeos, mas eram contaminadas pelo ódio coletivo contra "aquele moleque fazendo sucesso pra caramba sem ter talento nenhum".

Foram necessários anos de terapia e medicação para estabilizar minha saúde mental, afetada pelo sucesso repentino e por todo o amor e o ódio dele decorrentes. Ainda em 2010, fui diagnosticado com depressão crônica, e somei mais um remédio psiquiátrico à minha vida, pois eu já contava com o diagnóstico de TDAH.

Não consigo descrever a sensação de saber que existem seres humanos, que você nunca viu na vida, que nutrem um legítimo e verdadeiro ódio por você. E, pior, saber que é um ódio gerado por motivos torpes, em geral mentirosos ou superficiais. Sentir ódio é muito mais fácil do que receber ódio.

Por oito anos, de 2010 a 2018, eu lidei com essa realidade. E o que me sustentava era a força da minha família, do meu tratamento e de saber que enquanto uma pessoa me odiava outras cem me admiravam e torciam por mim.

Não me considero uma vítima. Longe disso. A despeito de certo ceticismo meu, tudo o que sofri durante esse período soa quase como uma devolução cármica do universo a todo o ódio que proferi. Ao longo de oito anos, produzi conteúdos que incentivaram o antipetismo. Foram inúmeros vídeos, tuítes, posts no Instagram, Facebook e outras redes, sempre xingando os presidentes Lula e Dilma, os integrantes do PT e seus apoiadores.

Olhando para o passado, eu diria que mereci todo o ódio que me foi dirigido, mesmo sabendo que boa parte dele se devia a motivos insignificantes ou mentirosos e vinha de pessoas que não eram as vítimas de alguma publicação minha. Ainda assim, digo: mereci.

Porém, tudo mudou depois da eleição de Jair Bolsonaro. O ódio que sofri nesses primeiros oito anos não foram nada, absolutamente nada, perto do que aconteceu a partir do momento em que superei meu antipetismo e comecei a estudar a fundo o que significava a tal "esquerda" no Brasil. E a me perguntar onde eu me posicionava dentro desse espectro superficial da visão política popular.

Apanhei muito, mas também bati. Errei muito, mas também acertei. Em todas as lutas, aprendi e ainda aprendo diariamente, com a vitória e com a derrota. E espero poder compartilhar um pouco dessa experiência, e talvez algum aprendizado, adquirido desses anos de luta.

E de todas as lições, uma das mais valiosas que trago é: a comunicação é o maior poder da humanidade. E enquanto existirem aqueles que lutam pela boa comunicação, o fascismo continuará encontrando obstáculos.

A importância de artistas e comunicadores no enfrentamento ao neofascismo

A luta contra a extrema direita não é uma luta política. Quando há um candidato à Presidência afirmando que defende a tortura e a morte por um "bem maior", o que está em jogo não é a política nacional, é a sobrevivência da sociedade.

Clóvis de Barros Filho, filósofo brasileiro e professor de ética na Universidade de São Paulo (USP), disse que "uma sociedade eticamente bem preparada é uma sociedade habituada a identificar princípios de convivência. Uma sociedade competente para ensiná-los a seus jovens. Uma sociedade que consegue deixar claro que qualquer ganho canalha tem como consequência a deterioração do tecido social".[1]

A sociedade brasileira não estava e não está eticamente preparada. Por isso é incapaz de rejeitar de imediato qualquer tipo de explosão verborrágica neofascista que prega violência, morte e a possibilidade de destruição das instituições que sustentam a democracia.

Eu acreditava no contrário. Do fundo do coração, quando vieram as eleições de 2018, eu pensava que a sociedade brasileira estava, sim, eticamente preparada para derrubar aquele absurdo. E que pelo menos os grandes nomes da comunicação do Brasil estariam eticamente preparados para enfrentá-lo. E esse foi um considerável erro de avaliação da minha parte.

Desde que me posicionei, ainda no segundo turno, tinha certeza de que mais comunicadores viriam a público contra Bolsonaro, mesmo o adversário sendo o PT. Mais adiante, comecei meu enfrentamento direto contra o bolsonarismo, publicando textos e vídeos abertamente críticos. Deixei claro o repúdio dos países democratas àquele pleito que elegera um crápula sem nenhum caráter para o cargo político mais importante da nação. E tinha a certeza de que outros grandes influenciadores e artistas estavam comigo.

Salvo honrosas exceções, não estavam. Numa indesculpável demonstração de covardia, a maioria dos influenciadores digitais brasileiros optou pelo silêncio. Por egoísmo e medo, os que se calaram agiram pensando nas próprias vantagens, pois não queriam ter de lidar com a evasão de seguidores e as críticas nas redes sociais. Essas razões venais pesavam mais que a defesa dos direitos humanos e do pacto civilizatório que rege nossa coexistência. Para esses indivíduos, a manutenção de seguidores bolsonaristas teve muito mais importância que a luta contra a barbárie.

Vários usaram as mesmas desculpas para justificar o silêncio: "Eu não entendo de política, preferi não comentar" ou "Como eu não estudei os candidatos, achei melhor ficar em silêncio". Muitos se acovardaram ficando em cima do muro, posição que não descontenta ninguém, não faz perder seguidor nem desagrada patrocinadores.

Os nomes que se calaram eram de longe os mais influentes. Segundo pesquisa divulgada pelo Instituto QualiBest, em 2018 o maior influenciador do país era Whindersson Nunes, junto de Bianca Andrade, Hugo Gloss, Gabriela Pugliesi, Neymar e Camila Coelho.[2] Nenhum deles se posicionou de maneira contundente sobre o bolsonarismo naquele período. Neymar ainda viria a se tornar garoto-propaganda de Jair Bolsonaro.

Na categoria música, os nomes mais influentes, segundo a pesquisa, eram Anitta, Jorge e Mateus, Luan Santana, Ivete Sangalo e Wesley Safadão. Nenhum deles se posicionou de maneira contundente sobre o bolsonarismo naquele período.

Em moda e beleza: Bianca Andrade, Camila Coelho e Mari Maria. Nenhuma delas se posicionou de maneira contundente sobre o bolsonarismo naquele período.

Em saúde e fitness: Gabriela Pugliesi, Juju Salimeni, Gracyanne Barbosa e Felipe Franco. Nenhum deles se posicionou de maneira contundente sobre o bolsonarismo naquele período. Felipe Franco depois se tornaria grande apoiador de Bolsonaro.

Em entretenimento e cultura, aparecíamos eu e Hugo Gloss, um personagem de Bruno Rocha que tampouco se posicionou de maneira contundente sobre o bolsonarismo naquele período.

Em games e jogos: BRKSEDU, Zangado e Coisa de Nerd. Apenas os influenciadores do canal Coisa de Nerd lutaram contra o bolsonarismo naquele período. Tratava-se do casal Leon e Nilce.

Da lista de quase trinta dos maiores influenciadores do Brasil em 2018, apenas quatro enfrentaram a extrema direita naquele ano: eu, Felipe Castanhari e o casal Leon e Nilce Moretto. Contudo, com Castanhari produzindo conteúdo de nicho na categoria educação e Leon e Nilce na categoria jogos, eu acabava me tornando o alvo principal.

No dia 30 de novembro de 2018, quando Jair Bolsonaro já estava eleito, Anitta confessou a um canal de TV chileno: "Tive medo de me posicionar".[3]

Whindersson Nunes chegou a ser confrontado em Portugal, numa entrevista publicada no dia 21 de fevereiro de 2019, com Bolsonaro já presidente. A entrevistadora Stefani Costa perguntou ao humorista se ele ainda preferia não falar ou fazer piadas sobre política, e o contrapôs ao brilhante humorista Marcelo Adnet, cujos conteúdos não evitavam a política. A resposta de Whindersson foi: "Eu via muito o que acontecia com o Adnet. A galera ameaçou o cara de morte, tá ligado? Eu tô vindo aqui fazer show em Portugal, poxa, são muitas pessoas aqui, e eu acho que de um show de uma hora e tanto, que eu tenho tanta história legal e muito engraçada pra contar, eu acho que… Eu, se eu tivesse na plateia… É o tipo de coisa que eu não gosto de assistir, entendeu? Tipo assim, pessoas que falam sobre isso não são as pessoas que eu sigo, então eu não mexo muito com isso, não". Ele depois ainda diz: "Imagina se uma pessoa com voz bem grande apoia uma pessoa que você não curte".[4]

A fala de Whindersson evidencia seus medos: ser ameaçado e desagradar parte de seu público. Retomo Clóvis de Barros Filho: "Tem gente que espera que você seja 'x' e tem gente que espera que você seja o contrário de 'x'. E você, para vender para os dois, você se adapta. Moral líquida. Ética à la carte. Valores customizados. Quem você é? Não sei. Estou esperando a chegada do próximo cliente. E assim você vende para todo mundo".[5]

Essa, para mim, é a definição daquele que se esconde na hora de lutar pelos valores humanos em troca de dinheiro, seguidores e tranquilidade. Moral líquida. Ética à la carte. Valores customizados.

Não se pode combater o ódio sem os reforços de quem impacta a opinião pública. A única forma de vencer o ódio é começando por esse pacto civilizatório, que deve existir entre todos os integrantes conscientes da sociedade, unindo veículos de imprensa, a Suprema Corte na defesa da Constituição, influenciadores offline e digitais, artistas e a sociedade civil, seja ela de esquerda, centro ou direita, que preza pelos direitos humanos.

Nada disso aconteceu em 2018.

Inacreditável!

Com a eleição de Bolsonaro, o pânico tomou conta de toda pessoa minimamente consciente no Brasil. Lula seguia preso e eu permanecia com a certeza de que ele era corrupto e, portanto, merecia estar encarcerado, embora não entendesse direito como um apartamento vazio e um sítio, cuja associação com o ex-presidente carecia de provas, poderiam resultar nessa condenação. Esperava que encontrassem fortunas desviadas para contas no exterior, jatinhos, helicópteros, laranjas que possibilitassem ao ex-presidente ter uma vida esbanjadora. Não foi o caso, e eu ficava com a pulga atrás da orelha: "Por que o Lula roubou tanto e não tem luxos?".

E para piorar a confusão: "Como é possível que a Lava Jato não tenha encontrado nada, tendo que tirar da gaveta esse apartamento e esse sítio, que somados não dão nem 1 milhão de dólares? Os procuradores mandaram investigar até o iPad do netinho de cinco anos de idade de Lula, não há uma única alma associada ao ex-presidente que não tenha sido investigada do início ao fim. Como é possível não terem achado nada concreto?".

Fiquei ainda mais desorientado após a mudança de lado de Reinaldo Azevedo, um dos jornalistas que eu mais admirava. Por anos ele denunciou as enrascadas do PT, sobretudo os crimes de corrupção. Era visto como um "direitista conservador" da imprensa, mas seus textos me convenciam. Com a Lava Jato, contudo, Azevedo surpreendeu o país ao deixar claro que Lula fora preso ilegalmente e sem provas. Em julho de 2018, ele declarou: "Eu acho que uma leitura objetiva da sentença de Sergio Moro deixará claro que Lula foi condenado sem provas. [...] Eu entendo, e boa parte dos juristas entende, que não há a prova ali, não há. O Sergio Moro confessou que não há. Ele disse por escrito: 'Eu nunca afirmei que o apartamento decorre de contratos com a Petrobras'. Bom, se não decorre de contratos com a Petrobras, então trata-se de uma condenação que não se sustenta na denúncia. Isso é inédito na história do direito".[6]

Ao ouvir essa fala, fiquei pasmo. Embora o jornalista já denunciasse os descalabros da Operação Lava Jato havia algum tempo, aquela era a primeira vez que eu de fato prestava atenção no que ele estava dizendo. Pesquisando mais a fundo, descobri que Reinaldo Azevedo estava absolutamente certo e que Lula seria solto em pouco tempo. O motivo? Sergio Moro não poderia ser o juiz do caso.

Para um processo criminal existir, é necessário o parecer do Ministério Público (MP), onde estão os promotores e procuradores. O MP é a acusação, enquanto do outro lado está o réu (no caso, Lula), com sua equipe de defesa. Acontece que o Ministério Público, ao fazer a denúncia do caso do apartamento triplex,[7] deixou claro que o imóvel supostamente destinado a Lula estaria vinculado a três contratos entre a empreiteira OAS (através de consórcios integrados) e a Petrobras. Grosso modo, a OAS teria seus contratos com a Petrobras garantidos e o Lula ganharia um apartamento novo.

O processo só entrou para a Lava Jato por ter relação com a Petrobras, e só por isso ficou a cargo do juiz Sergio Moro. Se não existisse a ligação da Petrobras com a denúncia contra Lula, o caso jamais poderia ter sido destinado a ele. E foi exatamente isso que ficou evidente durante o processo: a Petrobras não tinha nada a ver com o apartamento triplex. Nenhuma relação. O processo não estava no escopo da Lava Jato e não poderia ter Sergio Moro como juiz. Mesmo assim, Moro seguiu adiante e condenou Lula, rasgando a denúncia do MP e criando seu próprio caso em separado durante o andamento do processo.

A defesa de Lula entrou com um recurso que não costuma dar em nada, os "embargos de declaração", chamando a atenção justamente para o fato de que Sergio Moro não havia seguido a denúncia do MP — ele havia sentenciado Lula sem provar a ligação do apartamento triplex com a Petrobras. Muitas vezes se apela a esse recurso na esperança de que o juiz cometa um deslize ao responder, e foi o que aconteceu. Moro disse: "Este juízo jamais afirmou, na sentença ou em lugar algum, que os valores obtidos pela Construtora OAS nos contratos com a Petrobras foram usados para pagamento da vantagem indevida para o ex-presidente".[8]

Se até o juiz declara que não há nenhuma relação entre a Petrobras e os supostos pagamentos de vantagens indevidas ao ex-presidente, por que o caso foi julgado pela 13ª Vara Federal de Curitiba? O processo contra Lula estava errado desde o primeiro dia.

A sentença em primeira instância, proferida por Sergio Moro, era absurda e descabida. Mas a coisa ficaria muito pior na segunda instância.

A defesa de Lula recorreu da sentença, levando o caso para ser reanalisado pela 8ª Turma do Tribunal Regional Federal da 4ª Região, composta de três desembargadores (juízes da segunda instância). Na argumentação, os advogados provaram que o caso não poderia ter sido julgado por Moro, uma vez que ele próprio deixara claro não haver qualquer ligação da Petrobras com o triplex ou qualquer outra suposta vantagem concedida ao ex-presidente.[9] Pediram a anulação do processo.

Pois pasme: os desembargadores não só mantiveram o processo, como ampliaram a condenação de Lula por unanimidade, passando de nove anos e seis meses para doze anos e um mês de prisão.[10] Como assim? Havia um grande acordo? Foi incompetência generalizada? Nunca saberemos, mas duas coisas ficaram claras para mim com essa pequena investigação após a denúncia feita por Reinaldo Azevedo.

A primeira foi que o processo era ilegal e seria derrubado: Lula não havia sido preso pelos crimes em que eu acreditava piamente que ele cometera. Fora preso única e exclusivamente para não poder se candidatar às eleições em 2018, provavelmente num acordo envolvendo gente graúda que tremia com a ideia do retorno do PT ao poder. E, sim, tudo indica que Lula teria vencido as eleições em 2018. Em 22 de agosto, uma pesquisa do Datafolha mostrou que, se elegível, Lula teria 39% dos votos no primeiro turno, contra 19% de Jair Bolsonaro.[11]

Ainda assim, mesmo consciente de que Lula havia sido preso por motivos puramente políticos, considerei que a decisão fora acertada, pensando que "para prender um criminoso como o Lula, tem que ser criminoso também, não tem jeito, temos que aceitar o que for preciso para impedir que ele volte ao poder". Essa é a justificativa para quase todo tipo de atrocidade. "Ora, estou lutando por um bem maior, tenho convicção, logo posso transpor a lei para atingir nosso objetivo final."

A segunda coisa que percebi foi como a grande imprensa estava alinhada com a Lava Jato. Não havia manchete para a resposta de Moro aos embargos de declaração, quando ele afirmou que o processo de Lula não tinha nenhuma relação com a Petrobras.

Nada.

Mesmo assim, sabe o que eu senti na época? Felicidade. Afinal, assim como eu havia justificado que "precisa ser criminoso para prender esse tipo de criminoso", eu agora também dizia que "é preciso um amplo pacto de parcialidade para prender esse canalha". E daí que *Globo*, *Folha*, *Estadão* e demais grandes veículos escondiam que Sergio Moro não poderia ser o juiz do caso e que a prisão do Lula se sustentava num colossal erro jurídico? Era a prova de que a imprensa estava do lado certo. O Brasil tinha esperança.

O maior risco da convicção cega fundamentada no ódio é que ela não permite criar limites para o que se pode fazer numa disputa.

Ainda que eu ficasse feliz com o alinhamento da imprensa e o atropelamento da legalidade, aquilo só aumentava a minha coceira cerebral. O que sustentava meu ódio a Lula, Dilma e PT parecia cada vez mais frágil, e eu mesmo comecei a questionar amigos meus sobre o que estava acontecendo. Eles diziam: "Irmão, dane-se, tem que fazer tudo que for possível se quiser prender um vigarista desse tamanho".

Eu me dava por convencido, mas nem tanto. Minhas pesquisas sobre os pilares do progressismo, dos direitos humanos, do amplo direito à defesa, dos procedimentos legais executados de maneira correta, nada disso me permitia ter paz. A verdade é que eu já sabia que estava do lado errado, apenas não queria admitir. Tudo isso servia como um bombardeio na fortaleza da convicção do ódio, ajudando a minar minhas certezas e a substituir esse ódio pela confusão e pela dúvida.

Até que a ficha caiu de vez.

Agora virou deboche com a cara do povo

Meu ódio por Lula estava sendo assolado por uma quantidade assustadora de mentiras divulgadas e defendidas pelo sistema judiciário e pela grande mídia. Aquele acúmulo de ilegalidades alimentava meu monstro interior sedento de vingança, mas também meu lado defensor dos direitos humanos.

Foi um período em que eu estava completamente perdido. Num vídeo, era capaz de falar que "o Lula está preso e muito bem preso e que por lá apodreça", e em outro dizia "é preciso investigar o que está acontecendo nessa prisão do Lula". Eu passava por um processo de mudança em praça pública, todo mundo via minhas contradições e incertezas.

Já sabia que o que havia sido feito com Lula não era justiça, mas uma trama golpista com o objetivo de impedi-lo de disputar as eleições e voltar ao poder. O ódio coletivo contra o petista era tão grande que culminou com a chegada de um crápula à Presidência. Mas eu ainda tinha dúvidas: foi certo ou errado? Deveríamos ter atropelado todas as legalidades para prender o ex-presidente? Deveríamos ter fomentado tamanho ódio na população a ponto de eleger Bolsonaro, só para nos livrarmos do Lula e do PT?

Há outros pontos a serem esclarecidos sobre a condução da Operação Lava Jato. A Agência Pública, após intensa investigação, revelaria que dezoito agentes do FBI (espécie de Polícia Federal dos Estados Unidos) atuaram diretamente na Lava Jato, sobretudo a agente especial Leslie Backschies, desde 2014. Comprovou-se ter havido treinamento, palestras e influência, tudo realizado sem o devido processo legal.[12] São fatos, não opiniões ou teorias conspiratórias.

A lei brasileira proíbe que um agente americano faça diligências ou investigações em solo nacional sem autorização expressa do Ministério da Justiça. Tanto o FBI quanto a embaixada dos Estados Unidos se negam a detalhar o que fazem seus agentes no Brasil.

Adicionando mais uma camada de controvérsia à Lava Jato, quatro dias depois de ser eleito, Jair Bolsonaro anunciou Sergio Moro como seu ministro da Justiça.[13] O general Hamilton Mourão, em 1º de novembro, afirmou que o juiz já teria conhecimento do convite enquanto atuava na Lava Jato: "Isso [o convite] já faz tempo, durante a campanha foi feito um contato".[14]

O caso é estarrecedor, tamanha falta de vergonha deixou abismados milhões de pessoas. Mas não existe constrangimento no bolsonarismo, porque eles sempre justificam que é preciso agir para impedir o comunismo, a corrupção etc.

O escárnio fica evidente no episódio de 12 de janeiro de 2018, quando foi constatado que, durante anos, Jair Bolsonaro recebeu o auxílio-moradia de 4253 reais do Estado, mesmo tendo imóvel próprio em Brasília (logo, poderia renunciar ao auxílio, como todo político honesto faz). Quando uma jornalista lhe perguntou a respeito do assunto, Bolsonaro respondeu: "Como eu estava solteiro naquela época, esse dinheiro de auxílio-moradia eu usava pra comer gente. Tá satisfeita agora ou não?".[15] Mesmo pego de calças arriadas cometendo práticas antiéticas, o bolsonarismo só é capaz de manifestar desdém. Inúmeros posts gritando "mito", "gênio" e "esse é meu presidente" foram a resposta dos admiradores de Bolsonaro depois dessa declaração.

No caso da indicação de Sergio Moro, o mais grave é que, no mês das eleições, o juiz agiu como um verdadeiro cabo eleitoral do partido bolsonarista. No dia 1º de outubro, Moro simplesmente removeu o sigilo da delação de Antonio Palocci, que acusou o PT de práticas ilícitas para financiar 80% de suas campanhas publicitárias presidenciais.[16] Essa delação de um dos maiores aliados de Lula e Dilma foi amplamente divulgada ao longo do mês, sem dúvida causando impacto nas eleições. E isso foi feito por um juiz que já sabia que seria alçado a ministro da Justiça se esse mesmo PT perdesse.

Aquilo foi a gota d'água para mim. O que, confesso, já deveria ter acontecido muito antes. Era o fim de qualquer resquício de esperança de que a Operação Lava Jato existia para combater a corrupção. Além de mais um tiro certeiro para aplacar meu ódio contra Lula, Dilma e o PT.

O começo das grandes mentiras

Quatro meses foram o suficiente para mudar para sempre a minha vida e a da minha família. Da eleição de Jair Bolsonaro até março de 2019, comecei uma atuação diária e constante contra esse que seria o pior governo da história da República brasileira, postando comentários no Twitter e no Instagram, e vídeos em todas as redes.

Foi por essa época que acreditei que meus colegas, tanto influenciadores digitais quanto artistas, estariam ao meu lado, mas a esmagadora maioria permaneceu calada, restando a mim a condição de principal opositor do governo no ambiente digital, posição que nunca busquei. No momento em que isso aconteceu, o bolsonarismo apontou vários de seus canhões na minha direção.

Eu não era mais visto como alguém que ainda poderia mudar de lado e favorecer o neofascismo brasileiro. Eu definitivamente havia sido tachado de inimigo.

Nunca batalhei por esse protagonismo, que ainda me faria perder muito, mas muito dinheiro, em função do desgaste da minha imagem com possíveis anunciantes, além de gerar, em uma parcela da população, um ódio descomunal contra mim. O que eu queria era única e exclusivamente enfrentar o governo do ódio, ao lado de toda pessoa inconformada no país.

Em outubro de 2018, antes das eleições, fui surpreendido quando, ao entrar na internet, me deparei com milhares de publicações no Twitter e comentários nas minhas redes sociais. Todos eles me cobravam a mesma coisa:

"E aí, vai apagar seu canal quando?"

"Vai apagar o canal seu otário? Hahahahahaha"

"Agora quero ver ter coragem de apagar o canal como prometeu!"

Intrigado, fui fuçar a internet. Logo encontrei uma publicação no Facebook com a legenda: "Pelo menos uma notícia boa", seguida de um print de um vídeo do meu canal, com o título: SE BOLSONARO GANHAR, APAGO O CANAL.

Fiquei estarrecido. Eram milhares de compartilhamentos debochando e gritando que agora eu teria que apagar o canal. Mesmo seguidores que me admiravam me perguntavam: "Felipe, é verdade que você vai apagar o canal? Por favor não faça isso".

O print era falso. Não havia vídeo nenhum com aquele título.

Aquele era o início do pesadelo que se tornaria a minha vida dali em diante. O tal "Gabinete do Ódio" estava oficialmente trabalhando contra mim, havia pessoas fabricando prints falsos, notícias fraudulentas e todo tipo de montagem a meu respeito, visando destruir minha reputação e fazer com que não se levasse em conta qualquer palavra minha, principalmente sobre política.

O conteúdo fraudulento se espalhava numa velocidade que eu jamais tinha visto na internet. Pouco depois, uma matéria foi publicada no site O Correio Cristão: "Alerta aos pais: Felipe Neto ensina crianças a serem anticristos e a terem más condutas". O texto afirmava, com todas as letras, que eu era um anticristo com o objetivo de desviar as crianças para o satanismo.

Baseado em quê? Anos antes, eu havia publicado um vídeo em que eu jogava *Scribblenauts*, um jogo em que você pode escrever qualquer coisa em uma barrinha de texto e, se o jogo entender o que você escreveu, aquilo entra no ambiente do game. Logo, você pode escrever "Batman" e o desenho do personagem vai aparecer na tela. Se em seguida você escrever "Coringa", o vilão também aparecerá e os dois irão começar uma batalha na qual você pode inserir elementos, como "bazuca" ou "um rinoceronte com ódio do Coringa".

Enquanto jogava — naquela época eu fazia vídeos cheios de palavrões e piadas bastante pesadas —, adicionei "Diabo" e, para minha surpresa, realmente apareceu um pequeno demônio no jogo. Em seguida escrevi "Deus" e aconteceu o óbvio: Deus apareceu e eles começaram a brigar. Para transformar isso em humor, comecei a brincar e a gritar coisas como "Dá nele, Diabo!", "Vai, Deus", "Mata, Jesus!". O tom era de humor. Um humor ruim, mas humor.

O portal O Correio Cristão então decidiu divulgar, em tom de notícia, que eu ensinava crianças a serem anticristos e a terem má conduta, informando apenas que eu gritava "MATA, JESUS" e "MORRE, DEUS" em meus vídeos.

Detalhe: aquele vídeo já tinha sido apagado desde a reformulação que havíamos feito. Mas isso não importava para o veículo que se dizia cristão, porque a verdade é a maior inimiga da extrema direita. Em momento algum o site informou que o vídeo fora publicado em uma época que as crianças não eram meu público-alvo e que já havia sido removido.

Metade da matéria me associava ao satanismo, enquanto a outra metade defendia o presidente, dizendo: "Todos sabem que Bolsonaro preza pela moral e os bons costumes, que são provenientes do tradicionalismo familiar, inclusive, o novo presidente também é cristão — o que possivelmente deixaria Felipe Neto com mais ódio ainda". E completava: "Vale a pena você deixar seus filhos assistirem aos vídeos imorais desse youtuber?".[17]

Junto com as teorias da conspiração, o ultranacionalismo e o culto à personalidade de um salvador da pátria, a manipulação da fé é uma das principais armas do neofascismo. Ali começava uma instrumentalização do cristianismo para fazer de mim o inimigo dessa fé, uma artimanha bolsonarista adotada com frequência contra mim durante anos.

Considero Jesus de Nazaré o mais importante pensador que já passou pela Terra. Seus ensinamentos são brilhantes e necessários, sempre voltados para o amor, a paz, a aceitação e a inclusão. Valores extremamente opostos ao que prega a extrema direita, que ainda por cima acredita estar fundamentada em preceitos cristãos. Não está.

As mentiras a meu respeito se multiplicavam, bem como as mensagens de ódio e ameaças de morte. O núcleo bolsonarista começava a espalhar que eu era um propagador de imoralidades e profanador da fé para crianças.

As sementes do ódio estavam sendo plantadas no coração dos soldados da linha de frente da comunicação digital bolsonarista, tudo impulsionado por quem tomava as decisões no topo da cadeia: o Gabinete do Ódio. Com montagens e mentiras, eles tinham um objetivo claro: jogar o povo contra mim, me transformando num elemento perigoso para as crianças.

Comecei a temer pela minha vida e contratei seguranças particulares. Até o momento em que escrevo, isso não mudou. Foi o fim da minha liberdade, o início do meu enclausuramento e da necessidade de ser acompanhado por uma escolta de segurança aonde quer que eu vá, 24 horas por dia.

O Gabinete do Ódio

A extrema direita brasileira entendeu a mensagem antes de qualquer outro grupo: a comunicação é a maior arma da humanidade. Baseados nisso e nos resultados da manipulação da opinião pública em 2016 pela equipe de Donald Trump, os agentes do neofascismo brasileiro traçaram uma estratégia para atingir os mesmos objetivos.

Era preciso conceber uma gigantesca rede de comunicação direta com o máximo possível de pessoas para guiá-las sobre *o quê*, *quando* e *como* postar. Com isso, teriam a maior arma de disseminação de notícias falsas da história do país. Era o nascimento do Gabinete do Ódio.

O termo "gabinete" passa a sensação de que as mentiras eram produzidas numa sala escura, com hackers e jovens especialistas em edição de imagem e vídeo trabalhando durante madrugadas sombrias enquanto um grande líder surgia num telão para passar instruções criptografadas. Embora parte disso seja verdade, a realidade é bem mais complexa e tem como peça-chave Carlos Bolsonaro, o filho Zero Dois de Jair Bolsonaro.

Em 2015 e 2016, Carlos já havia participado da criação das páginas Bolsonaro Opressor e Bolsonaro Opressor 2.0, no Facebook. Outros dois blogueiros se tornaram fortes aliados nessa empreitada: Mateus Matos Diniz e Tercio Arnaud Tomaz. Após a eleição de 2018, o trio se tornou o cérebro orquestrador do Gabinete do Ódio.[18] Além deles, Carlos também se aproximou do homem que viria a ser um dos principais soldados digitais do bolsonarismo, o blogueiro Allan dos Santos, criador do site Terça Livre.

Durante o período eleitoral de 2018, a comunicação do pai foi motivo de disputa entre a prole. Carlos foi encarregado de coordenar as mídias sociais, enquanto Flávio assumiu a comunicação de campanha. Os dois irmãos, contudo, não se falavam, então o especialista em comunicação digital e publicidade Marcos Carvalho entrou na jogada. Foi ele quem começou a operacionalizar o envio de mensagens personalizadas para determinados grupos, seguindo as técnicas difundidas nos Estados Unidos por Steve Bannon e a Cambridge Analytica. Mas como a briga entre os irmãos atrapalhava a campanha, Jair Bolsonaro removeu Flávio da comunicação, que foi entregue a seu maior braço direito da época, o advogado Gustavo Bebianno.[19]

A coisa passou a funcionar de maneira azeitada. Carlos se ocupava das redes sociais, cuidando do Gabinete do Ódio, e a comunicação de campanha e as técnicas de segmentação de mensagens foram distribuídas entre diferentes grupos de apoiadores. O time principal era constituído por Marcos Carvalho, Gustavo Bebianno, Paulo Marinho, Julian Lemos e Luiz Medeiros.

À época, uma peça importante da comunicação pública para a campanha era a deputada federal e jornalista Joice Hasselmann, que disseminava notícias falsas e serviu de palanque para Bolsonaro. Sua audiência tornou-se tão grande que ela foi a segunda deputada federal mais votada do país, com mais de 1 milhão de votos, ficando atrás apenas do filho Zero Três do presidente, Eduardo Bolsonaro, que teve 1,8 milhão de votos.

Perto do primeiro turno das eleições, seu canal do YouTube, à época com quase 1 milhão de inscritos, divulgou um vídeo-bomba dizendo que uma "grande revista brasileira", que todos sabiam se tratar da *Veja*, teria recebido 600 milhões de reais para destruir a imagem de Bolsonaro antes das eleições. O vídeo explodiu. Segundo pesquisa do Atlas Político, 71% dos eleitores tiveram conhecimento dessa "informação".[20]

Poucos dias depois, a revista *Veja* publicou uma matéria que deveria ter sido destruidora para a imagem de Bolsonaro. Enquanto disputavam a guarda do filho Jair Renan, em 2008, a ex-esposa de Bolsonaro, Ana Cristina Valle, anexou ao processo uma relação de bens e a declaração de imposto de renda do ex-marido que revelaram que na ocasião o patrimônio do casal era de 4 milhões de reais (9,6 milhões de reais, corrigidos para valores atuais). Bolsonaro havia declarado à Justiça Eleitoral possuir pouco mais de 430 mil reais... Além disso, descobriu-se que ele tinha, na agência do Banco do Brasil em que Ana Cristina era correntista, um cofre cujo conteúdo ele teria roubado da ex-esposa.

Segundo o boletim de ocorrência, o casal guardava joias avaliadas em 600 mil reais, além de 30 mil dólares e mais 200 mil reais em dinheiro vivo, quantias completamente incompatíveis com as atividades que ambos exerciam. Jair Bolsonaro confirmava a existência do cofre e seu conteúdo, pois alegou que a ex-mulher o estava chantageando pedindo que ele devolvesse o dinheiro e as joias para retornar com a criança para o Brasil.[21] Ana Cristina estava com o filho na Noruega.

A matéria da *Veja* era bombástica, mas foi obliterada pelo vídeo de Joice Hasselmann e por grupos bolsonaristas que diziam que a denúncia era falsa. Para fins de comparação, como apontou o jornalista João Filho, a revista *Time*, maior do planeta, foi vendida por 795,6 milhões de reais. E Joice Hasselmann fez muita gente acreditar que a *Veja* recebeu 600 milhões de reais só para atacar o candidato da extrema direita...

A "notícia" foi amplamente divulgada pelos filhos de Bolsonaro com a hashtag #Veja600milhoes. Uma semana antes, Carlos também havia postado que o Brasil teria entregado os "códigos de segurança das urnas eletrônicas" para a Venezuela.[22] Mentira.

Em meados de 2019, Joice rompeu com o bolsonarismo em uma briga ferrenha, com acusações para todos os lados. A deputada sabia de muita coisa comprometedora, o que resultou em uma campanha gigantesca para destruir sua reputação — inclusive a ex-aliada passou a ser chamada de Peppa Pig,[23] numa alusão à sua aparência à época.

Em dezembro de 2019, ao ser questionada na CPMI das Fake News, Hasselmann foi a primeira pessoa a trazer à tona a existência do Gabinete do Ódio — cujos líderes ela identificou como sendo os filhos do presidente, Carlos e Eduardo —, além de apontar o envolvimento de outros parlamentares e assessores. Referindo-se ao grupo como "milícia digital", explicou que eles agiam em grupos fechados de redes sociais, principalmente pelo Instagram e pelo Signal (um aplicativo de mensagem com criptografia mais forte).

"Eles escolhem uma pessoa e essa pessoa é massacrada. Eles se escondem atrás de um perfil, como Ódio do Bem, Isentões e Left Dex", ela explicou, revelando que esse grupo foi responsável pela produção e proliferação dos disparates a respeito do kit gay, da "mamadeira em formato de pênis" e, meses antes, das mentiras acerca da vereadora Marielle Franco. Em suma, ela contou que no coração do bolsonarismo existia, de fato, uma fábrica de mentiras, então liderada por dois filhos do candidato à Presidência.[24]

Para essa máquina funcionar, o Gabinete do Ódio montou o que eu chamo de Articulação do Ódio, que trabalhava em quatro frentes.

GRUPOS DE MENSAGENS: Só havia um caminho para atingir várias camadas da sociedade e formar soldados digitais em todos os cantos do país: a criação e fomentação de grupos organizados em aplicativos de mensagens, principalmente o WhatsApp, mas também o Telegram, o Signal e o Instagram (por meio das mensagens diretas).

No início, como o bolsonarismo ainda não tinha adesão popular expressiva, a criação desses grupos ficou a cargo dos próprios líderes e de uma agência que trabalhou para Jair Bolsonaro por quase dois anos. Um dos responsáveis por esse trabalho explicou para *O Globo* como o esquema operava. O clã Bolsonaro enviava para a agência listas com números de telefones celulares, que eram divididos em grupos específicos, como jovens, mulheres, pobres, evangélicos. Então a agência concebia os grupos nos aplicativos e adicionava os números, e as pessoas eram surpreendidas com a inclusão automática e uma mensagem de boas-vindas. Quando o grupo atingia um número satisfatório de participantes ativos, o criador entregava a administração a um dos participantes, e o trabalho estava concluído com aquelas centenas de pessoas.[25]

Isso foi repetido milhares de vezes, registrando grupos que atendiam diretamente ao que o Gabinete do Ódio postava. Se o Gabinete decidisse que era hora de divulgar uma mentira contra Fernando Haddad, os grupos eram acionados e recebiam as instruções de como publicar determinado vídeo ou imagem. Imagine milhares de grupos, cada um com centenas de pessoas, pipocando mensagens diretamente nas mãos de pessoas que eram transformadas em soldados virtuais.

A prova do vínculo dos chefes do bolsonarismo com a criação de grupos ficou clara no dia 19 de outubro de 2019, quando Flávio Bolsonaro foi a público gritar que sua conta no WhatsApp havia sido banida. Ele postou: "A perseguição não tem limites! Meu WhatsApp, com milhares de grupos, foi banido DO NADA, sem nenhuma explicação! Exijo uma resposta oficial da plataforma".[26]

A resposta veio. No mesmo dia o WhatsApp informou que havia banido contas vinculadas às empresas acusadas de enviar mensagens em massa relacionadas às campanhas políticas nas eleições daquele ano. Pena que a empresa devolveu o acesso à conta três dias depois, confirmando a postura conivente que adotou por bastante tempo. Os líderes não precisavam mais sujar as mãos, o bolsonarismo havia se alastrado tanto que a sociedade começara a gerar outros milhares de grupos que atendiam aos interesses do Gabinete do Ódio.

Os grupos funcionavam em camadas. No topo da pirâmide estava o Gabinete, comandando quem seria o alvo da vez e a estratégia de ação. Em seguida vinham os grupos secundários — de alguma forma vinculados aos líderes —, que recebiam os comandos que deveriam ser repassados para os milhares de grupos abertos, que por sua vez recebiam centenas de pessoas da sociedade civil. Era um verdadeiro "efeito cascata".

Em outubro de 2019, o repórter Fred Melo Paiva se infiltrou em dois grandes grupos bolsonaristas do WhatsApp e registrou a experiência em uma matéria tragicômica.[27] Uma das mensagens, postada no grupo "MG MILITANTES B17", dizia: "BOMBA. Olha aí o deputado Glauber Braga (PSOL-RJ) recebendo propina, ele mesmo que chamou o Ministro Sergio Moro de ladrão. Divulguem sem dó pra esse bandido safado perder o mandato. Isso a Globo ainda não mostrou é em primeira mão. Divulguem". A mensagem era seguida de um vídeo de um senhor aleatório, filmado por uma câmera escondida, enfiando dinheiro na cueca. Não era Glauber Braga, obviamente.

A descrição do outro grupo, Brasil Bolsonarista RO, dizia: "Estamos organizando um Exército Virtual de apoio ao nosso presidente Jair Bolsonaro. Para isso, estamos organizando grupos de compartilhamento de notícias Pró-Bolsonaro por estado e por cidade. Os grupos serão extremamente focados e com o único objetivo de espalhar pela internet as notícias que a extrema imprensa não mostra".

Em uma mensagem, o criador do grupo escreveu: "Informo que esta é apenas a primeira fase desta missão. Um tsunami em apoio ao Presidente Jair Bolsonaro vai tomar de vez o Brasil [...]. Compartilhe com o máximo de contatos e grupos todas as matérias positivas que você receber pelos grupos Brasil Bolsonarista. Todas são checadas e provêm de fontes confiáveis".

Eram tantos grupos, mas tantos que era quase impossível detectar a origem de um disparate. Para se ter ideia, aquela sobre Glauber Braga foi publicada por uma senhora de idade no interior de Minas Gerais. O número decerto era clonado, ou a senhora era só mais uma disseminadora de fake news que havia recebido o conteúdo de outro grupo.

Esses grupos foram a maior fonte de mentiras e disseminação de ataques de ódio que a internet brasileira já presenciou.

INFLUENCIADORES DA EXTREMA DIREITA: Além dos grupos, outra arma do neofascismo foram — e ainda são — os influenciadores da extrema direita, que atuavam como soldados mais graduados e bem remunerados, atingindo milhões de pessoas com suas publicações. Em contato direto com os líderes do Gabinete do Ódio, esses influenciadores, como Joice Hasselmann, Allan dos Santos e Bernardo Küster, fabricaram mentiras e trabalharam para sua propagação.

Além desses influenciadores que expunham o rosto, a articulação bolsonarista também criava — e continua criando — perfis fakes para publicar conteúdo político misturado com humor ou denúncia. Passou a ser comum ver perfis de senhores idosos reacionários e metidos a engraçadões mandando youtubers "arrumarem um emprego decente numa oficina mecânica". Os perfis nasciam como se fossem de humor, cativavam o público e em seguida passavam a propagar fake news e o ódio da extrema direita.

Peça-chave nessa dinâmica foi Olavo de Carvalho, que, com milhares de seguidores, bradava seu ódio contra jornalistas, "os maiores inimigos do povo". Em seus cursos, ensinava que desrespeitar o inimigo é um princípio básico para derrotar a esquerda.[28] Após a eleição de Bolsonaro, ele imediatamente começou a pregar que aqueles que discordavam do presidente deveriam ser intimidados. Contra os "comunistas", era preciso "destruir as carreiras e o poder das pessoas" e ser "direto e sem respeito".

VEÍCULOS ALIADOS E BLOGS: Com participação semelhante à dos influenciadores, veículos aliados e blogs surgiram ou foram cooptados pela extrema direita, incluindo o jornal *Gazeta do Povo* e a rádio e emissora Jovem Pan, que passaram a disseminar desinformação.

Outros veículos surgiram ou cresceram com o bolsonarismo, radicalizados a ponto de cometer sucessivos crimes, sem nenhuma preocupação com as consequências. Foi o caso do Terça Livre, um dos principais propagadores do ódio da extrema direita brasileira.

ROBÔS: Por último estão os robôs, que impulsionam mentiras de maneira acelerada nas redes sociais como Twitter e Facebook, além de inflar o número de seguidores de determinados perfis.

Joice Hasselmann foi a primeira a detalhar o uso dessa ferramenta, mostrando que quando Jair Bolsonaro tinha 5,4 milhões de seguidores, 1,4 milhão deles eram robôs. Já na conta de Eduardo Bolsonaro, que tinha 1,7 milhão de seguidores, seriam 468 mil robôs. Cada disparo custava, em média, 20 mil reais.[29]

Com o passar do tempo os robôs se tornaram menos necessários, mas foram amplamente utilizados para subir hashtags nos trending topics no Twitter e inflar o número de seguidores dos líderes do bolsonarismo. Com as hashtags explodindo na rede social, os soldados digitais sentiam-se mais seguros e confiantes e agiam de maneira ainda mais intensa.

Com todas essas estruturas no lugar e em funcionamento, o Gabinete do Ódio operava livremente no assassinato de reputações e na propagação de mensagens de ódio contra grupos ou indivíduos, além de exaltar a imagem do "mito" Bolsonaro. A participação orgânica dos seguidores crescia, diminuindo a necessidade do uso de robôs.

Jair Bolsonaro passou muito tempo negando tudo isso.[30] Anos depois, apenas em 2022, a Polícia Federal confirmaria a existência do Gabinete do Ódio em relatório enviado ao STF após minuciosa investigação, que contou com a contribuição de ex-participantes do Gabinete. Em documento assinado pela delegada Denisse Ribeiro, a PF se pronunciou: "Observa-se também que, além de promover ataques aos veículos tradicionais de difusão de informação (jornais, rádio, TV etc.) e de estimular a polarização e o acirramento do debate, a organização utiliza essa estrutura para atacar de forma anônima diversas pessoas (antagonistas políticos, ministros do STF, integrantes do governo, dissidentes etc.), tudo com o objetivo de pavimentar o caminho para alcance dos objetivos traçados (ganhos ideológicos, político-partidários e financeiros)".[31]

A delegada também foi precisa em demonstrar o método utilizado pela articulação do ódio para propagar essa destruição, chamado EPAR, um acrônimo para: a) Eleição, escolha do alvo, seja pessoa ou instituição; b) Preparação, criação de conteúdo ofensivo, incluindo montagens, notícias falsas, vídeos tirados de contexto etc.; c) Ataque, publicação do conteúdo nas redes sociais, com uso de robôs e disparos em massa nos grupos de mensagens; d) Reverberação, retransmissão e impulsionamento de conteúdo, com a ação de influenciadores, perfis e veículos aliados.

Durante a CPMI das Fake News, outro ex-aliado de Bolsonaro, Alexandre Frota, falou sobre o Gabinete do Ódio e o trio comandado por Carlos Bolsonaro, composto de Tercio Arnaud Tomaz, José Matheus Salles Gomes e Mateus Matos Diniz: "Eles vieram das redes sociais, das ruas, trabalharam na campanha do presidente Jair Bolsonaro. Eles atuam atacando, humilhando as pessoas. Não é uma turminha de colégio. É uma turma muito séria que sabe o que está fazendo, está coordenada nos ataques, é covarde e se esconde atrás de pseudônimos".[32]

Em 2020, o general Santos Cruz, ex-ministro da Secretaria de Governo de Bolsonaro, disse em entrevista à GloboNews que a eleição de Bolsonaro representava a esperança de um novo ciclo e de uma nova maneira de fazer política, mas "o que se assistiu foi a chegada de um pequeno grupo de extremistas, que passaram a utilizar as piores práticas possíveis". Completou: "[Você tem] esse pequeno grupo aprofundando a divisão da sociedade para manipular a sociedade brasileira. Você tem o ataque às pessoas e não às ideias. Você tem a destruição de reputações".[33]

No final de 2023, o tenente-coronel Mauro Cid, braço direito de Jair Bolsonaro, revelou, em acordo de delação premiada, que o Gabinete do Ódio era liderado pelo vereador Carlos Bolsonaro, e também entregou que Jair Bolsonaro estaria ligado à disseminação de notícias falsas contra o processo eleitoral, atacando as urnas eletrônicas e pondo em xeque a confiança do povo no processo de votação.[34] Mais chocante ainda, disse também que o Gabinete do Ódio utilizava uma sala no Palácio do Planalto para produzir as mensagens difundidas por Bolsonaro. Segundo a investigação da PF, o material produzido continha ataques a instituições como o STF. O Gabinete ficava no terceiro piso do Planalto, numa sala sem janelas e sem controle de entrada, próximo ao gabinete do presidente.

Foram anos de ataques monstruosos contra "inimigos", financiados em parte com dinheiro público e originados de dentro do governo. E eu fui uma de suas vítimas.

O extremo ódio digital: chans

O anonimato é o melhor escudo para quem deseja propagar o ódio na internet, e quem quiser propagar o ódio encontrará nos "chans" o terreno ideal. Um chan é um fórum online no qual você pode criar posts e ler as postagens de outros usuários. É como uma linha do tempo do Facebook: qualquer um publica o que bem entende. Ninguém se identifica, ninguém bota foto ou nome, ninguém sabe quem é quem.

Os chans são antros de tudo que há de pior na humanidade. Apesar de anônimos, quase todos os integrantes são homens que a seu bel-prazer destilam racismo, homofobia, pedofilia, neonazismo, um profundo ódio por mulheres, judeus, nordestinos, e uma atração por travestis, de quem zombam e não respeitam a identidade de gênero. Também é comum manifestarem ódio a si mesmos em textos autodepreciativos, como se conscientes do quanto se tornaram horríveis, condição que justificam culpando vários fatores, em especial a rejeição das mulheres.

Os mais famosos do Brasil eram o BRchan e 55chan, e o pior deles, Dogolachan. Os chans eram, até certo ponto, organizados. Eram frequentes ataques de ódio, quase sempre contra mulheres, com o único propósito de, segundo eles mesmos: "gerar LULZ" — LULZ é a mesma coisa que LOL, do inglês *Laugh Out*

Loud (rindo bem alto). Ou seja, divertir os participantes, que se regozijavam toda vez que viam seus ataques repercutirem na mídia ou causarem alguma reação da vítima.

Lola Aronovich é uma guerreira brasileira que enfrentou todo tipo de ódio que um chan é capaz de cometer, com ameaças de morte, divulgação de seus números e endereço, fotografias da fachada de sua casa, recompensas por sua execução… Entre 2012 e 2017, Aronovich registrou onze boletins de ocorrência contra o principal responsável por essa violência, o criador do Dogolachan, Marcelo Valle Silveira Mello, e sua quadrilha. Por que ela foi (e ainda é) perseguida de maneira tão cruel e perversa? Porque é uma blogueira assumidamente feminista. Só isso.

Os participantes do Dogolachan se enxergam como MRAS (Men's Rights Activists — Ativistas dos Direitos dos Homens) e acreditam viver numa sociedade em que as mulheres controlam tudo. Os mais oprimidos são os homens brancos heterossexuais — essa aberração não é exclusiva do Brasil, está presente em diversos países, como Estados Unidos e Reino Unido. Defendem ideias como o "estupro corretivo contra lésbicas" e a legalização do estupro e da pedofilia, desde que praticados contra mulheres.

Mello chegou a criar um blog fingindo ser Lola Aronovich, com a foto dela, sua biografia e link para o seu currículo Lattes. A cada post destacava seu endereço e telefone de casa. E o que ele escrevia, se fazendo passar por ela? Absurdos como "eu defendo aborto para fetos masculinos", "devemos matar ou castrar meninos", "é necessário queimar as Bíblias". "Lola" chegou a se vangloriar de ter realizado um aborto em uma aluna em sala de aula. Em uma manipulação absurda, um comparsa de Mello fez uma denúncia sobre o site ao Ministério Público, acusando Lola de ser a autora… e o Ministério Público a acatou.

Quem ajudou a divulgar esse site fraudulento foi Olavo de Carvalho.

Em uma matéria de 2015, um jornalista do programa *Profissão Repórter*, da Rede Globo, aborda Mello na rua. Com um jeito estranho, desengonçado, Mello troca um aperto de mãos e diz: "Não quero papo com vocês não". O vídeo corta e o jornalista pergunta: "Você não tem medo de ser preso de novo, Marcelo?", e ele responde, afobado e tendo dificuldade de juntar as palavras: "Se eu for, eu vou sair logo, logo, em um ano eu tô na rua de volta". Ele encerra a entrevista chamando Lola de "mulher louca" e tentando agredir o câmera.

O jornalista se referia à prisão de Mello em 2012, após publicar sequências de ofensas contra pessoas negras, nordestinas, judias e homossexuais, além de difundir imagens de pedofilia e planejar um ataque terrorista contra estudantes da UnB. Em 2009, ele se tornara o primeiro brasileiro na história a ser condenado por racismo no ambiente digital.[35]

Em 2017 e 2018, os chans atuaram como impulsionadores de Jair Bolsonaro, defendendo-o e orquestrando ataques contra "inimigos". Nas eleições de 2022, teriam participação ainda mais ativamente, através do 1500chan e do 27chan, na criação de notícias falsas em favor da campanha de Bolsonaro,[36] que representava vários dos ideais dos chans. Não seria exagero supor que integrantes desses fóruns anônimos devem ter auxiliado o Gabinete do Ódio, talvez ensinando como agir, mostrando maneiras mais fáceis e rápidas de incriminar alguém injustamente e cometer o assassinato de reputação com mais eficiência.

Lidei com os chans pela primeira vez num momento em que não se falava em bolsonarismo e eu tampouco imaginava o que viria pela frente. Mas todos os episódios me ensinaram que é possível enfrentá-los e vencer.

Um deles foi em setembro de 2016, quando um vídeo chocou a internet brasileira. O protagonista, Mallone Morais, assim como Mello, parecia ter alguma dificuldade na fala enquanto gesticulava e olhava para a câmera. Defendendo que todo pai deveria ter o direito de tirar a virgindade de suas filhas, ele manifestava ódio extremo contra as mulheres, repetindo o que fóruns como o Dogolachan propagavam. Não restava dúvida, Mallone era um "annon", nome usado pelos participantes dos chans, embora outros preferissem o termo "anão" ou a versão "anon".

Ao longo daqueles dias, só se falou disso nas redes sociais, com milhares de pessoas defendendo a prisão de Mallone e outras tantas afirmando que ele deveria ser morto. Quase ninguém falava da origem do vídeo.

No dia 13 de setembro de 2016 eu decidi publicar um vídeo explicando em detalhes como os fóruns anônimos operavam, mostrando todo o ódio propagado contra mulheres, negros, gays, nordestinos etc. O intuito era realmente chocar, para que o maior número possível de pessoas entendesse de onde vinham os ataques orquestrados contra certas figuras públicas (como aconteceu com a jornalista Maju Coutinho, que no ano anterior havia sido vítima de um ataque racista) e conteúdos criminosos defendendo a pedofilia e o "estupro corretivo".

No vídeo, denunciei outro participante de chan que também havia publicado um vídeo dizendo que nós devemos "assassinar mulheres". Em seguida repito as palavras dele: "Devemos queimá-las, esquartejá-las e arrancar a arcada dentária delas, para que assim elas sejam irreconhecíveis, porque toda mulher é uma vagabunda que você precisa tratar como inútil".

Decidido a enfrentar os chans da maneira que eles mais odeiam, eu percebera que nada irritava mais os participantes de um chan do que ver pessoas aleatórias acessando e fazendo posts ou comentando nos posts dos "annons". Aquilo os tirava do sério, pois jogava luz em algo que eles queriam esconder a todo custo. Sempre que Lola Aronovich ou outra pessoa citava os chans, eles reagiam com muito ódio dentro do próprio fórum, em geral enchendo o site de imagens extremamente gráficas de pessoas mortas (chamadas de "gore") ou de pornografia infantil, para afastar qualquer novo visitante.

Por isso, também instruí meus seguidores a invadir os três fóruns anônimos mais populares (BRchan, 55chan e Dogolachan) e enchê-los de posts aleatórios por dias seguidos. Isso era basicamente "quebrar" o brinquedo deles. Se milhares de pessoas inundassem os sites com publicações sem sentido, eles não conseguiriam mais usar os chans para nada. No meu vídeo, aviso que eles irão tentar se defender, deletando os posts e enchendo de fotos de defuntos e pornografia para afastar os invasores: "Quando eles perceberem que as imagens de gente morta não estão dando certo, eles vão mudar de endereço. E essa vai ser a nossa primeira vitória. [...] vamos juntos, acabar com os três maiores chans do Brasil", digo.

O vídeo foi ao ar. Em poucas horas, os três chans não funcionavam mais. De início, eles tentaram se defender com os posts de defuntos e pornografia, mas logo viram que era inútil, pois as mensagens aleatórias eram tantas que a defesa deles desaparecia. Tiraram os chans do ar e direcionaram o endereço para sites pornô. Nesse momento, dei a batalha por vencida, removi os links da descrição do meu vídeo e avisei que havíamos conseguido derrubá-los. Além disso, adicionei um [+18] ao título, indicando que era um vídeo para maiores.

Os chans ficaram vários dias fora do ar. O Dogolachan, o pior e mais perigoso, não retornou. O objetivo foi alcançado. O vídeo atingiu quase 3 milhões de pessoas e o pior chan do Brasil foi varrido para a deepweb, a parte da internet que não pode ser encontrada por vias normais, como sites de busca ou URLs simples.

Além dos chans, inúmeras páginas públicas, com o rosto de seus fundadores, já foram criadas com o objetivo de propagar mensagens de ódio e assassinato de reputações, sobretudo relacionadas a política. Redes sociais como Orkut, Facebook e Twitter também tiveram seu papel nesse trabalho de aperfeiçoamento e direcionamento do ódio online. Em 2013, quando das manifestações populares contra o governo Dilma, muitas dessas páginas, como a Revoltados Online, começaram a ganhar milhões de seguidores.

Eu era alvo desse ódio na internet porque já havia estado do outro lado. Sabia do mal provocado por ataques online, pois foi assim que o "Não Faz Sentido" teve sucesso. Acreditando que fazia apenas humor, em 2010 eu havia prejudicado as carreiras da banda Restart, do ator Fiuk e dos modelos Colírios da Capricho com meus vídeos odiosos. Logo, eu sabia o que era ser alvo e autor.

Em julho de 2016, a artista mirim brasileira Maisa foi atacada por vários perfis ao mesmo tempo. As publicações eram abjetas, como: "me diz quando você vai sair no xvideos para eu poder ir na estreia #VCM", "ae Maísa quando vc e a Larissa Manoela vão lançar o primeiro pornozao? #VCM", "Se não quiser sair no pornozão a playboy serve, mas chama a Larissa Manoela tb #VCM". Maisa tinha catorze anos. Larissa Manoela, quinze.

Maisa foi ao Twitter: "que é isso??? Que a justiça veja isso, eu sou menor de idade e estão solicitando pornografia com o meu nome", "que absurdo sério, esses monstros são humanos?" e "eu espero que vocês paguem bem caro por esse ato de ódio, eu to sem palavras, que monstruosidade". Na época, imaginei que era mais um ataque orquestrado por algum chan, só descobriria que a coisa era ainda mais escabrosa um ano depois.

Em agosto de 2017, alguns fãs me avisaram que uma página do Facebook pretendia fazer uma série de ataques digitais contra mim. Ao entrar no link que eles recomendaram, encontrei um rapaz, Murilo Araujo, autor do seguinte post: "Será sábado o ataque no felipe neto, deixem up's, like e etc nisso aqui pra geral ver. Esses filhos da puta ganhando dinheiro nas custas de criança, mano isso me deixa muito puto cara, não basta ser dois cuzões hipócritas tem que ficar extorquindo criança, mermão quero que esse ataque dê mais gente que o da MAISA, que eu fiz naquele dia".

Bastou uma busca rápida para descobrir quem era Murilo Araujo e o que significava aquela hashtag nos ataques à Maisa. Ele era o criador e administrador da página Vai Chorar Mesmo?, ou #VCM, no Facebook, que reunia milhões de pessoas e era especializada em publicar conteúdo misógino, além de promover ataques a personalidades. Alguns posts da página diziam: "Mulher que grava vídeo dançando funk não merece respeito" e "Sua mãe te criou pra ser uma garota descente, não essa vagabunda que ela tem nojo".

O ataque dele ao meu conteúdo foi um caso isolado à época e parecia ser motivado muito mais pela dinâmica de ódio dos chans do que por qualquer sinal de preocupação genuína com crianças. O ataque à Maisa, ainda menor de idade, tinha nascido ali. Um post de Araujo no grupo do VCM dizia: "#ATK Viu? UP Entrem lá e falem sobre o pornozão dela quando completar 18 anos, não esquece da tag #VCM e de laikar os comentários". O motivo? Nenhum. Pura diversão. LULZ. Só que dessa vez sem o anonimato.

Decidi agir em duas frentes distintas. Primeiro, fui ao Twitter e publiquei os prints da página, com a mensagem: "E aí galera, vamos denunciar essa página pro Facebook tomar uma atitude definitiva? Contra o discurso de ódio!". A VCM saiu do ar. Ainda chegou a voltar um tempo depois, mas sem o mesmo sucesso. Não conseguindo se reerguer, a página chegou ao fim.

Em seguida, mandei tudo para a minha equipe jurídica, inclusive a ameaça de ataques ao meu perfil e outras publicações em que eu era achincalhado com ofensas. Nós abrimos um processo e Murilo Araujo, que tinha acabado de fazer dezoito anos, sumiu. No momento em que escrevo, o processo ainda está em andamento.

Já Lola Aronovich venceu a batalha contra os chans. Após anos de luta, em 2018 o fundador do Dogolachan, Marcelo Valle Silveira Mello, foi condenado a 41 anos, seis meses e vinte dias de prisão por racismo, coação no curso do processo, associação criminosa, incitação ao cometimento de crimes, divulgação e disponibilização de imagens de pornografia infantil e terrorismo cometidos na internet.[37]

Antes de ser preso, contudo, Mello manifestou sua adoração por Jair Bolsonaro, criando a criptomoeda chamada BolsoCoin, autodeclarada "a primeira criptomoeda da direita alternativa e neonazista do Brasil", que passou a ser utilizada nos chans como forma de pagamento para usuários que realizam ataques em defesa desses grupos.[38]

Segundo a SaferNet, ONG que atua no combate a crimes digitais, até 2019, o Dogolachan e outros cinco sites ligados a ele geraram mais de 160 mil reclamações formais.[39] No mesmo ano da prisão de Mello foi criada a Lei Lola (13 642), proposta por Luizianne Lins (do PT). Com a nova lei, a PF ganhou poder de investigação de crimes cibernéticos de misoginia em níveis interestadual e internacional.[40]

Marcelo Mello hoje cumpre pena na Penitenciária Federal de Campo Grande.

Sou acusado de vínculo com terrorismo e assassinatos de crianças

No dia 13 de março de 2019, dois monstros (cujos nomes serão aqui omitidos) invadiram a Escola Estadual Professor Raul Brasil, no município de Suzano, São Paulo, onde haviam estudado. Eram 9h43 quando eles entraram, encapuzados com balaclavas de caveiras, carregando um revólver calibre .38, um machado, uma faca articulada, uma besta, um arco, mais de 25 flechas, um dispositivo de choque, três coquetéis molotov e três granadas de fumaça. Eles aproveitaram o horário do intervalo e dispararam diversas vezes contra alunos e funcionários.[41]

Cinco estudantes e duas funcionárias morreram. Antes da chacina, um dos criminosos matou o tio. Ao fim do massacre, eles tiraram a própria vida. Outras onze pessoas ficaram feridas, cinco em estado grave. Apesar do enorme arsenal, nove das dez mortes foram realizadas pelo único revólver,[42] comprado pela internet, através do Facebook e WhatsApp.[43]

No mesmo dia, revelou-se que os dois assassinos frequentavam o Dogolachan, que agora só existia na deepweb. Foi lá que eles receberam conselhos e orientações sobre como cometer o ataque. Um print do dia 7 de março exibe um dos atiradores agradecendo ao DPR, que se tornou administrador do Dogolachan após a prisão de Marcelo Mello: "Muito obrigado pelos conselhos e orientações, DPR. Esperamos do fundo dos nossos coração não cometer este ato em vão. Todos nós e principalmente o recinto [o Dogolachan] será citado e lembrado. Nascemos falhos mas partiremos como heróis. O contato nos trouxe tudo dentro dos conformes. Ficamos espantados com a qualidade, dignas de filmes de Hollywood. Infelizmente não existe locais para testarmos e tudo acontecerá de forma natural, com a aprendizagem no momento do ato. Fique com Deus, meu mentor. O sinal será a música no máximo 3 dias depois estaremos diante de Deus, com nossas 7 virgens. Levaremos a mensagem conosco".[44]

Dezessete dias depois do massacre que deixou tanta gente em choque, um dos mais fervorosos deputados bolsonaristas, Carlos Jordy, foi ao Twitter: "Quando digo que pais não devem deixar os filhos assistirem a vídeos do Felipe Neto, não é brincadeira. Em 2016, ele fez vídeo ensinando a entrarem em sites da deepweb. Agora descobriram que os assassinos de Suzano pegaram as informações para o massacre num dos sites após assistirem ao vídeo".[45]

Imediatamente comecei a receber uma avalanche de acusações — assassino, aliado de terroristas, monstro cruel e desprezível. Multiplicaram-se as ameaças de morte, realizadas até mesmo sem a proteção do anonimato. Como a motivação era a defesa da alma inocente dos jovens assassinados, a ameaça era "justificada".

Fiquei estarrecido. Tudo que eu havia feito fora denunciar os chans dois anos antes. Não havia absolutamente nenhum indício de que os assassinos ficaram sabendo da existência dos fóruns anônimos por causa do meu vídeo. E eu tampouco ensinara alguém a entrar na deepweb (para começo de conversa, eu nem sei entrar na deepweb). O deputado sabia que estava mentindo, mas mentiu mesmo assim.

Nesse tipo de caso, só há duas ações possíveis.

A primeira e mais urgente é provar a verdade de maneira clara, sucinta e objetiva. Foi o que fiz. Postei meu vídeo e provei como ele servia de denúncia para acabar com os chans, não o contrário. Também mostrei que eu não tinha relação alguma com a deepweb e que a investigação simplesmente não apontara que os assassinos tinham descoberto o Dogolachan por minha causa. Mostrar a verdade, contudo, quase nunca tem o mesmo impacto da mentira. Enquanto a publicação de Jordy continuava a viralizar, a minha teve algum sucesso, mas a léguas do alcance do ataque infame.

A segunda ação foi entrar na Justiça, exigindo a exclusão imediata da publicação, além de um pedido de indenização e retratação por parte do deputado Carlos Jordy. A Justiça só ordenou a remoção do post no dia 8 de abril,[46] oito dias depois da publicação, quando o estrago já havia sido feito.

Durante toda a batalha judicial, o deputado se defendeu alegando que teria "imunidade parlamentar", uma tentativa covarde de justificar seu ataque mentiroso como "exercício da função parlamentar". O processo só teve fim três anos mais tarde, quando Carlos Jordy pagou 66 269,30 reais a título de indenização por danos morais.[47]

Apesar disso, a partir dali inúmeros posts foram feitos resgatando e deturpando aquele vídeo, com acusações que nunca pararam. O que havia sido uma denúncia se transformara numa narrativa segundo a qual eu era um monstro interessado em apresentar a criancinhas inocentes um ambiente onde elas seriam vítimas de estupradores pedófilos.

No dia 11 de setembro de 2019, agências de checagem tiveram de vir a público divulgar "É #FAKE que Felipe Neto incentivou crianças a acessarem fóruns que promovem pedofilia",[48] tamanha a quantidade de calúnias a esse respeito.

Jordy continua publicando coisas sobre mim sem cessar. Até hoje, anos depois, ainda sou cobrado por supostamente ter ensinado crianças a entrarem na deepweb.

“Felipe Neto odeia cristãos”

Ao longo de 2016, eu rodava o país com *Minha vida não faz sentido*, um monólogo em que eu contava minha história no YouTube, e por vezes encarnava o personagem do “Não Faz Sentido”, de óculos escuros e muitos xingamentos, quando queria abordar algum assunto que me desagradava, especialmente a homofobia, quadro que encerrava o espetáculo. Visitei dezenas de cidades, lotei teatros e senti uma baita felicidade por estar de volta aos palcos.

No dia 23 de julho visitei Uberaba, Minas Gerais. A apresentação foi às nove da noite, terminando bem tarde, só depois de eu atender a todos os fãs que pediam uma foto. Então saí com a equipe para comer alguma coisa. Quando consegui dormir, já era madrugada.

De repente, um susto imenso. Acordei num pulo, o barulho era ensurdecedor. Ainda atordoado pela noite maldormida, pensei que fossem as trombetas do apocalipse… Acordei confuso, sem saber muito bem onde estava. Respirei fundo e me situei.

O relógio marcava oito e tantas da manhã. Eu ainda poderia dormir por horas, pois só pegaria a estrada às duas da tarde. Mas como dormir agora? O barulho prosseguia. Os estampidos, percebi, não eram tiros, mas fogos de artifício que estouravam bem perto do meu hotel. Com o coração explodindo do susto, abri a janela esperando ver um cenário de guerra e devastação, pessoas morrendo, gritos…

Era uma carreata.

Vários veículos passavam bem devagar, em fila indiana, buzinando. O som era impressionante. A cada quinze ou vinte segundos, fogos explodiam em celebração.

Tentei voltar para a cama, na esperança de que aquilo fosse passageiro. Decerto acabaria assim que os carros passassem. Não acabou. Quando desci para o almoço, perto do meio-dia, meu humor parecia de vilão da Marvel. Toda a equipe estava como eu. Semblantes fechados, olheiras fundas e muita raiva. Todo mundo em silêncio, ao som de buzinas ensurdecedoras e fogos explodindo. Em meio ao caos, Chico, nosso técnico de som, subiu o tom de voz para se sobrepor ao buzinaço: "Perguntei na recepção e falaram que é uma passeata pra Nossa Senhora".

Abri o Snapchat e comecei a gravar pequenos vídeos de quinze segundos. Era 2016 e eu soltei a língua como de costume.

"Quero fazer um agradecimento especial ao povo de Uberaba, que achou que era uma excelente ideia fazer uma passeata pra Nossa Senhora e estourar fogos do lado do hotel, começando às 8h30. Pessoas do bem, né?"

Em seguida, filmei a carreata e gravei o barulho das buzinas e fogos, enquanto perguntava: "Por que não pode ser uma procissão silenciosa?".

Já dentro do carro, a caminho da estrada para sair da cidade, finalizei: "Eu fico imaginando… Nossa Senhora deve ser surda, porque é a única explicação pra esses desgraçados fazerem isso dessa forma".

Hoje jamais falaria isso, mas na época essa comunicação baseada no estereótipo "ranzinza" era comum.

Por três anos ninguém lembrou desses vídeos, até que, no fim de janeiro de 2019, um portal cristão publicou: "FELIPE NETO XINGA CATÓLICOS E CHAMA NOSSA SENHORA DE SURDA".

Os bolsonaristas saíram em peso contra mim, espalhando a matéria e o vídeo, sobretudo no Facebook e no Twitter. Uma das publicações, de uma senhora de nome Andrea e cuja foto trazia BOLSONARO 17, postou: "Cuidado com quem seus filhos seguem na Internet! Esse idiota é uma péssima influência!! #FelipeNetoLixo".

Outra conta, Patriota e de Direita, disse: "O salvador da esquerda, que chama Nossa Senhora de surda, seus seguidores de filhos de uma p... e desgraçados, o mesmo q fala de sexo de maneira escrota e trata seu filho como mongolóide, o YouTuber que ganha em dólar e só q ver o país se lascas...".

Andre Piedade postou: "Felipe Neto odeia cristãos, procissão, e debocha de Nossa Senhora... [...] vive às custas da exploração de mentes infantis e seguidores acéfalos ! VAMOS DA RT".

Esses três textos foram republicados por diferentes contas, sempre com a mesma redação e quase simultaneamente, o que dava a entender que havia robôs misturados a pessoas indignadas que seguiam o fluxo. Alguém deve ter dado a ordem: "Achamos este vídeo do Felipe Neto, espalhem ao máximo mostrando que ele odeia cristãos e xingou Nossa Senhora".

Em pouco tempo, milhões de pessoas religiosas me xingavam nas redes sociais. Ninguém queria saber que o vídeo já tinha três anos, ou que eu não falava mais palavrões havia tempos, ou que eu não estava xingando Nossa Senhora coisa nenhuma. A narrativa estava formada: "Felipe Neto odeia cristãos, por isso ele agora é da esquerda".

É óbvio que eu só estava me referindo a fiéis fervorosos que desrespeitavam outras pessoas em explosões barulhentas para celebrar sua fé. Em vídeo publicado no dia 12 de fevereiro de 2019, tratei dessa e de outras mentiras e disse em determinado momento: "Ninguém é obrigado a compartilhar a fé de ninguém. E é muito simples de você enxergar o que eu quis dizer nesse vídeo. É só você imaginar um cenário, onde ao invés de católicos, seja uma manifestação da umbanda, que te acorde às 8h num domingo, com um buzinaço e fogos de artifício explodindo nas alturas".

O vídeo atingiu mais de 3 milhões de pessoas, mas as acusações, como sempre, obtiveram um número bem maior, impossível de calcular, visto que a esmagadora maioria já saiu do ar.

Sou eu que odeio crianças?

Entre 1954 e 1989, o Paraguai viveu sob a ditadura militar de Alfredo Stroessner. Segundo a Comissão da Verdade e Justiça, o regime foi responsável por 423 pessoas assassinadas, 3470 pessoas exiladas, 18 772 pessoas torturadas e 19 862 pessoas presas.[49]

Além desses crimes, descobriu-se que Stroessner, em companhia de seus generais, praticava estupros, em especial de meninas virgens, jovens entre dez e quinze anos. A média era de quatro meninas estupradas por mês. Em mais de três décadas, foram mais de 1600 crianças violentadas, segundo o Ministério da Justiça paraguaio.[50]

Stroessner também concedeu asilo político a vários membros do Partido Nazista, entre os quais o médico Josef Mengele, que submetia os prisioneiros de Auschwitz a experimentos ditos científicos. Eduard Roschmann, o famoso Açougueiro de Riga, responsável pela morte de 30 mil judeus, também recebeu passaporte paraguaio.

O ditador deu ainda força para o tráfico de cocaína no país.[51] O Paraguai tem uma posição geográfica muito importante, ficando entre o Brasil e a Argentina. Por isso acabou se tornando um *hub* do contrabando na América Latina.

* * *

No dia 26 de fevereiro de 2019, Jair Bolsonaro viajou até a fronteira do Brasil com o Paraguai junto do então presidente do Paraguai, Mario Abdo Benítez. O objetivo era a nomeação das novas autoridades da Itaipu Binacional, usina hidrelétrica compartilhada pelos dois países.

Bolsonaro discursou, dizendo que a usina só foi possível "porque do outro lado havia um homem com visão, um estadista que sabia perfeitamente que seu país, o Paraguai, só poderia continuar progredindo se tivesse energia. Então, aqui está minha homenagem ao nosso general Alfredo Stroessner".[52]

A ruína definitiva da Lava Jato

Estávamos no primeiro semestre de 2019 e eu já havia entendido que, mais que ancorada na realidade, toda essa dinâmica de direita-esquerda no Brasil (e no mundo) se transformara em espetáculo circense. Trata-se como esquerda apenas o que se quer tratar como esquerda, e ocorre o mesmo com a direita. Fui identificando cada vez mais os meus valores progressistas e minha aproximação com as pautas ditas de esquerda, apesar de essas definições serem circunstanciais.

O ódio da extrema direita contra mim já era um fato. Embora eu ainda não fosse o principal alvo do Gabinete do Ódio, já sentia na pele como aquela articulação operava. As fake news de que os criminosos de Suzano haviam descoberto como fazer o ataque por uma "dica" minha e a de que eu odiava cristãos se espalhavam numa velocidade supersônica.

E, naquele ano, foi a hora de ruir de vez o meu ódio contra o PT e as figuras de Lula e Dilma. Sergio Moro e Deltan Dallagnol, o juiz e o procurador da Operação Lava Jato, respectivamente, seriam o gatilho definitivo dessa minha mudança.

Era 9 de junho de 2019, e o povo brasileiro aproveitava um domingo relativamente tranquilo em meio aos abusos de Bolsonaro e equipe. Estávamos a cinco dias da Copa América, ansiosos para ver como seria o desempenho da Seleção. E eu estava totalmente focado em um projeto sobre criatividade, até hoje na gaveta.

Para poder resistir às distrações, eu havia removido as notificações do celular, permitindo apenas que ele vibrasse em caso de chamadas. Pedi a um amigo que me ligasse somente se algo importante acontecesse, seria a senha para eu espiar o WhatsApp.

Dito e feito, meu celular começou a vibrar. Abri as mensagens: "Já viu?", "Meu Deus do céu!", "A casa caiu", "Olha isso!!!".

Todas continham um link para o site The Intercept Brasil. Cliquei na matéria.

O que havia sido publicado, exatamente às 16h57 do dia 9 de junho de 2019, era uma reportagem dividida em quatro partes, assinada pelos jornalistas Glenn Greenwald, Betsy Reed, Rafael Moro Martins e Leandro Demori. Os títulos eram:

Parte 1: "Como e por que o Intercept está publicando chats privados sobre a Lava Jato e Sergio Moro".[53]

Parte 2: "Mafiosos!!!!!!: Procuradores da Lava Jato tramaram em segredo para impedir entrevista de Lula antes das eleições por medo de que ele ajudasse a 'eleger o Haddad'".[54]

Parte 3: "'Até agora tenho receio': Deltan Dallagnol duvidava das provas contra Lula e de propina da Petrobras horas antes da denúncia do triplex".[55]

Parte 4: "'Não é muito tempo sem operação?': Chats privados revelam colaboração proibida de Sergio Moro com Deltan Dallagnol na Lava Jato".[56]

Eram prints e mais prints de mensagens trocadas no Telegram entre o juiz da Lava Jato, Sergio Moro, e o procurador, Deltan Dallagnol, além de outros integrantes da acusação, tudo obtido pela invasão de um hacker aos telefones celulares dos envolvidos.

Conteúdo estarrecedor, talvez o maior escândalo do sistema judiciário do Brasil.

As mensagens comprovavam, de uma vez por todas, que Sergio Moro (o juiz!) havia agido em conluio com a acusação, instruindo seus passos e dando dicas do que fazer. Ele orientou a promotoria, cobrou agilidade em novas operações, forneceu pistas informais e até sugeriu mudanças nas fases da operação.

No dia 21 de fevereiro de 2016, por exemplo, Moro se intromete no planejamento do Ministério Público: "Olá Diante dos últimos desdobramentos talvez fosse o caso de inverter a ordem das duas planejadas". Ele se referia às fases seguintes da operação. De fato, no dia seguinte, ocorreu a Operação Acarajé, a 23ª fase da Lava Jato.

Em outra mensagem, perto do mesmo período, Moro disse: "O que acha dessas notas malucas do diretorio nacional do PT? Deveriamos rebater oficialmente?".

Nessa mensagem, Sergio Moro deixava claro que via a sua atuação e a atuação do Ministério Público como um balé sincronizado, ao dizer "deveríamos".

Em dezembro de 2015, o juiz indicou à acusação uma pista contra Lula: "Entao. Seguinte. Fonte me informou que a pessoa do contato estaria incomodado por ter sidoa ela solicitada a lavratura de minutas de escrituras para transferências de propriedade de um dos filhos do ex Presidente. Aparentemente a pessoa estaria disposta a prestar a informação. Estou entao repassando. A fonte é seria".

Isso demonstra de maneira inequívoca que tudo sempre se tratou de um grande acordo, um esquema.

Em outra conversa, Moro sugere a Dallagnol que não enfrente muitos poderosos, que mantenha o foco em apenas alguns alvos. A troca de zaps ocorreu assim que o procurador atualizou o juiz a respeito da delação dos executivos da Odebrecht:

[16:01:03] Dallagnol: "Caro, favor não passar pra frente: (favor manter aqui): 9 presidentes (1 em exercício), 29 ministros (8 em exercício), 3 secretários federais, 34 senadores (21 em exercício), 82 deputados (41 em exercício), 63 governadores (11 em exercício), 17 deputados estaduais, 88 prefeitos e 15 vereadores [...]".

[18:32:37] Moro: "Opinião: melhor ficar com os 30 por cento iniciais. Muitos inimigos e que transcendem a capacidade institucional do mp e judiciário".

Em 8 de maio de 2017, Moro se irritou com a possibilidade de adiarem o primeiro depoimento de Lula com o juiz, devido ao clima de guerra que se instaurava em Curitiba. Havia muita tensão e preocupação no ar, inclusive com atiradores de elite posicionados para receber o ex-presidente. A defesa, então, havia entrado com pedido de adiamento.

Moro enviou a Dallagnol: "Que história é essa que vcs querem adiar? Vcs devem estar brincando. Não tem nulidade nenhuma, é só um monte de bobagem". Na manhã seguinte, a resposta de Dallagnol: "Defenderemos manter. Falaremos com Nivaldo".

Ele se referia a Nivaldo Brunoni, o juiz de primeira instância que cobria as férias do relator da operação na segunda instância, o TRF-4. No mesmo dia, Brunoni rejeitou o pedido da defesa de Lula e manteve o depoimento para a data marcada.

Ou seja: o juiz do caso em primeira instância envia mensagem para o procurador, indignado com a possibilidade de adiarem o depoimento. O procurador entra em contato com o juiz operando na segunda instância. Pouco depois, esse juiz faz o que eles queriam.

Isso dizia muito sobre o caso inteiro da Lava Jato, não só sobre a atuação de Moro, mas também sobre as razões de a turma de segunda instância, no TRF-4, ter fechado os olhos para as ilegalidades e concordado com a sentença de primeira instância.

Seria incompetência generalizada ou um grande acordo?

Moro chegou a sugerir um treinamento para uma das procuradoras da operação:

[12:32:39] Moro: "Prezado, a colega Laura Tessler de vcs é excelente profissional, mas para inquirição em audiência, ela não vai muito bem. Desculpe dizer isso, mas com discrição, tente dar uns conselhos a ela, para o próprio bem dela. Um treinamento faria bem. Favor manter reservada essa mensagem".

Pense na situação oposta. Imagine Moro enviando esta última mensagem para o advogado de Lula, falando de outra advogada atuante no caso. Agora releia a mensagem.

O Código de Ética da Magistratura Nacional, publicado em 2008 pelo Conselho Nacional de Justiça, determina que juízes atuem "norteando-se pelos princípios da independência, da imparcialidade [...] [e] do segredo profissional". Um juiz jamais pode agir em conluio com um dos lados, em absolutamente nenhum processo.

Em sua defesa, o Ministério Público Federal do Paraná emitiu uma nota confirmando que houve vazamento de mensagens de procuradores em função de um ataque hacker, mas atestou que não havia qualquer ilegalidade nas mensagens: "Há a tranquilidade de que os dados eventualmente obtidos refletem uma atividade desenvolvida com pleno respeito à legalidade e de forma técnica e imparcial, em mais de cinco anos de operação".[57] Já Moro se limitou a endossar que não havia qualquer anormalidade naquilo.[58]

Meu sentimento, lendo tudo isso, era de nojo. Asco. A Lava Jato desde sempre havia sido um projeto político, e não de combate à corrupção. A pauta era clara: tirar Lula da disputa e depois ver o que fazer.

Ainda que tivesse prendido políticos dos mais variados partidos, a operação tinha um alvo principal. Isso ficou claro em um estudo da USP que analisou todas as pessoas processadas na primeira instância e as que sofreram investigações no Supremo Tribunal Federal. O estudo mostrou que o partido mais atingido pela Lava Jato havia sido o MDB (antigo PMDB), cabendo ao PT a segunda posição, ao PSDB a terceira e ao PP a quarta.[59]

Contudo, engana-se quem acredita que por ter atingido políticos dos mais variados matizes a Lava Jato tenha sido imparcial. No estudo, fica patente uma concentração muito maior de acusações contra petistas na jurisdição de Curitiba, a vara comandada por Sergio Moro até ele se tornar ministro da Justiça de Bolsonaro.

Dos 54 processos envolvendo integrantes do PT na Lava Jato, 45 foram abertos em Curitiba. Ou seja, 83% de todos os processos contra petistas na operação ficaram nas mãos de Sergio Moro. Apenas quatro foram julgados no Rio de Janeiro e cinco em São Paulo. Nenhum outro partido teve essa concentração de processos designados para um lugar só, apenas o PT.

O argumento em defesa da Lava Jato seria que o STF havia designado para Curitiba todos os casos que envolvessem a Petrobras. Porém, como o próprio Moro já atestara, o caso de Lula nada tinha a ver com a petroleira. Era um escândalo de cabo a rabo.

Como se não bastasse todo esse mar de lama, as mensagens vazadas provavam também que Deltan Dallagnol sabia que sua acusação contra Lula no caso do triplex não se sustentava. Ele escreveu no grupo dos procuradores: "Falarão que estamos acusando com base em notícia de jornal e indícios frágeis… então é um item que é bom que esteja bem amarrado. Fora esse item, até agora tenho receio da ligação entre petrobras e o enriquecimento, e depois que me falaram to com receio da história do apto... São pontos em que temos que ter as respostas ajustadas e na ponta da língua".[60]

Sem a ligação de Lula com a Petrobras, o caso jamais poderia ser julgado em Curitiba. E cinco dias antes de apresentar a denúncia, o grande acusador dizia aos colegas estar receoso...

O escândalo não teria fim. No dia 5 de julho de 2019, a revista *Veja*, junto do The Intercept Brasil, publicou mais mensagens que comprovavam as irregularidades de Sergio Moro. Analisadas 649 551 mensagens, os jornalistas concluíram: "Moro cometeu, sim, irregularidades. Fora dos autos (e dentro do Telegram), o atual ministro pediu à acusação que incluísse provas nos processos que chegariam depois às suas mãos, mandou acelerar ou retardar operações e fez pressão para que determinadas delações não andassem. Além disso, revelam os diálogos, comportou-se como chefe do Ministério Público Federal, posição incompatível com a neutralidade exigida de um magistrado. Na privacidade dos chats, Moro revisou peças dos procuradores e até dava bronca neles".[61]

Em outra troca de mensagens entre Moro e Dallagnol, em 5 de julho de 2017, o juiz se posicionou contrário à delação de Eduardo Cunha, presidente da Câmara por ocasião do impeachment de Dilma Rousseff. Um juiz não tem permissão de opinar ou instruir quem quer que seja em negociações do Ministério Público com delatores.

Sergio Moro: "Rumores de delação do Cunha... Espero que não procedam".

Deltan Dallagnol: "(emoji de sinal de positivo) Só rumores. Não procedem. Cá entre nós, a primeira reunião com o advogado para receber anexos (nem sabemos o que virá) acontecerá na próxima terça. Estaremos presentes e acompanharemos tudo. Sempre que quiser, vou te colocando a par".

Sergio Moro: "Agradeço se me manter informado. Sou contra, como sabe".[62]

Por que Moro era contra Cunha delatar os crimes de que tinha conhecimento?

O procurador Ronaldo Queiroz, em mensagens também vazadas, havia criado um grupo no Telegram com os procuradores um mês antes disso, no qual afirmou que as revelações de Eduardo Cunha poderiam ser de interesse dos procuradores. Cunha tentou efetivamente fazer a delação, que entregaria 120 políticos em um gigantesco esquema de propina que arrecadou 270 milhões de reais, bancado por grandes empresas. A delação também prometia escancarar a trama do golpe que derrubou Dilma Rousseff, concentrada sobretudo em denúncias contra Michel Temer (que assumiu a Presidência com o golpe), o ex-ministro Moreira Franco e o ex-governador do Rio de Janeiro Anthony Garotinho.[63]

Sergio Moro se recusou a ouvir a delação de Eduardo Cunha.

Simples assim.

Apenas não ouviu.

O poço não tinha fundo

Com o passar das semanas, fomos entendendo que aquela era apenas a ponta do iceberg. As falcatruas continuavam sendo desmascaradas. O caso ganhou projeção internacional. Os principais jornais do mundo noticiavam o escândalo judiciário que o Brasil estava protagonizando. O *Guardian* publicou: "Brasil cambaleia com alegações de que juiz que prendeu Lula colaborou com promotores".[64]

A imagem de Sergio Moro, à época ministro da Justiça, era enlameada a cada dia, muito embora ele começasse a desenvolver um núcleo duro de apoiadores. Ou seja, havia quem demonstrasse uma fidelidade inabalável ao juiz da Lava Jato: mesmo que fosse filmado cometendo um crime atroz, ele continuaria sendo um herói nacional.

Para o resto do país, a situação de Moro piorava a cada semana.

O juiz que havia agido em conluio com a acusação para prender o ex-presidente agora era o responsável principal pelo ordenamento jurídico, livre exercício dos poderes constituídos, segurança interna e defesa dos interesses da União, entre outras responsabilidades.

No dia 22 de agosto de 2019, mais uma bomba. As mensagens vazadas provaram que Deltan não tinha agido de modo incisivo contra os bancos envolvidos no escândalo. Em vez de ir atrás dos executivos responsáveis pelos crimes, Dallagnol e os demais procuradores optaram por tentar fazer os bancos devolverem dinheiro, para assim melhorar a imagem da Operação Lava Jato.

"Fazer uma ação contra um banco pedindo pra devolver o valor envolvido na lavagem, ou, melhor ainda, fazer um acordo monetário, é algo que repercutiria muito, mas muito, bem", disse Deltan Dallagnol.

Em maio de 2019, três executivos do Banco Paulista, um banco desconhecido da maior parte da população, haviam sido presos. Três meses antes, contudo, o procurador Roberson Pozzobon havia publicado no grupo: "Chutaremos a porta de um banco menor, com fraudes escancaradas, enquanto estamos com rodada de negociações em curso com bancos maiores. A mensagem será passada!".[65]

A coisa toda conseguiu piorar quando se soube que em 17 de outubro de 2018 Deltan Dallagnol deu uma palestra patrocinada pela Federação Brasileira de Bancos (Febraban) que lhe pagou 18 088 reais líquidos, quase o valor de seu salário mensal.

Os vazamentos não paravam. Em determinado momento, ficou comprovado que os procuradores da Lava Jato debocharam da morte de Marisa Letícia, então esposa de Lula, vítima de um AVC aos 66 anos. Quando foi revelado que a ex-primeira-dama estava entre a vida e a morte desde uma ação de busca e apreensão em sua casa, a procuradora Laura Tessler enviou no grupo do Telegram: "Ridículo... uma carne mais salgada já seria suficiente para subir a pressão... ou a descoberta de um dos milhares de humilhantes pulos de cerca do Lula...".[66]

Não havia qualquer resquício de humanidade por parte da acusação.

No dia 8 de setembro de 2019, grampos de Lula vieram a público e ficou constatado que o ex-presidente havia relutado em aceitar o convite de Dilma para ser ministro da Casa Civil, em março de 2016. Desde então, a narrativa predominante era de que Lula havia embarcado imediatamente na ideia de Dilma de nomeá-lo ministro para que o processo contra ele, na Operação Lava Jato, tivesse que tramitar no STF, saindo assim da instância de Sergio Moro. Foi o próprio juiz, por ocasião da Lava Jato, que decidiu tirar o sigilo do grampo ilegal do telefonema entre Dilma e Lula.

Contudo, os grampos revelados em setembro de 2019 constataram, a partir das 22 ligações gravadas (também ilegalmente) entre Lula e diversas outras pessoas, incluindo Michel Temer, que o ex-presidente não tinha interesse em assumir o ministério por qualquer outra razão que não tentar ajudar o governo Dilma.[67]

Mas Sergio Moro decidiu abrir o sigilo apenas da única ligação que soava incriminadora, aquela em que a ex-presidenta dizia que o funcionário "Bessias" entregaria o documento a Lula para efetivar a nomeação como ministro.

A ruína definitiva do meu ódio

A cada revelação eu sentia uma avalanche caindo nas costas. Era o peso da realidade que eu havia relutado em enxergar: passei a vida toda do lado errado da história.

Não, o PT não era santo, Lula não era santo, Dilma não era santa. Mas eu havia sido influenciado e manipulado para operar como um soldado da extrema direita ao longo de toda a vida, sem ter a mínima noção de que isso estava acontecendo. Eu me permiti ser consumido pelo ódio contra o que eu nem sequer entendia nem me empenhava em entender. Destilava esse ódio e influenciava milhões de pessoas a compartilhá-lo comigo.

A Vaza Jato foi uma cachoeira que caiu sobre uma fogueira que já se apagava. Não havia mais sentido apoiar o que quer que envolvesse Moro, Dallagnol e toda a sua turma.

E o pior: tudo aquilo serviria para livrar todos os condenados. Uma operação ilegal, conduzida de forma ilegal e fundamentada em ilegalidades só tinha um destino: seu próprio fim. Não era só Lula que sairia da prisão, mas todos os demais. Tudo porque transformaram o combate à corrupção numa organização de viés político; agiram na ilegalidade com o objetivo de prender apenas quem interessava, ainda que para isso tivessem que fazer acordos e se eximir de apresentar provas.

“Melhor ficar com os 30 por cento iniciais. Muitos inimigos e que transcendem a capacidade institucional do mp e judiciário”, disse Moro em uma das mensagens vazadas. Mas quem eram esses 30%? Quem integrava os 70% que a Lava Jato pode ter acobertado?

A prisão de Lula foi política, armada e executada sem apresentação de provas, tendo como objetivo impedi-lo de participar das eleições (e vencer) e viabilizar a candidatura de Bolsonaro, o qual, logo que eleito, nomeou o juiz como ministro da Justiça — e, segundo boatos, com a promessa de que seria indicado à próxima vaga do Supremo Tribunal Federal.

Com essas revelações, enfim percebi que ao longo da última década eu havia feito exatamente o que os soldados do bolsonarismo agora faziam contra mim.

Sem estudar os assuntos, opinei sobre eles.

Sem conhecer as pessoas, eu as ataquei sem piedade.

Sem saber de nada, defendi criminosos e os enxerguei como heróis.

E contribuí diretamente para o golpe de 2016 e para o clima que serviria de adubo para a eleição de Bolsonaro. Durante anos eu havia sido parte do problema, não da solução. Era um agente do ódio, não um defensor da democracia e dos direitos humanos.

Aquela foi a constatação mais dura da minha vida, porque me pôs numa encruzilhada. O que eu faria dali em diante? Qual seria o próximo passo?

A primeira opção era seguir em frente como se nada tivesse acontecido. Ao longo da vida, vi muitas pessoas que, ao serem confrontadas com a verdade, decidiram persistir no erro apenas porque daria muito trabalho se retratar. É muito mais cômodo ignorar as provas do nosso equívoco e passar a aderir ao “viés de confirmação”, buscando apenas pessoas que legitimam o nosso lado e confirmam o nosso erro.

Outra opção seria o silêncio. Eu poderia me concentrar na criação de vídeos de entretenimento e esquecer a política. Seria o caminho mais fácil e mais recompensador em termos de dinheiro — eu não perderia patrocinadores, ao contrário, atrairia novas marcas, que me veriam como um conteúdo “seguro”. Também resultaria no fim das ameaças e notícias mentirosas envolvendo a mim e a minha família. E eu jamais teria que revelar que estive errado a vida inteira e que Lula e Dilma não eram os vilões do Brasil.

Contudo, a educação que recebi e as influências que tive ao longo da vida me fizeram desenvolver duas características muito fortes.

A primeira foi que desde muito novo me instruíram a jamais dever nada, ainda que me custasse muito. Não deva dinheiro, não deva favores, não deva desculpas. Isso sempre me guiou: se descubro que causei algum mal, devo repará-lo com pelo menos o dobro da dedicação que empenhei para cometê-lo.

A outra foi nunca me calar diante de uma injustiça.

A partir daquele momento, decidi que dedicaria cada dia da minha vida ao enfrentamento da extrema direita, para vencer o bolsonarismo e corrigir meus erros em relação a representantes da esquerda brasileira.

No dia 17 de agosto de 2019, finalmente postei, pela primeira vez: "Hoje tenho convicção de que Lula está preso de maneira torpe em um processo manipulado".

A casa não caiu porque Jair interferiu

Tanto Lula quanto Dilma empoderaram a PF, a Agência Brasileira de Inteligência (Abin) e o Conselho de Controle de Atividades Financeiras (Coaf), para agir livremente em todas as investigações necessárias. Será que Jair Bolsonaro faria o mesmo, dado o histórico de sua família?

Havia vários indícios de que Flávio Bolsonaro operava o esquema de "rachadinhas" da família em seu gabinete, com o emprego de funcionários-fantasmas cujos salários eram sacados na boca do caixa e em seguida devolvidos parcialmente para a família Bolsonaro. O envolvimento de um dos grandes amigos de Jair Bolsonaro, Fabrício Queiroz, era conhecido de todos. Os depósitos estavam lá. As compras de imóveis com dinheiro vivo estavam lá. A má utilização de dinheiro público estava lá.

Uma reportagem do *Estadão* de dezembro de 2018 revelara um depósito de 24 mil reais feito por Queiroz na conta da esposa do presidente eleito, Michelle Bolsonaro. A reportagem também mostrava que Queiroz havia movimentado 1,2 milhão de reais entre janeiro de 2016 e janeiro de 2017. A matéria dizia que o Coaf não comprovara irregularidades, mas o valor era incompatível com a realidade financeira de Queiroz.[68]

Aquele imbróglio era muito diferente do caso Lula, condenado sem prova nem constatação de que levava uma vida de luxo. O triplex e o sítio nunca foram de fato associados ao ex-presidente. No caso da família Bolsonaro, as coisas tinham sido feitas sem nenhuma preocupação, deixando inúmeros rastros.

Logo, quando Jair Bolsonaro venceu as eleições e anunciou Moro como ministro da Justiça, as pessoas sabiam que o presidente faria de tudo para impedir que as investigações sobre seu primogênito fossem adiante. Para tanto, precisaria contar com a ajuda do ex-juiz da Lava Jato. E seria necessário interferir na atuação da Polícia Federal.

Em dezembro de 2019, renovaram-se as esperanças (para parte da população…) de ver a Justiça atuar sobre Flávio Bolsonaro, quando o Ministério Público do Rio de Janeiro cumpriu 24 mandados de busca e apreensão em investigação sobre a rachadinha.[69] Um dos locais verificados foi uma franquia da loja de chocolates Kopenhagen, da qual Flávio Bolsonaro era sócio junto com outro empresário.

O caso, contudo, caminhou de maneira exaustivamente lenta. Parecia combinado para nos fazer esquecer das acusações e focar em outras pautas. Tanto que somente oito meses depois foi revelado que entre 2015 e 2018 a loja de Flávio Bolsonaro havia recebido diversos depósitos sucessivos em dinheiro vivo e com o mesmo valor.[70]

Na época, pela lei brasileira, qualquer depósito acima de 10 mil reais deveria ser reportado às autoridades, para se comprovar que não havia lavagem de dinheiro. Dos mais de 1500 depósitos em dinheiro vivo, apenas um superou esse valor. Todos foram feitos no mesmo período em que Queiroz recebia parte dos salários dos supostos funcionários-fantasmas.

Já nos dois primeiros meses de operação da loja de chocolates, Flávio fez uma retirada de lucro de 180 mil reais, enquanto seu sócio não fez retirada alguma. As investigações também já haviam concluído que, apenas em junho e julho de 2017, Flávio recebera 48 depósitos em dinheiro vivo, cada um deles de 2 mil reais e todos realizados no autoatendimento da agência bancária que ficava na Assembleia Legislativa do Rio, exatamente onde o gabinete de Flávio funcionava.

Não é preciso ser nenhum gênio para somar dois mais dois e ver que Fabrício Queiroz operava o esquema, recolhendo a rachadinha dos funcionários de Flávio Bolsonaro, que por sua vez lavava o dinheiro usando a Kopenhagen de fachada.

No dia 22 de abril de 2020, Bolsonaro estava lívido de ódio. Em uma reunião ministerial, gravada em vídeo, ele reclamava abertamente da dificuldade em ter acesso aos dados secretos de investigações da PF — dados esses a que nenhum presidente pode ou deve ter acesso. "Eu não posso ser surpreendido por notícias, pô. Eu tenho a PF que não me dá informações; tenho as inteligências das Forças Armadas que não têm informações; a Abin tem seus problemas, mas tem algumas informações..." Ele já revelava que a Abin atuava passando informações ao poder Executivo.

Em seguida, aumentou o tom: "E me desculpe o serviço de informação nosso — todos — é uma vergonha, uma vergonha, eu não sou informado e não dá para trabalhar assim, fica difícil. Por isso, vou interferir. Ponto-final. Não é ameaça. Não é extrapolação da minha parte. É uma verdade".

O presidente deixava claro: iria interferir na PF para atender a seus interesses. Ainda declarou: "Já tentei trocar gente da segurança nossa no Rio de Janeiro oficialmente e não consegui. Isso acabou. Eu não vou esperar f*der minha família toda de sacanagem, ou amigo meu, porque eu não posso trocar alguém da segurança na ponta da linha que pertence à estrutura. Vai trocar, se não puder trocar, troca o chefe dele, não pode trocar o chefe, troca o ministro. E ponto-final. Não estamos aqui para brincadeira".[71]

Dois dias depois dessa reunião, Jair Bolsonaro removeu Maurício Leite Valeixo do comando da Polícia Federal, sem apresentar qualquer motivo, passando por cima do ministro da Justiça.[72] Moro não suportou a pressão e pediu demissão no mesmo dia, encerrando sua curta passagem pelo ministério.

Ao sair, o agora ex-ministro falou abertamente que Bolsonaro admitiu que a mudança era uma interferência política porque ele pretendia ter na PF alguém que lhe desse informações sobre as investigações e os inquéritos em curso no Supremo.[73] Em 2 de maio de 2020, em depoimento à PF Sergio Moro revelou que Bolsonaro havia lhe pedido a troca do chefe da PF do Rio de Janeiro. Por WhatsApp, o presidente enviou a Moro a seguinte mensagem: "Moro você tem 27 superintendências, eu quero apenas uma, a do Rio de Janeiro".[74] O presidente insistia que precisava de pessoas de sua confiança comandando as agências de investigação, disse Moro, "para que pudesse interagir, telefonar e obter relatórios de inteligência".

Após a saída de Moro, Bolsonaro tentou nomear como diretor-geral da PF Alexandre Ramagem, um homem que já havia atuado em sua escolta pessoal e era amigo de seus filhos. A nomeação foi barrada pelo STF em decisão liminar proferida pelo ministro Alexandre de Moraes. Bolsonaro então nomeou Rolando de Souza para o cargo.

A primeira ação do novo diretor-geral da Polícia Federal foi exonerar o superintendente da Polícia Federal do Rio de Janeiro.[75]

Quando perguntado por jornalistas, no dia 5 de maio, se ele havia pedido a troca de comando, Jair Bolsonaro mandou as repórteres calarem a boca.[76]

Em maio de 2022, o Tribunal de Justiça do Rio de Janeiro arquivaria o caso das rachadinhas contra Flávio Bolsonaro, após considerar que o processo não deveria estar nas mãos do juiz que cuidava do caso.[77] O Superior Tribunal de Justiça anulou todas as decisões tomadas pelo juiz da 27ª Vara Criminal do Rio, que permitiram a quebra de sigilo bancário e fiscal de Flávio, além de pessoas ligadas a ele. Consideraram que a quebra de sigilo não havia sido fundamentada.[78] Praticamente todas as provas contra Flávio tornaram-se ilegais.

O Zero Um foi salvo.

Ao sair do ministério, Moro disse: "Imagina se, durante a própria Lava Jato, o ministro, diretor-geral, a então presidente Dilma, o ex-presidente Luiz Inácio Lula da Silva, ficassem ligando para a Superintendência de Curitiba para colher informações?".

De fato, isso nunca aconteceu. Ele continuou: "É certo que o governo da época [PT] tinha inúmeros defeitos, aqueles crimes gigantescos de corrupção que aconteceram naquela época. Mas foi fundamental a manutenção da autonomia da PF para que fosse possível realizar esse trabalho".[79]

Ora, ora, ora…

A Bienal do Livro e como me tornei um dos maiores inimigos do bolsonarismo

Até setembro de 2019, eu não era uma prioridade para o Gabinete do Ódio e estava longe de conhecer a pior face deles. Aquele mês, porém, foi decisivo para o rumo da minha vida.

O dia 6 começou como qualquer outro. Na época, eu trabalhava na Barra da Tijuca, numa casa que sediava as operações da Netolab, minha empresa. Cheguei ao escritório por volta das onze e meia e fui para a minha sala, no último andar. Como sempre, abri meu e-mail e os principais portais de notícia. E só então soube o que havia acontecido na noite anterior.

Eram os últimos dias da Bienal do Livro do Rio de Janeiro, que leva milhares de cariocas ao Riocentro para conhecer escritores, comprar livros e assistir a debates sobre literatura e educação. Tudo estava na mais absoluta paz, até que o prefeito decidiu fazer o impensável.

Eleito em 2016, Marcelo Crivella (PRB) — bispo da Igreja Universal do Reino de Deus e sobrinho de Edir Macedo — já havia sido senador, deputado estadual e até ministro da Pesca. Seu primeiro ano de mandato fora catastrófico. Segundo *O Globo*, apenas nove das 54 promessas de campanha foram cumpridas.[80] Crivella prometeu ampliar os investimentos em saúde, por exemplo, mas fez o oposto: cortou verbas do setor. O sistema de saúde entrou em colapso. Faltavam médicos, medicamentos e leitos.

Um ano e meio antes da Bienal do Livro, 58% da população considerava sua gestão "ruim ou péssima".[81] Com a proximidade das eleições de 2020, ou Crivella alavancava sua popularidade ou perderia para seu rival, Eduardo Paes, que só não disputara a eleição anterior porque seus dois mandatos consecutivos como prefeito o impediam.

A eleição de Jair Bolsonaro transformou o Brasil num gigantesco caldeirão de ódio. Muitas pessoas se sentiram à vontade para expor livremente e sem nenhum pudor seus preconceitos, e algumas delas receberam mais destaque do que deveriam. Foi assim que diversos políticos se elegeram, pegando carona na imagem ou no apoio da família Bolsonaro. E foi isso que aconteceu com o ex-governador do Rio de Janeiro, Wilson Witzel, que decolou nas urnas ao atrelar sua imagem à de Flávio Bolsonaro e venceu Eduardo Paes no segundo turno, após aparecer ao lado de Rodrigo Amorim e Daniel Silveira no evento em que quebraram ao meio uma placa com o nome de Marielle Franco. O Congresso Nacional também ficou infestado de deputados e senadores de extrema direita, todos encampando ideias neofascistas.

Marcelo Crivella logo percebeu que o segredo do sucesso era reconstruir sua imagem e se vincular à família Bolsonaro. Para isso, precisava convencer os eleitores com discursos moralistas da extrema direita, críticas aos direitos humanos, denúncias contra a imprensa e ataques a minorias, como fizeram Witzel e muitos outros. E ele viu na Bienal do Livro a oportunidade de ouro para isso.

O alvo seria a comunidade LGBTQIAPN+, e o objeto de ataque, uma história em quadrinhos de 2012, *Os vingadores: A cruzada das crianças*, lançada pela Editorial Salvat em parceria com a Panini Comics. No enredo, dois protagonistas homens vivem um romance, e em determinado ponto da narrativa se beijam. Pronto, Crivella tinha um kit gay para chamar de seu.

Na noite de 5 de setembro, ele publicou um vídeo nas redes sociais comunicando uma ordem para que a Bienal do Livro recolhesse a obra, sob a justificativa de ela apresentar "conteúdo sexual para menores". E complementava: "Livros assim precisam estar embalados em plástico preto, lacrado, e, do lado de fora, avisando o conteúdo".[82]

Era um escândalo de censura e homofobia explícita. Não havia nenhuma imagem sexual na HQ, nada que pudesse ser enquadrado pelo Estatuto da Criança e do Adolescente (ECA). No Brasil, a Justiça não considera beijo "conteúdo sexual".[83] Se assim fosse, obra em que o super-herói dá um beijo em sua amada também teria que ser lacrada em sacos pretos. A censura ao livro, portanto, era apenas um golpe de marketing para Crivella se aproximar da ala conservadora. Não tinha nada a ver com proteger as crianças.

A Bienal já havia publicado uma nota, deixando claro que o material não era impróprio e que o evento era plural — "todos são bem-vindos e estão representados". O prefeito não tolerou aquela resposta, e a Secretaria Municipal de Ordem Pública (Seop) notificou a Bienal, avisando que, em caso de descumprimento, o material seria apreendido e o evento poderia ter a licença cassada.

Se isso realmente acontecesse, seria aberto um precedente que poderia resultar em apreensões de obras literárias em massa pelo país inteiro. Decidi me envolver. Mas como? A prefeitura tinha a polícia, a força, a Justiça, o dinheiro, a estrutura, o controle de narrativa. Eu tinha... bem... seguidores? Seria preciso muita estratégia para conseguir algum resultado.

Alessandra Ruiz, editora responsável por meu primeiro livro e que acabou se tornando minha amiga e agente literária, estava participando da Bienal. Tão preocupada quanto eu, ela me mandou uma mensagem no WhatsApp: "FÊ, VOCÊ TÁ VENDO ISSO?".

Sim. E precisávamos fazer alguma coisa. Ela me disse que todos os editores e autores estavam revoltados, mas ninguém sabia o que fazer.

Foi quando os policiais chegaram.

Seguindo a orientação do prefeito, eles procuraram a HQ de estande em estande, mas sem sucesso: todos os exemplares já teriam sido vendidos. Quando os policiais foram embora, o clima no Riocentro era de tensão. Não era verdade, ainda havia muitos exemplares, que os vendedores tinham escondido com medo dos fiscais. Havia grandes chances de aquilo não acabar por ali.

Apenas denunciar aquele escândalo nas minhas redes não seria suficiente, pois a internet já estava inflamada, aquele era o único assunto do dia. Não bastava inflamar ainda mais, era preciso agir. Em busca de apoio da extrema direita para sua eleição, Crivella não iria se resignar tão facilmente. Era isso que o bolsonarismo me ensinara.

Enquanto trocava mensagens com minha amiga, tentei esfriar a cabeça. Como num jogo de xadrez, era preciso tentar antecipar as jogadas do adversário. O que um bolsonarista faria?

Bom, se Crivella considerou que a imagem de um beijo entre dois homens não poderia ser veiculada, então quaisquer livros com protagonistas

LGBTQIAPN+ também entrariam na mira dele. Aquele era o único caminho que havia sobrado. Já que os livros "esgotaram", o prefeito poderia tentar enquadrar todos os títulos de temática LGBTQIAPN+ e enviar a Seop para recolher.

Se fizesse isso, Crivella com certeza seria punido pela Justiça, mas sairia como herói da extrema direita. Abriria caminho para ser reeleito no ano seguinte, virando, quem sabe, um "caçador de conteúdo sexual para crianças". Era um plano de marketing perfeito para o Brasil da época. Além disso, um político com apenas 10% de aprovação popular não tem muito a perder.

"Alê, acho que o Crivella vai tentar censurar todos os livros LGBTQIAPN+ da Bienal", mandei para a Alessandra.

"Fê, isso não pode acontecer de jeito nenhum", ela respondeu.

Comecei a analisar como poderíamos criar um escudo para proteger a Bienal. Imaginei um cordão humano ao redor do prédio impedindo a entrada da polícia, ou quem sabe uma transmissão ao vivo direto do local para inflamar a população. Mas as ideias, além de porem pessoas em risco, só funcionariam se de fato Crivella decidisse ir para o tudo ou nada.

Foi então que me ocorreu uma ideia diferente.

Se o prefeito queria impedir o acesso das pessoas a livros LGBTQIAPN+, eu iria comprar todos eles e distribuir de graça, anunciando na imprensa e nas redes sociais que qualquer pessoa poderia ir até a Bienal e solicitar seu livro sem custo. Mesmo se Crivella decidisse não fazer mais nada, a ação funcionaria, incentivando a leitura LGBTQIAPN+ e doando livros, o que nunca é uma má ideia.

Só tinha um problema: já estávamos no meio da tarde e os livros precisariam ser distribuídos no dia seguinte, perto do horário de abertura dos portões.

Por volta das três, liguei para o meu amigo Everson Chaves, diretor comercial da Record, uma das maiores editoras do país. Expus minha ideia e o convidei a trabalhar comigo e com a Alessandra para impedir a censura.

"Quero comprar todos os livros de temática LGBTQIAPN+ da sua editora. Veja se você consegue das outras editoras também. Negocia um preço reduzido, já que estou comprando em grande quantidade", pedi.

"Beleza, isso é fácil, eu resolvo. O que mais?"

"Aí agora é o seguinte. Embala cada livro individualmente com plástico preto. Depois disso, imprime o máximo possível de adesivos para colar na parte da frente dos livros."

Everson ficou em silêncio, imagino que me achando um maluco. Mas ele apenas perguntou: "O que vai ter no adesivo?".

Pensei um pouco e respondi. Desliguei o telefone e fechei os olhos, torcendo para que desse tempo.

Everson e Alessandra se conheceram no local.

Primeiro, negociaram com as editoras preços mais acessíveis para os livros, informando que compraríamos todos. Companhia das Letras, Ediouro, Faro, Globo, HarperCollins, Intrínseca, Record, Rocco, Sextante e Todavia, todas mergulharam de cabeça na ideia, separando os livros que tratavam de temas LGBTQIAPN+ para a nossa ação.

Eu pressionava o Everson, pois precisava gravar o vídeo anunciando a ação e convocando todo mundo. Queria mostrar quais livros seriam distribuídos, para ninguém alegar que eu estava "distribuindo livros de sexo" ou algo do tipo.

Às cinco, Everson me enviou a arte do adesivo pronta, que eu aprovei.

A correria era insana, tudo precisava estar pronto para a distribuição ao meio-dia do dia seguinte. O meu WhatsApp não parava.

[17:09] Everson: "Agora tô tentando achar esse saco preto e resolver o manuseio".

[17:09] Felipe: "Ok".

[17:09] Felipe: "Confio em vc".

[17:09] Felipe: "Tem q ter".

Poucas vezes na vida eu fiquei mais tenso do que naquelas 24 horas.

Ligava para meus contatos no meio jurídico e na prefeitura, tentando saber se Crivella estava agindo. Por volta das seis, recebi a seguinte mensagem, de uma fonte que não posso revelar: "Felipe, prefeito está obcecado, boatos q vai amanhã com efetivo da PM pra fazer palanque e recolher livros".

Respirei fundo, tentando me acalmar.

Se o prefeito agisse pela manhã, ou perto da hora do almoço, não daria tempo de distribuir os livros. A única saída seria lotar o evento, mas lotar de verdade, e inibir as forças policiais.

Meu vídeo precisava ir ao ar urgentemente e deveria tocar as pessoas, de modo a fazê-las sair de casa. Enquanto Alessandra e Everson corriam e conseguiam apoio dos organizadores da Bienal para realizarmos a distribuição dos livros na praça central e resolviam como imprimir milhares de adesivos, eu fui para a frente da câmera gravar.

"Hoje, sexta-feira, dia 6 de setembro de 2019, foi um dia triste para a democracia brasileira.

O dia em que o prefeito da cidade do Rio de Janeiro decidiu, por um devaneio, por uma loucura dele, que um beijo entre dois homens deve ser enquadrado como pornografia, como conteúdo sexual, e que por isso, qualquer obra que mostre afeto entre gays deve ser embalada com plástico preto e avisada como conteúdo impróprio.

Eu espero que mesmo que você seja uma pessoa que não tem simpatia pela causa LGBT, que você enxergue o nível mais profundo de censura e repressão que isso representa.

Amor não é pornografia. Amor não deve ser censurado. Afeto não pode ser proibido para menores.

Tudo isso aconteceu porque o Crivella viu esse beijo [aparece o desenho do livro] em uma única página de uma HQ dos Vingadores. Nunca incomodou o prefeito que as HQs tenham, historicamente, cenas de violência, sangue, guerra, tiro, porrada, bomba, isso não importa. Só o que importa, só o que incomoda, é o amor entre duas pessoas do mesmo sexo.

Enquadrar o afeto homossexual dentro da lei de pornografia e conteúdo impróprio para menores é censura em último nível, é baixo, é covarde. E nós, como sociedade, não podemos aceitar.

A partir do momento em que a gente abrir concessão para aceitar que o prefeito Crivella faça isso na Bienal do Livro do Rio de Janeiro, nós simplesmente abriremos uma porta para a repressão, uma porta que pode degringolar para um controle absoluto e autoritário do entretenimento que a gente consome.

Baseado nisso, galera, a gente precisa de união. A gente precisa de união, para que esses políticos que hoje estão no poder e que acham que vão "consertar" o que não precisa ser consertado, através da repressão e da censura, que eles entendam de uma vez por todas que NÓS temos o controle do país, que a população que determina o futuro da nação, que nós unidos somos muito mais fortes que qualquer repressão que eles possam tentar implementar.

Então, para poder passar um recado de união e para poder mostrar para essas pessoas que eles não irão censurar conteúdos LGBT, eu tomei uma atitude hoje. Eu comprei todo o estoque de todos os principais livros com temática LGBT da Bienal do Livro do Rio de Janeiro. E todos eles serão entregues, de graça, amanhã, para quem estiver na Bienal e quiser um livro de graça.

[...]

Esse é um recado para o Crivella. Crivella, eu estou falando com você agora. Eu fiz isso para te mostrar que não tem como você ganhar isso. É impossível. Não tem como vocês reprimirem a população em pleno 2019. Isso foi só um exemplo dos milhões de coisas que nós, como população, podemos fazer para lutar contra o autoritarismo, para lutar contra essa vontade ditatorial de colocar as regras que vocês têm para si, para todos os outros. Nós não vamos viver sob essas regras. Vocês não vão vencer essa batalha."

Com o vídeo pronto, mas ainda não publicado, segui recebendo as atualizações da Alessandra e do Everson. Nossa maior preocupação era o prefeito estar na porta do evento, com todo o efetivo policial, na hora da abertura, para recolher tudo antes mesmo que tivéssemos a chance de distribuir.

Foi então que, no começo da noite, a Justiça analisou um mandado de segurança impetrado pelos organizadores do festival. O desembargador Heleno Ribeiro Nunes expediu uma liminar que proibiu a Prefeitura do Rio de restringir a venda de obras na Bienal no Livro,[84] incluindo "notadamente aquelas que tratam do homotransexualismo".

Na mesma hora, Alessandra me perguntou se deveríamos continuar, agora que a Justiça havia proibido a censura.

"Alê, acho que nossa ação já ficou maior do que o Crivella, vamos em frente. Além disso, vai que esse lunático derruba a decisão liminar do desembargador?"

"Concordo, vamos pra cima", ela respondeu.

Às 19h41, meu vídeo foi lançado, causando gigantesca comoção na internet e na imprensa. As redes sociais explodiram. O vídeo foi compartilhado muito mais do que eu havia imaginado. Em pouco tempo, milhões de pessoas foram impactadas pela notícia de que haveria "livro grátis" na Bienal. Era um ato de resistência não só à censura, mas ao bolsonarismo, uma afronta direta e pública ao período de ódio que assolava o Brasil.

Exatamente às oito da noite, Everson me informou que, no total, eu iria comprar 14 mil livros. Era tudo que as editoras conseguiriam levar até a manhã seguinte. O valor total, atualizado para 2024, ficou em torno de 300 mil reais. Falei para seguir em frente.

Às 20h20, recebi um vídeo da gráfica mostrando a impressão de 14 mil etiquetas adesivas, trabalho que entraria pela madrugada. Em seguida, Everson e Alessandra foram atrás de fornecedores de sacos de lixo pretos.

Tudo foi posicionado para aguardar o início dos trabalhos, às nove horas. Alessandra e Everson conseguiram quinze voluntários para embalar os livros, e a própria Bienal nos cedeu espaço — uma área enorme, bem na praça central —, segurança e material para a ação. Ao meio-dia, a entrega começaria oficialmente. A internet estava um caos, com gente defendendo a ação e gente atacando, dizendo que eu iria distribuir pornografia para crianças.

Fui dormir com a consciência tranquila de que estávamos dando o nosso melhor.

No dia seguinte, às dez horas, os portões da Bienal foram abertos e as filas já começaram a se formar, mesmo com o aviso de que a distribuição teria início ao meio-dia. O frenesi era grande, havia muito mais gente do que o esperado. Em apenas uma hora, mais de 3 mil pessoas já haviam entrado, superando de longe os dias anteriores.[85]

Tudo que eu queria era estar lá, trabalhando com os voluntários, falando com os leitores, mas havíamos estabelecido que minha presença só causaria tumulto e poderia desviar o foco. Precisávamos pensar na organização e na velocidade da distribuição.

A censura havia indignado todo mundo, o que inspirou outras pessoas a também ajudar no empacotamento, incluindo autores, leitores, funcionários de editoras, funcionários da Bienal, gente que ninguém conhecia etc.

Ao meio-dia, Alessandra deu a ordem de começar a distribuição. A fila era inacreditável, dava voltas e mais voltas pelo Riocentro. A imprensa também compareceu em peso, todo mundo queria ver e participar daquele momento histórico.

Foi então que as pessoas viram o que dizia o adesivo colado no saco de plástico opaco preto que embalava cada exemplar:

ESTE LIVRO É IMPRÓPRIO
para pessoas atrasadas, retrógradas e preconceituosas.
Felipe Neto agradece a sua luta pelo amor, pela inclusão e pela diversidade.

O que mais me emociona ao lembrar desse dia é o clima que tomou conta da Bienal. Não havia ódio, censura ou repressão. Só havia amor.

Tudo corria na mais perfeita paz, parecia uma festa, uma grande celebração à vitória sobre a repressão. O jornal *O Globo* resumiu que o clima era de "Copa do Mundo".[86] Na internet, porém, os bolsonaristas esperneavam.

Por volta das 14h30, Alessandra e Everson resolveram fazer uma pausa na distribuição. Tinha tanta gente na fila que os voluntários não conseguiam embalar os livros a tempo. Decidiram então que todo mundo poderia ir aproveitar o evento e voltar às dezoito horas, quando todos os livros estivessem prontos. Pelo menos 7 mil exemplares já haviam sido distribuídos.

Mas era óbvio que Crivella não permitiria que as coisas continuassem transcorrendo daquele jeito. Em uma nova decisão, o Tribunal de Justiça do Rio autorizou que a prefeitura censurasse obras com tema LGBTQIAPN+ na Bienal do Livro.[87] A ordem veio do presidente do TJ-RJ na época, o desembargador Claudio de Mello Tavares, que suspendeu a decisão anterior que impedia a prefeitura de apreender livros no evento.

Por determinação de Claudio Mello Tavares, as obras que ilustram o tema do "homotransexualismo" com "material impróprio e inadequado ao manuseio por crianças e adolescentes" atentam contra o Estatuto da Criança e do Adolescente, o ECA, e, portanto, devem ser comercializadas "em embalagem lacrada, com advertência de seu conteúdo". Dizia ele ser "inadequado que uma obra de super-heróis, atrativa ao público infanto-juvenil a que se destina, apresente e ilustre o tema da homossexualidade a adolescentes e crianças sem que os pais sejam devidamente alertados".[88]

A decisão era absurda e repugnante. O Estatuto da Criança e do Adolescente não fala nada sobre homossexualidade, apenas se limita a dizer que "as revistas e publicações destinadas ao público infantojuvenil não poderão conter ilustrações, fotografias, legendas, crônicas ou anúncios de bebidas alcoólicas, tabaco, armas e munições, e deverão respeitar os valores éticos e sociais da pessoa e da família". Usar esse trecho do ECA para atacar obras com personagens homossexuais significava chamar a homossexualidade de "afronta aos valores éticos". Era homofobia descarada, mas isso não era surpresa.

Em 2009, ao julgar uma ação popular a respeito da Parada Gay, o mesmo Claudio de Mello Tavares escreveu: "Não se pode negar aos cidadãos heterossexuais o direito de, com base em sua fé religiosa ou em outros princípios éticos e morais, entenderem que a homossexualidade é um desvio de comportamento, uma doença, ou seja, algo que cause mal à pessoa humana e à sociedade, devendo ser reprimida e tratada e não divulgada e apoiada pela sociedade".[89]

Enquanto tentava não entrar em pânico, Alessandra me mandou mensagem.

[15:37] Alessandra: "Se a gente retornar apenas às 18h, vai dar tempo dos agentes do prefeito chegarem antes e recolherem tudo".

[15:37] Felipe: "Alê, não podemos esperar. Agora é ritmo de guerra. Todo mundo precisa ajudar e os livros precisam esgotar antes da prefeitura chegar".

[15:38] Alessandra: "Ok".

Os dois voltaram correndo para a praça central e a notícia se espalhou por todo o evento. Em pouco tempo, muita gente sabia que os agentes do prefeito apareceriam a qualquer momento para recolher os livros que estávamos distribuindo.

Mais pessoas se ofereceram para ajudar e a comoção tomou conta do espaço. Os livros eram ensacados, adesivados e entregues. Quanto mais pessoas chegavam à Bienal, maior era o frenesi. Com aquela quantidade enorme de pessoas ajudando, mais 6 mil livros foram entregues em menos de duas horas.

Então, exatamente às 17h51, fui informado de que vários carros da polícia estavam entrando no Riocentro. Perguntei ao Everson quantos livros ainda faltava entregar.

[17:53] Everson: "Faltam uns 800 livros".

[17:53] Everson: "Para acabar".

[17:54] Felipe: "Boatos de q tao chegando com policia".

[17:54] Felipe: "Resistam".

[17:54] Everson: "Blz".

[17:54] Everson: "Vamos cair no tapa com a policia".

[17:54] Felipe: "Chegaram sim".

[17:54] Felipe: "Confirmado".

[17:55] Everson: "Sério? Estão aqui?".

[17:56] Felipe: "Sim, na entrada".

Nesse momento, a operação ligou a velocidade máxima. Com todos os livros já embalados, Alessandra, Everson e os voluntários começaram a entregá-los Bienal afora.

A polícia na verdade eram os fiscais da prefeitura, compostos de agentes da Seop, que chegaram ao evento com diversos sacos para recolher livros.[90] Os agentes provavelmente não faziam ideia do nosso desespero em terminar de entregar as obras, pois toparam entrar em uma sala reservada para uma reunião com a diretoria da Bienal e integrantes do Sindicato Nacional dos Editores de Livros (Snel).

Foi aquela reunião que salvou o fim da ação. Eles conseguiram segurar os fiscais por duas horas, argumentando sobre a censura e dizendo que seria horrível a imagem de fiscais uniformizados caminhando entre os livros, passaria uma péssima impressão do Rio de Janeiro para o mundo, sem falar no possível confronto das pessoas indignadas contra os oficiais.

Foi nessa hora que eu recebi a mensagem:

[19:05] Emerson: "ACABOU!".

Tinha sido no limite, com os segundos contados. A gente resistiu! Comecei a chorar, é claro, sentindo a importância do feito. Aquele ato de resistência mandaria um recado muito claro para toda e qualquer autoridade que cogitasse censurar uma obra literária novamente.

Ao saber que todos os livros estavam entregues, a organização do evento informou aos fiscais que não havia mais nenhuma obra LGBTQIAPN+ disponível e que não fazia sentido eles tentarem recolher coisa alguma. Ainda assim, eles estavam irredutíveis, insistiram em fiscalizar.

Quando saíram da sala de reunião, os agentes encontraram milhares de pessoas exibindo os livros recebidos e caminhando pelos pavilhões do Riocentro, gritando palavras de ordem e a favor da diversidade:[91] "NÃO VAI TER CENSURA! NÃO VAI TER CENSURA! NÃO VAI TER CENSURA!".

Sob gritos, os fiscais caminharam por todo o evento, mas não encontraram um único livro de temática LGBTQIAPN+ à vista. Saíram de mãos abanando. Até as dez da noite o evento permaneceu lotado, com manifestação dos presentes, que continuaram entoando palavras em defesa da cultura, da diversidade e da Constituição brasileira.

Aquele dia era 7 de setembro de 2019. Quis o destino que fosse justamente o Dia da Independência do Brasil, a data mais amada pelos militares e por Jair Bolsonaro, que, enquanto tudo isso acontecia, desfilava de Rolls-Royce com seu filho, Carlos Bolsonaro, pela Esplanada dos Ministérios, cultuando o militarismo e dividindo palco com os empresários Luciano Hang e Silvio Santos, além do tio de Crivella, Edir Macedo.[92]

Mas aquele 7 de setembro foi histórico também por outras razões. Foi um dia em que vencemos o ódio, num período em que apenas o ódio vencia. Foi um recado de que havia esperança, união e resistência.

Na luta contra o ódio, não se vai a lugar nenhum sozinho. Na ação da Bienal, posso ter sido a pessoa da ideia e dos recursos financeiros, mas os verdadeiros heróis foram Alessandra Ruiz, Everson Chaves, os voluntários e cada um que compareceu, debaixo de um sol escaldante, para provar que nós éramos fortes.

No dia 8 de setembro, o STF proibiu em definitivo a censura de livros, enterrando qualquer esperança de Crivella de tentar recolher obras LGBTQIAPN+ pela cidade.[93] Desde então, nenhum outro bolsonarista tentou repetir a ação do ex-prefeito do Rio.

Nós vencemos a batalha, mas muitas outras viriam. A partir daquela grande e histórica ação na Bienal do Livro de 2019, eu não era mais só um inimigo a ser combatido. Agora eu deveria ser destruído. E isso entrou na lista de prioridade deles.

A nova realidade

"Eu vou te matar!"

"Se te encontrar andando na rua, vou desaparecer com seu corpo!"

"É melhor andar com segurança, porque eu vou te encher de tiro, seu filho da put*!"

Quando acordei no dia 8 de setembro de 2019, minhas redes sociais e até meu WhatsApp estavam infestados de ameaças. Os bolsonaristas haviam descoberto e espalhado meu número, encorajando mais ataques.

O Twitter era um campo de batalha virtual. Milhares de publicações me insultando de todas as formas possíveis e outros milhares saindo em minha defesa. Eu ainda não tinha me dado conta da proporção que a ação na feira do livro havia tomado.

"Eu vou rastrear e matar toda a sua família."

A ação com os livros deu munição para o Gabinete do Ódio me acusar de "promoção da homossexualidade para crianças". Pais e mães ultraconservadores de todo o país, desinformados, me viam como o diabo.

Nessas horas, é melhor desconsiderar os soldados do ódio, robôs programados pelo Gabinete do Ódio ou mesmo indivíduos manipulados por grupos de WhatsApp, Facebook e outras redes, que julgam que a luta "por um bem maior" e o enfrentamento do progressismo são fundamentais para "proteger as crianças".

"Você tem que ser preso! Se tu não for preso, a gente vai dar um jeito de te achar na rua!!!"

Nesses momentos, o mais importante é investigar a fonte do ódio. Quem são os articuladores de grande audiência que estão fomentando os disparos?

Então encontrei uma publicação da deputada federal Carla Zambelli, aliada de Jair Bolsonaro e influente comunicadora da extrema direita, responsável por viralizar inúmeras montagens fabricadas por sua equipe ou pelo Gabinete: "O Felipe Neto, hoje, quer posar de herói LGBT. Mas alguém se lembra de como ele começou a carreira de youtuber? (emoji piscando)".[94] Abaixo, aparecia um vídeo meu de quase dez anos antes, editado para ser compartilhado nas redes, com um texto: "VEJA O QUE O FELIPE NETO REALMENTE PENSA DOS LGBT'S!".

O vídeo de Zambelli fora publicado à 1h41 da manhã, na virada do dia 6 para o 7 de setembro. Ou seja: Zambelli mal tinha visto o meu vídeo anunciando a ação na Bienal e já postava a respeito. Não era uma publicação que ela decidiu fazer por conta própria enquanto navegava no meio da madrugada. Era uma coisa coordenada.

No vídeo, estou agindo como o idiota que era em 2010 quando surgi no YouTube, ofendendo homossexuais, chamando-os de "viadinhos" e dizendo que ia "começar a ser crime ser heterossexual". Há muitos anos esse conteúdo não reflete meu modo de ser e agir, mas isso não importava para o bolsonarismo.

À tarde, o cientista de dados Fabio Malini avaliou a batalha no Twitter a respeito da censura na Bienal do Livro. Segundo sua pesquisa, que analisou mais de 1,3 milhão de tuítes feitos por 425 053 usuários, 93% das publicações foram contra a censura e a ação de Crivella, enquanto apenas 7% tinham sido a favor.[95]

O Gabinete do Ódio decidiu vir com tudo. O bolsonarismo não engoliria derrota tão humilhante logo nas redes sociais, até então supremacia deles. Acredito que esse foi o momento de virada de chave, quando eles perceberam que eu poderia ser uma ameaça à sua hegemonia na internet.

Silas Malafaia havia publicado no Facebook um vídeo com o título: "Canalhas! Bienal RJ comete crime contra crianças e adolescentes!", que teve mais de meio milhão de visualizações. Nele, o pastor grita e baba, bradando "a Bienal do Livro do Rio de Janeiro cometeu um crime!", batendo na tecla de que personagens homossexuais são "conteúdo sexual". Ele inflama os fiéis, repetindo que "esses canalhas têm que estar na cadeia", chamando a todos nós de "lixo moral". E encerra assim: "E ainda tem um bandido! Um canalha! Que quer distribuir revista na porta, com cenas libidinosas! Bota esse canalha na cadeia! Que sociedade é essa? E estamos calados! Estamos aceitando crime, minha gente! Querem destruir a família! Querem destruir valores! Querem destruir a sociedade! CRIME!".

Os livros distribuídos não eram obras pouco conhecidas, de baixa circulação, tampouco apresentavam "cenas libidinosas" — eram, entre outros, *Boy Erased*, de Garrard Conley; *Ninguém nasce herói*, de Eric Novello; *Me chame pelo seu nome*, de André Aciman; *Com amor, Simon*, de Becky Albertalli.

Malafaia era aquele mesmo pastor que, em 2017, havia me processado após eu publicar um vídeo em que prometia fazer um contraboicote a todas as marcas que ele decidisse boicotar publicamente por homofobia. O processo ainda corria e havia gerado despesas na casa das dezenas de milhares de reais, mas acabaria sendo essencial na minha estratégia de como agir contra o ódio.

Enquanto pensava o que fazer, de uma hora para outra explodiu a hashtag #PaisContraFelipeNeto, logo depois de uma publicação do deputado Carlos Jordy, o mesmo que eu já estava processando por ter me associado ao massacre da escola de Suzano. Ele dizia: "14 mil livros LGBTs distribuídos pelo Felipe Neto na bienal. Ainda bem q, pelos vídeos, só aparecem militantes adultos pegando o material. Não permitam q seus filhos acessem conteúdo de quem quer q eles vejam material q contrarie suas convicções morais. #PaisContraFelipeNeto".

Não era um comportamento normal de uma hashtag. Inúmeras publicações eram feitas simultaneamente, muitas copiando o post original de Jordy. E assim continuou durante a tarde, a noite, a madrugada e a manhã seguinte, período em que a tag não saiu do topo da lista de trending topics da plataforma.

Analisando o ciclo viral da hashtag no dia seguinte, Malini constatou que o ataque cibernético atingira uma média de vinte posts por minuto durante a madrugada.[96] Robôs, claro.

Jordy ainda não tinha terminado: "Um cara que tem 34 milhões de seguidores no YouTube (público infantil) e quer influenciá-los com sua visão de mundo, contrariando as convicções morais dos pais e seu direito de educar seus filhos, é alguém perigoso. Não deixem que seus filhos assistam seus vídeos". Meu canal não tratava de nenhum tema sexual havia anos, eu não falava mais palavrões, todos os vídeos receberam classificação indicativa de idade.

Outros líderes políticos se juntaram ao ataque, como o deputado federal Filipe Barros e o deputado estadual Gil Diniz, ou Carteiro Reaça, dono de um popular perfil de extrema direita. Em seu post, Diniz citou até meu irmão, que produzia vídeos sobre príncipes e fadas e nem tinha perfil no Twitter para se defender.

Todas as publicações atingiam um número expressivo de compartilhamentos e curtidas. Eu nunca havia sido tão atacado em quase dez anos de vida pública.

Na madrugada seguinte, começou o jogo sujo de verdade.

O perfil Patriotas no Twitter, que contava com um batalhão de seguidores, postou "Felipe Neto já apresentou e incentivou crianças a acessarem fóruns onde se promove pedofilia e massacres. #PaisContraFelipeNeto", e anexou um vídeo, uma edição mal-intencionada em que eu denunciava os chans, três anos antes. A versão ficou com apenas um minuto e vinte segundos de duração, e dava a entender que eu estava incentivando crianças a participar dos chans. Foram omitidos todos os trechos em que eu, revoltado, denunciava os fóruns. Era a coisa mais desprezível que já tinham feito contra mim. A mentira se alastrou tanto que o G1, da Globo, em sua editoria "FATO OU FAKE", publicou: "É #FAKE que Felipe Neto incentivou crianças a acessarem fóruns que promovem pedofilia".[97] Mas era tarde demais.

Uma coisa era ver pessoas discordando da nossa ação na Bienal, outra era a disseminação de videomontagens pavorosas, desmontando e remontando um importante conteúdo meu para dar a entender que eu tinha feito algo que eu jamais faria.

A página Conservadorismo do Brasil, no Facebook, publicou uma imagem minha editada, com o texto:

MAU INFLUENCER

FELIPE NETO COMPROU 14 MIL LIVROS COM TEMA LGBT E DISTRIBUIU DE GRAÇA PARA CRIANÇAS NA BIENAL DO LIVRO

Na legenda, um pedido para que os pais proibissem os filhos de assistir aos meus vídeos. E, claro, a tag #PaisContraFelipeNeto, que agregava milhares de publicações.

Fui dormir sem saber se ainda teria algum seguidor no dia seguinte, ou se alguém invadiria minha casa para me dar um tiro. Não tinha ideia do que fazer.

Ao longo do dia seguinte, a hashtag #PaisContraFelipeNeto sumiu dos trending topics, decerto após a plataforma detectar a presença de robôs, quando já passava de 120 mil postagens. Mas quase que de imediato outra hashtag surgiu: #FelipeNetoLixo. Como eram organizados! Sabiam quando uma hashtag era banida e era preciso migrar para outra. E com que velocidade faziam isso.

Um dos efeitos dos ataques foi provocar uma manifestação positiva a meu respeito por parte da imprensa. Naquela noite o jornal *El País* publicou a matéria "Felipe Neto, um soldado de peso contra bolsonaristas na rede",[98] da correspondente internacional Naiara Galarraga Gortázar. Foi a primeira a me alçar a uma posição mais séria no debate político, e em seguida outros veículos a seguiram. Na *Folha de S.Paulo*, Tony Goes publicou "Felipe Neto, um novo líder político brasileiro",[99] dizendo que eu era "capaz de dar voz aos anseios de uma geração e de apontar novos caminhos".

Mas eu não buscava nada daquilo. Na verdade, era muito prejudicial para as minhas duas principais empresas: a Netolab, que cuidava do meu canal no YouTube e dos meus contratos com marcas e anunciantes, e a Play9, que já empregava dezenas de pessoas e era responsável pela criação de conteúdo digital, agenciamento de artistas e implementação de novas tecnologias no entretenimento online. Virar um "agente político" nunca estivera no meu horizonte. Afinal, quantas marcas querem se associar a alguém considerado pedófilo, satanista e monstro por uma parcela significativa da população?

Todas essas coisas perdiam a importância quando eu entendia minha posição na sociedade no enfrentamento digital ao neofascismo. Optar pelo dinheiro, pelas empresas e pelo sossego não seria um ato de preservação, mas de covardia.

Alguns dias depois do evento na Bienal, a onda de ataques tinha se descontrolado. Produziam-se montagens o tempo inteiro para deturpar vídeos antigos. Por exemplo, em 2017 eu fiz o vídeo "Provando itens femininos [+10]", em que eu apenas me divertia experimentando cílios postiços, unhas postiças, cinta-liga e sutiã. Foram tirados prints de momentos em que eu posava para fotos, com cílios e unhas, ainda com cabelo roxo, seguidos do texto: "Felipe Neto está ensinando o fantástico mundo dos travestis, falando mal dos evangélicos e cristãos de um modo geral, [...] aborto, drogas, desarmamentos e que bandidos são vítimas da sociedade".[100] O vídeo não fazia referência a travestis e exibia classificação indicativa avisando não ser recomendado para menores de dez anos.

Eu era acusado de sexualizar crianças. Resgatando conteúdos já deletados, pais espalhavam que meu canal era um antro de palavrões e maus ensinamentos. Pastores e outros líderes religiosos diziam que eu "transformava crianças em homossexuais"...

Carla Zambelli voltou à tona, agora no programa *Pânico na Rádio*, da grade Jovem Pan. Disse que não se deve falar de homofobia para crianças e adolescentes, deve-se apenas lutar contra o "preconceito de forma generalizada", sem instruir os jovens sobre questões de sexualidade, cor da pele ou classe social. E completou: "Espero que pessoas como o Felipe Neto, por exemplo, que vêm instigando a homossexualidade nas crianças, possam parar para pensar que não é assim que eles vão conseguir".[101]

E mais: diversas publicações insinuavam que eu ensinava crianças a usar drogas, sem provar onde e como eu fazia isso. Outras diziam que eu exibia conteúdo pornográfico no meu canal. Outras tantas repetiam que eu tinha pacto com o demônio e integrava um plano para converter as crianças ao satanismo.

Ao longo dos dias, a única certeza que eu tinha era de que aquilo não teria fim.

Era a nova realidade da minha vida.

Existem ameaças e ameaças

Ainda tentando entender como agir em meio a tantos ataques, decidi traçar estratégias com o responsável pela minha segurança. Ele, que para todos os efeitos vou aqui chamar de Cobra, ao ler em voz alta as mensagens que eu tinha recebido, destacou uma: "Torce pra eu nao te encontra na rua pq vou te espanca muito seu ped*filo filho da p*ta". Era o tipo de mensagem que eu recebia o tempo todo.

"Pois é, nós rastreamos algumas", Cobra disse. "Quem escreveu isso mora numa cidade no interior do Mato Grosso com menos de 30 mil habitantes. Acho que nunca pegou um avião na vida."

"Mas e se por algum motivo eu for nessa cidade e topar com esse cara na rua?"

"Nesse caso, garanto que ele não vai conseguir chegar a três passos do senhor, pois o senhor não estará sozinho."

Este era o problema: viver pelo resto da vida com guarda-costas.

"O que eu preciso que o senhor entenda é que existem ameaças e ameaças", continuou Cobra, dando entonações diferentes para a mesma palavra. "Até agora, não identificamos qualquer contato que deva ser considerado grave a ponto de mobilizar a polícia, por exemplo. Todas as mensagens que encontramos e rastreamos vêm de pessoas comuns, que se deixam levar por mentiras e querem te colocar medo."

Mesmo assim, era difícil não me preocupar. As mensagens eram frequentes, eu ficava aterrorizado. De toda forma, eu tinha a melhor equipe de segurança, e caso alguém tentasse de verdade alguma coisa eu estaria preservado.

Até que, quatro dias após a ação na Bienal, recebi um e-mail: "MEU ALVO, VOCÊ!".

O remetente era edward.lorenz@tuta.io. Esse "tuta.io", que eu desconhecia, era um servidor de e-mails criptografados, o que garantia extrema segurança a quem enviava a mensagem. O e-mail dizia:

"Bom dia, Boa Tarde, Boa noite Sr. Felipe Neto Rodrigues Vieira.

Eu sou o Edward Lorenz, quis o destino que os nossos caminhos se cruzassem mesmo que virtualmente, deixo você e sua mãe cientes de que estão fazendo situações que não consideramos muito legais...

Amigão, o que está chamando a nossa atenção é que muitos filhos dos nossos irmãos e companheiros estão sendo afetados com suas publicações, você vem fazendo uma lavagem cerebral nas crianças.

Você estimula as crianças a terem um comportamento rebelde precocemente...

Você deveria usar o seu espaço para ajudar a melhor as pessoas, ser um influenciador digital semelhante ao seu irmão LUCAS NETO, inteligente, faz as crianças rirem, inventa os personagens, vende brinquedos, estimula as crianças a brincarem e etc... Você é totalmente o oposto...

Amigão, se o seu público são adolescentes, quero que você daqui pra frente deixe as crianças de lado...

Caso você continue a tentar lavar a mente das crianças, nós aqui iremos montar um tabuleiro mil grau e iremos cobrar você RADICALMENTE.

A nossa família se transformou em uma máquina recicladora implantando respeito mediante uns aos outros e principalmente a oportunidade do HOMEM poder reconquistar a sua honra. Nós lutamos unidos com muita sabedoria no pensar, no agir e no gesticular para que possamos alcançar liberdade dos nossos irmãos e levar conosco frutos para poder implantar no mundão toda nossa experiência das nossas lutas...

PAZ de Sofrimento, JUSTIÇA para que não haja 'injustos' pedindo por ela.

LIBERDADE para todos seres viventes da terra e IGUALDADE, para que todos entendam que igualdade é o seu próprio REFLEXO seja do BEM como para O MAL.

Falaremos por todos em uma só voz e aconteça o que acontecer, sempre restará um de NÓS.

Esse aviso aqui é ÚNICO. Espero que tenha sabedoria e inteligência para continuar a fazer o seu corre sem trazer prejuízos psíquicos para ninguém, principalmente as crianças.

Essa pipa veio essa semana especialmente para você.

Sem mais,

Edward Lorenz"

Logo abaixo da assinatura, ele listou todas as informações pessoais minhas e da minha mãe. Endereços de todas as casas onde moramos, das casas onde morávamos naquela data, do trabalho da minha mãe. Nossos documentos. Foi naquele momento que eu descobri a diferença entre "ameaças e ameaças".

O nome, obviamente, era um pseudônimo. Edward Lorenz foi um grande cientista relacionado à teoria do caos. Aquele não era um cidadão comum dizendo que me pegaria na rua, mas sim um sujeito que representava um grupo e que deixava claro estar me dando uma chance para não virem atrás de mim.

Enviei tudo para o Cobra, que me ligou imediatamente, marcando uma reunião. Em pouco tempo ele estava na minha sala, tentando me acalmar e pensando no que fazer.

Combinamos que minha mãe passaria um tempo em Portugal e dobramos o efetivo de segurança. Ela embarcou no dia seguinte. Aquela foi uma das maiores dores da minha vida. Minha mãe, minha vida, sendo afastada de mim pelo ódio alheio. A passagem era só de ida, não sabíamos quando ela poderia voltar e quando eu iria vê-la de novo.

Minha dor foi em silêncio. Não queria que percebessem como eu estava abalado. No fundo, sentia que a culpa de tudo era minha. Se tivesse ficado em silêncio, nada daquilo teria acontecido. Poucas horas antes de embarcar, minha mãe falou: "Fui eu que te ensinei a nunca se acovardar. Pare de se culpar".

Vê-la mudando de país às pressas criou uma ferida profunda em mim e no meu irmão, que também tentava não me culpar. Mesmo no pior dos cenários, ele jamais apontou o dedo para mim. O amor sempre foi mais forte que o ódio na nossa família.

Como parte do plano do Cobra, não avisamos nem a família em Portugal. Minha mãe ficaria tranquila e a salvo na casa que Luccas e eu havíamos comprado para ela em 2017.

Em nova reunião, Cobra, eu e Nathalia Damasceno, minha assessora de imprensa, decidimos que eu daria um tempo nas aparições públicas. Fui obrigado a cancelar minha participação no evento Educação 360, em que seria um dos palestrantes. Não podia me colocar em risco.

"Vamos emitir uma nota para a imprensa", Nathalia disse. "É importante que o máximo possível de pessoas saibam do absurdo que estão fazendo contra você."

"Concordo", respondeu Cobra. "Inclusive, comunica também que você tirou sua mãe do país, mas sem informar o destino, para que isso desinflame e as vespas parem de pensar nela."

Fui um pouco além: "Nath, escolhe um veículo que esteja com credibilidade nesse momento e vamos dar uma entrevista exclusiva".

Eu havia recusado todos os pedidos de entrevistas após a ação da Bienal do Livro porque não queria que parecesse autopromoção. O objetivo era vencer a censura. Os protagonistas eram os livros, o pessoal da feira, os heróis que fizeram o trabalho braçal e a comunidade LGBTQIAPN+. Eu não ia transformar aquilo numa medalha, até porque, como heterossexual, branco, homem e rico, eu jamais poderia assumir uma posição de liderança na luta de qualquer minoria. Sou um apoiador, e é nesse papel que devo permanecer.

No dia 15 de setembro, o *Valor Econômico* publicou a exclusiva, em que eu criticava Bolsonaro e a Lava Jato e afirmava minha convicção de que Lula havia sido preso injustamente. A manchete era direta, clara: "Felipe Neto, o empresário e youtuber que incomoda Bolsonaro".[102] A repercussão da entrevista foi enorme, e o veículo não era um que os bolsonaristas costumavam atacar. Mesmo pertencendo à Globo, o *Valor Econômico* sempre foi um jornal respeitado pela direita por ser focado em economia.

Aquilo incomodou, e muito, o mais alto escalão da política brasileira. Jair Bolsonaro até então nunca havia se dirigido a mim, mas naquele dia ele não se aguentou e compartilhou a minha entrevista com três emojis de "chorando de rir". Em segundos, surgiu uma avalanche de comentários: "Sentiu hein, presidente?", "Xiiii Bolsonaro sentiu e muito!", "A risada de Bolsonaro só mostra que o título está certo". Cinco minutos depois ele apagou a publicação. Era tarde: seu comentário impulsionou a entrevista ainda mais e acabou fortalecendo meu nome dentro do embate político.

À noite, recebi uma mensagem da Nathalia: "Foi tudo perfeito, a entrevista ficou ótima e o post do Bolsonaro ajudou demais. Agora vamos comunicar as ameaças de morte para a imprensa soltar amanhã". Cada detalhe importa: os veículos com quem vamos falar, como vamos nos comunicar, os horários, os dias.

No dia seguinte, escrevi para diferentes jornais relatando o que tinha acontecido: "É estarrecedor que no Brasil, em 2019, um indivíduo seja impossibilitado de se manifestar e lutar contra qualquer tipo de censura e opressão sem ser ameaçado. Quero dizer que continuarei lutando, enfrentando o obscurantismo e a opressão, por todos os meios que me cabem, pela defesa do amor e da união até o fim, até onde for possível e até onde minhas forças e meu coração aguentarem".

A imprensa em peso noticiou minha declaração. Saí na *Veja*, no *Correio Braziliense*, na *Folha*, n'*O Globo*, no *Diario de Pernambuco*, no *Estadão*. O Metrópoles resumiu o que vivi na manchete: "Felipe Neto tira mãe do país e cancela eventos após receber ameaças de morte".[103] O apoio da imprensa suscitou uma onda de manifestações e mensagens positivas nas redes sociais, sobretudo mobilizadas pelos fãs do canal, que foram — e continuam sendo — meu grande pilar nessa guerra digital.

Paulo Coelho, o escritor brasileiro mais vendido de todos os tempos, publicou uma foto minha no Twitter com o seguinte texto: "Ele poderia ser nosso filho. Nosso Felipe. Nosso Neto. Está contra a censura, a intolerância e a barbárie. Está do lado da diversidade, da liberdade da expressão e da literatura. Está do nosso lado. E nós estamos com ele".

Em seguida me ofereceu sua casa em Genebra, caso eu precisasse, o que muito me sensibilizou. Eu vinha lendo todo tipo de atrocidade havia dias, minha saúde mental estava em frangalhos, os nervos à flor da pele. Manifestações públicas de solidariedade me enchiam de gratidão e felicidade.

Só era difícil comemorar porque minha mãe estava a um oceano de distância.

* * *

Não demorou para o Gabinete do Ódio encontrar uma forma de contra-atacar. Eles tentaram descredibilizar minha denúncia, inventaram que tanto minha mãe como eu morávamos fora do país. A mentira se alastrou e a ala bolsonarista da internet começou a dizer que tudo que eu postava era falso e gargalhava das ameaças, torcendo para que fosse verdade.[104]

Menos de dois dias depois da divulgação das ameaças de morte e da notícia de que minha mãe havia saído do país, a psicóloga bolsonarista Marisa Lobo apareceu. Ela já havia me atacado no episódio da Bienal, e em resposta eu gravara um pequeno vídeo para os stories dizendo que não deveriam levá-la a sério, pois se tratava de mais uma reacionária bolsonarista. Ao ver a repercussão positiva em massa a meu favor, ela postou no Facebook: "Felipe Neto me chama de 'psicóloga cristã reacionária, apoiadora do Bolsonaro' e acaso, apoiar o presidente é crime? [...] Induzir ódio ideológico político não o torna uma boa influência. A questão é, eu defender o atual presidente? O Sr deveri defendeu seu país, mas não liga já que mora fora fo Brasil, inventou que sua mãe foi ameaçada que a tirou do Brasil, sendo que Ela já mora em Portugal há anos".[105]

No mesmo dia, quem sabe querendo responder à minha entrevista ao *Valor Econômico*, o portal evangélico Gospel Prime publicou a manchete: "Felipe Neto: a imbecilidade que seu filho não deveria ver". No texto, as acusações de sempre, dessa vez polvilhadas com "[ele é] um ateu que tem como maior construção na vida ganhar muito dinheiro na internet e fomentar uma visão de mundo progressista".

Bem, ateu propriamente dito eu não sou. De resto, é no mínimo curioso que algum admirador do bispo Edir Macedo ou do pastor Silas Malafaia reclame de alguém por "ganhar muito dinheiro".

O policial comandado, primeiro ato

Passados alguns dias, voltamos àquela ameaça do tal "Lorenz". Fiz uma reunião com Cobra e minha equipe jurídica, e decidimos levar o caso à polícia. Assim teríamos um registro oficial e contaríamos com a ajuda dos investigadores. Em 19 de setembro, apresentamos à Delegacia de Repressão aos Crimes de Informática do Estado do Rio de Janeiro a notícia-crime, "em razão da prática, por indivíduo ainda não identificado, do crime de ameaça, previsto no artigo 147 do Código Penal".[106]

Descrevemos todo o ocorrido, desde a Bienal até os ataques que culminaram na ameaça de morte. Frisamos que aquela determinada ameaça parecia vir de um grupo acostumado a realizar esse tipo de ataque e deixamos que a polícia fizesse seu trabalho.

Anunciei nas minhas redes, no mesmo dia, anexando a foto do protocolo: "Protocolamos hoje a notícia-crime na Delegacia de Repressão aos Crimes de Informática referente a ameaças de morte que foram recebidas. Fica a prova para aqueles que duvidaram, mentiram e debocharam, alegando que seria tudo uma invenção".

A narrativa de que eu estaria mentindo cessou — se minha denúncia fosse falsa, eu estaria cometendo um crime, não? Como nada aconteceu, as pessoas acreditaram que o caso estava sendo investigado e deixaram para lá. O que ninguém soube foi que a polícia também deixou para lá. Na verdade, nem chegou a investigar.

Perto do final do dia, meu advogado André Perecmanis me informou pelo WhatsApp: "Felipe, eles decidiram não investigar". Não entendi. Como assim, decidiram não investigar? Como a polícia pode simplesmente se recusar a investigar uma clara ameaça de morte, com divulgação de dados pessoais?

Se não entendi de imediato a decisão da polícia, tudo ficou mais claro enquanto fazia pesquisas para este livro, o que me fez reviver vídeos, matérias e tudo o mais. Conversando com André, pedi para rever aquela decisão da Polícia Civil de não investigar o caso de ameaça. Ele me enviou o arquivo do protocolo E-02/032339/1219 2019 do dia 19 de setembro de 2019. Logo acima, escrito de próprio punho, dizia:

> "Rio 19/09/2019
> Indefiro o registro
> conforme resolução 1047/17.
> Pablo Sartori
> Delegado de Polícia"

Não se alegou nenhum motivo. Nenhuma comunicação foi estabelecida conosco. O delegado simplesmente se recusou a registrar e usou a resolução que descreve as atribuições da delegacia para isso. Nenhuma palavra a mais foi oferecida à nossa equipe.

Pablo Sartori seria o delegado que transformaria minha vida num verdadeiro inferno menos de dois anos depois disso. Ele era o chefe da Delegacia de Repressão aos Crimes de Informática do Rio de Janeiro. Pablo Dacosta Sartori, dois anos antes de começar uma perseguição policial indevida que quase acabaria com a minha vida, se negou a investigar uma real ameaça de morte contra mim e minha mãe.

“Abraço e beijo na sua mãe”

Minha vida mudou depois de tudo isso. Virei uma pessoa caseira, sem vontade de sair, com medo de me deparar com algum desses soldados bolsonaristas que acreditavam em tudo que se dizia de mim.

No dia 12 de setembro de 2019, eu tinha publicado o vídeo “É hora de falar a verdade... Mostre pros seus pais. [+10]”, no qual rebatia as quatro principais mentiras que circulavam sobre mim: que ataco homossexuais; que ensinei crianças a acessar pornografia no YouTube; que ensinei crianças a acessar a deepweb; que lancei um livro infantil com o objetivo de sexualizar crianças.

O vídeo chegou a atingir 4 milhões de pessoas e ajudou muito no combate contra o ódio. Nele, eu pedia encarecidamente aos odiosos que assistissem ao conteúdo do meu canal por uma semana e, depois disso, decidissem se eu era mesmo um perigo. Até hoje recebo mensagens de pessoas que dizem terem se tornado fãs por causa desse desafio.

Meu público era minha força. Sem ele, jamais teria enfrentado o que enfrentei. E o público crescia a cada dia, fosse pelo meu trabalho como influenciador, fosse pelo meu posicionamento político. Mas crescia também o ódio. Passei por um turbilhão de emoções só suportável graças à terapia e à força da minha família, amigos e fãs.

As acusações seguiam terríveis. Em julho de 2019, o portal Mundo Conservador publicou a matéria "Felipe Neto: o influenciador mais perigoso do Brasil". O texto começava com as baboseiras de sempre, até que descambava para mentiras sórdidas: "Em outra situação ainda mais grave, circulou um vídeo em que o youtuber aparece se masturbando, onde ele trata, posteriormente, como algo natural e encara na 'brincadeira'".

O jornalista Felipe Telles se referia a um vídeo íntimo meu que foi vazado. A gravação era de 2014, mas só foi vazada em julho de 2018. Fui vítima de um crime, mas, para o Mundo Conservador, eu havia publicado um vídeo pornô para crianças.

Esse foi um dos episódios mais tristes e traumáticos da minha vida, só quem já passou por essa experiência sabe a cicatriz que deixa. No dia do vazamento, minha mãe me ligou chorando, perguntando se era verdade. Consolei-a, enquanto eu mesmo me acabava de constrangimento e tristeza. Registramos o crime na polícia e cobramos investigações, que nunca deram em nada por se tratar de algo que levou quatro anos para ser vazado.

Quando gravei o vídeo relatando o acontecido, quis debochar de mim mesmo, com o objetivo de tirar a arma das mãos daqueles que queriam utilizá-la para me atingir. Fiz piadas, sim, para que eu tivesse o controle da situação. Afinal, qual a graça de sacanear alguém que já está se sacaneando?

Deu certo. Depois do meu vídeo, as publicações com o vazamento despencaram e o assunto perdeu a graça. O vídeo que publiquei, contudo, recebeu classificação indicativa de dezoito anos, mesmo sem exibir qualquer imagem do conteúdo vazado. Só quem via esse vídeo era quem acessava o YouTube com login e senha e a data de nascimento comprovando a idade mínima. Fiz isso para evitar que crianças e adolescentes soubessem do caso e tivessem a curiosidade de procurar.

Ainda que tenha me apossado da narrativa pelo deboche e pelas piadas — o que suscitou o comentário de que eu teria encarado "na brincadeira"—, fui incisivo e deixei claro, tanto no vídeo quanto em postagens nas redes, que quem compartilhasse o conteúdo vazado seria processado. Também fui enfático ao ressaltar a gravidade do crime, instruindo as pessoas a como agir caso fossem vítimas da mesma situação.

Fizemos todos os esforços para remover aquele vazamento vexatório, cobramos as plataformas e tivemos sucesso. Mas a marca do que aconteceu segue comigo até hoje.

* * *

No final de outubro, o *Jornal Nacional* levou ao ar uma edição bombástica sobre o caso Marielle e Anderson. Era a primeira vez que noticiavam a declaração do porteiro do condomínio Vivendas da Barra, que associava os nomes de Jair e Carlos Bolsonaro aos assassinos da vereadora e do motorista. Segundo o funcionário, Élcio Queiroz, um dos parceiros de Ronnie Lessa na execução das vítimas, havia procurado pelo "Seu Jair" pouco antes do crime.

A reação do presidente foi imediata. Ele estava na Arábia Saudita e abriu uma transmissão ao vivo em seu Facebook. Descontrolado, acusava a Rede Globo de querer derrubá-lo com "patifarias" e "canalhices". Tudo ao seu estilo, ou seja, pontuado de gritos e palavrões. Repercuti a matéria do *JN* nas minhas redes sociais, sem em nenhum momento acusar de envolvimento com o caso algum membro da família Bolsonaro. Eu havia prometido ao Cobra e à minha família que não faria publicações que pudessem enfurecer a milícia. Avisei no Twitter que não comentaria nada, pois precisava preservar a segurança daqueles que amo.

Carlos Bolsonaro, ou Carluxo, o filho Zero Dois, decidiu me atacar no Twitter: "Ciclo dos verdadeiros propagadores de fake News: 1. Endosse uma mentira e faça insinuações CANALHAS; 2. Ignore os fatos e tente emplacar a narrativa; 3. Seja desmascarado com provas concretas; 4. Saia de fininho feito vítima".

Eu poderia ser acusado de muitas coisas, mas não de "propagador de fake news". Nunca fui condenado por ter fabricado alguma notícia falsa, e me orgulho disso. A acusação era absurda, como sempre. Eu não havia associado os Bolsonaro à morte de Marielle, apenas fizera as perguntas que todos faziam. Em momento algum fui "desmascarado" de nada. Então respondi: "Até agora VOCÊ não explicou sua ligação e dos seus irmãos com milicianos. Eu não tenho medo do teu pai, eu tenho medo de VOCÊ, seus irmãos e seus amigos. Eu sei quem você é. Vá a merd*".

Ele alegava que eu estava "me fazendo de vítima" enquanto a polícia se recusava a investigar as ameaças de morte feitas contra mim e minha mãe.

Apontar publicamente a relação de Carlos com milicianos o deixou fora de si: "Animador de torcida, deixa eu desenhar. Minha última votação foi às 16:45, o que me impossibilitaria estar em casa às 17:15 como mencionaram a entrada dos fulanos, pois o percurso é muito longo. O resto é a mesmo besteirol de sempre! Haja paciência! Abraço e beijo na sua mãe!".

...

Sim, Carlos Bolsonaro, enquanto era investigado por possível participação em um assassinato, achou de bom-tom encerrar sua mensagem mandando um beijo para minha mãe, que estava na Europa devido a ameaças de seguidores do pai dele.

"Abraço e beijo na sua mãe!"

Senti meu sangue esquentar. Qualquer outra mensagem e a milícia poderia, de fato, começar a olhar para mim. Eu precisava encerrar aquilo. Tentei me acalmar, refleti um pouco e respondi: "Você acabou de citar minha mãe ironicamente sabendo que ela foi ameaçada de morte? Você é tudo de podre que um ser humano pode ser. É inacreditável. Eu nem preciso te responder. Tá aí pra todo mundo ver o teu caráter".

"Abraço e beijo na sua mãe!"

Como eles poderiam ser tão baixos?

Para se defender, Carluxo decidiu se desviar dos ataques como uma cobra: "Felipe Neto se acha importante o bastante para ter certeza de que já ouvi falar na mãe dele e falei algo em tom de ameaça. Acha que é mais perseguido do que [quem] levou uma facada por suas ideias. Sensacionalista, histérico e alucinado".

Sim, essa foi a defesa de Carlos Bolsonaro, fingir que era apenas uma coincidência. Cheguei a pesquisar e não encontrei nenhuma mensagem dele se despedindo com "abraço e beijo na sua mãe", ou seja, não era assim que ele costuma se despedir de desafetos públicos. Ainda assim, sua cara de pau sem limites o fez fingir que não sabia de nada.

"Abraço e beijo na sua mãe!"

É hora de enfrentar com mais força

É preciso ter paciência para lidar com o ódio. Tudo que seu adversário quer é que você perca a cabeça. Tomar qualquer decisão com a cabeça quente, em qualquer aspecto da vida, é receita para o fracasso.

Nem sempre é possível manter a calma, é claro. Muitas vezes não tive tempo de pensar na melhor reação, mas em todas elas tentei agir com paciência, até mesmo quando rebati o ódio com o próprio ódio.

Não se combate o fascismo com flores. Não é possível enfrentar a extrema direita sem se sujar na mesma lama onde ela trava suas batalhas. O mais importante é fazer isso com mais inteligência e coordenação, o que não é fácil, uma vez que se trata de grupos organizados, agentes treinados para lidar com todo tipo de situação adversa.

Há de se ter paciência, mesmo na hora de xingar.

Em 2024, o senador Hamilton Mourão, general da reserva do Exército Brasileiro e ex-vice-presidente de Jair Bolsonaro, decidiu celebrar os sessenta anos do golpe militar de 1964: "A história não se apaga e nem se reescreve, em 31 de março de 1964 a Nação se salvou a si mesma!".

E aí entra a segunda parte do enfrentamento do ódio: nunca ficar calado.

Responder a esse tipo de afronta é fundamental, pois o silêncio perante a barbárie só pode ter duas interpretações: medo ou conivência. Se você vê alguém exaltando torturadores, como reage?

Ao ler o post de Mourão, minha primeira reação foi xingá-lo. Contudo, apenas xingar não resolve, você confere ao outro lado o papel de vítima, de ofendido. Mas não atacar quem defende torturador nunca é uma opção.

Decidi fazer uma publicação mais marcante, procurando a foto certa de cabeça fria. Escrevi então: "Vá à merda, seu borra-botas", e anexei uma imagem do jornalista Vladimir Herzog, torturado e enforcado nas instalações do DOI-Codi em 1975.

A foto ilustra a brutalidade e a manipulação do regime militar no Brasil. Mostra o jornalista morto, pendurado pelo pescoço por um cordão fino, numa posição incompatível para alguém que teria cometido suicídio — Herzog estava com os joelhos dobrados para o lado, porque não havia na cela altura suficiente para alguém se dependurar.

A cena foi forjada, era óbvio. No laudo emitido pela Polícia Técnica de São Paulo, constava que o jornalista se enforcara com a cinta do macacão. Mentira estúpida, uma vez que os prisioneiros do DOI-Codi não utilizavam cintos.[107] Somente 37 anos depois, em 2012, o registro de óbito de Vladimir Herzog foi alterado, substituindo-se a causa da morte, "asfixia mecânica por enforcamento", por "lesões e maus-tratos sofridos em dependência do II Exército — SP (DOI-Codi)".[108]

Esse assassinato foi um catalisador de luta e resistência para o povo e para entidades internacionais, que começaram a pressionar o país pela volta da democracia. Ao enviá-la para Hamilton Mourão, eu não só atacava seu discurso fascista como evocava a verdade sobre aquele tempo. E só com a verdade conseguimos derrotar o ódio.

Outra parte fundamental no enfrentamento ao ódio é a justiça.

Quando começaram os ataques coordenados contra mim, na virada de 2018 para 2019, eu sabia que precisaria contar com um robusto corpo jurídico para lidar com a chuva de processos que inevitavelmente cairia. E, para isso, foi preciso também ter estratégia.

Montei minha equipe jurídica de enfrentamento com Camila Gullo, da área de *compliance* — setor jurídico responsável por analisar todos os riscos de qualquer operação —, Leonardo Ribeiro da Luz, da área cível, e André Perecmanis, da criminal. Com o apoio dos três, me protejo dos ataques e revido com inteligência e estratégia.

Aliás, para tudo o que eu vivia eram necessários profissionais que não se limitassem a ler o processo, mas analisassem a situação como um todo. Foi assim, por exemplo, que consegui concluir o processo criminal que o pastor Silas Malafaia tinha aberto contra mim em 2017.

Malafaia queria que eu gravasse um vídeo de pedido de desculpas, removesse o vídeo antigo e publicasse desculpas no Twitter (além de outras cláusulas indecentes, como me comprometer a não sair do Brasil por determinado tempo). Em resumo, ele queria a minha humilhação pública.

Em outubro de 2019, ocorreu a segunda audiência de instrução e julgamento do caso. A primeira havia sido desastrosa, com o pastor levantando a voz e me intimidando, mas naquela segunda Malafaia sabia que os pratos estavam equilibrados: Perecmanis havia percebido que, para contornar o processo de Malafaia contra mim e aquele acordo descabido, eu poderia também processá-lo. O esdrúxulo ataque que ele me fez após a Bienal, me chamando de "bandido" e "canalha", se voltaria contra ele, e não haveria outra saída a não ser fazer um acordo. Foi o que ocorreu. Imediatamente abrimos um processo criminal contra o pastor, como ele fizera comigo.

André havia se preparado para um acordo com o mínimo do mínimo para encerrar o processo. Avaliando os pedidos da outra parte, ficou claro que o que ele mais queria era um pedido de desculpas por eu ter dito que ele enriquecera explorando a fé das pessoas, então nosso acordo seria se desculpar por isso, e só. Eu não removeria meu vídeo, nem me comprometeria a não sair do país.

No dia da audiência, eu estava certo de que o pastor recusaria aquele acordo, mas o grande André Perecmanis era de opinião contrária. Bingo! Malafaia topou encerrar o processo criminal, pedindo apenas uma retratação de vinte segundos, que eu poderia encaixar em qualquer vídeo do meu canal no YouTube. E foi o que fiz: em 6 de novembro de 2019, me retratei no vídeo "5 funções do seu celular que você não conhecia! [+10]".

Em suma, André conseguiu que eu não removesse meu vídeo nem pedisse desculpas, apenas reconhecesse que não era possível provar que ele enriquecera graças aos fiéis, e ainda conseguiu adicionar ao texto da retratação que eu critico a postura do pastor. Foi genial!

Eu não havia cometido nenhum crime contra Malafaia. Em nenhum momento nós o ludibriamos ou ao sistema judiciário, pelo contrário, jogamos limpo. Só fizemos o acordo porque ele aceitou condições que eram maravilhosas para o nosso lado e péssimas para o lado dele. Ele concordou com tudo.

Já no meu processo contra ele, Silas Malafaia aceitou fazer uma "transação penal" — tipo de acordo que eu não fui covarde para aceitar. Em resumo, a transação penal é usada quando o réu — primário — cometeu um crime considerado "leve", como um crime de calúnia ou difamação, e o Ministério Público define um valor para ele pagar para alguma instituição de caridade e encerra o processo. É basicamente uma admissão de culpa.

No mesmo dia, os principais veículos do país noticiaram: "Malafaia aceita acordo e pagará R$ 24 mil por difamar Felipe Neto".[109]

Até a publicação deste livro, o pastor não cometeu qualquer outro tipo de crime contra mim. E, caso ele tente, não terá direito a recorrer à transação penal, não por cinco anos do fim do processo, que é o período estabelecido pelo acordo. Hoje, ele evita ao máximo lembrar que eu existo, e nunca responde quando eu critico algum ato ou fala dele.

Nosso objetivo principal não era tirar dinheiro do pastor, até porque não há condenação que possa fazer alguma diferença em seu patrimônio. Nosso objetivo sempre foi que ele parasse de mentir a meu respeito. E foi exatamente isso que conseguimos apenas com o enfrentamento judicial e, sobretudo, a paciência e a tranquilidade em aceitar que o outro lado pense que saiu vencedor da batalha.

Processos vencidos fazem história

O processo contra Silas Malafaia é um exemplo cristalino de como é possível obter justiça por meio dos tribunais, mesmo que não venha a vitória (afinal, o pastor correu). Aos que têm condições, processar agentes do ódio é um ato de resistência e de união pelo pacto civilizatório de que tanto precisamos.

Quando o deputado Carlos Jordy me associou ao massacre da escola em Suzano, entramos de imediato com o processo buscando reparação do dano e a exclusão imediata da publicação. O post ficou oito dias no ar, um tempo gigantesco no universo da internet; recebeu a ordem imediata de remoção apenas no dia 8 de abril.[110] Ainda assim, o simples fato de o deputado ter uma publicação apagada por decisão judicial traz um sabor de justiça. Num mundo de narrativas e aparências, essa é uma derrota gigantesca para um deputado que era vice-líder do governo Bolsonaro na Câmara.

Em 2024, Jordy tornou-se alvo de um escândalo nacional. Em quase todas as notícias, meu nome apareceu no título, como na *Folha de S.Paulo*: "Aliado de Bolsonaro e embates com STF, Carlos e Felipe Neto; quem é Carlos Jordy, alvo da PF".[111] Por que isso é importante? Porque significa que o episódio deixou uma mancha em sua biografia. Quem for se informar sobre Jordy saberá o que ele fez comigo e a sua condenação.

É claro que deixo a ressalva: não processe por qualquer motivo. O trabalho estratégico que eu e a equipe jurídica montamos foi só entrar com algum processo quando tínhamos ao menos 95% de convicção no êxito e que ele não dependeria em grande escala da interpretação de um juiz. Até agora, vencemos praticamente todos os processos que abrimos contra os agentes do ódio, além da esmagadora maioria dos processos recebidos — o que resultou na criação do meme de estudantes de direito dizendo "meu sonho é trabalhar na equipe jurídica do Felipe Neto", além da crença, entre meus seguidores, de que tenho uma estrutura imbatível no Judiciário.

Paciência. Enfrentamento direto, sem jamais se calar. Amparo jurídico. Esses formam os três pilares para quem quer enfrentar o ódio, publicamente, compondo a linha de resistência ao neofascismo que vem se espalhando mundo afora. O problema é que é preciso ter condições financeiras para sustentar o amparo jurídico. Na falta delas (aliás, de um jeito ou de outro), o ideal é focar no estudo e na paciência, para não ceder à tentação e acabar publicando conteúdos passíveis de processo. Mas vamos ao que não fazer:

EVITE OFENSAS: Ofender alguém de maneira intencional é crime no Brasil, chama-se injúria. Apesar de raramente resultar em processo, é uma brecha que se abre quando você decide atacar alguém com palavras.

Use a inteligência, argumente, empregue a sátira, o humor, o deboche. Se não for possível, lembre-se da foto de Herzog na minha resposta para Hamilton Mourão. Muitas vezes não é preciso se servir de palavras.

Paciência e cabeça fria são suas maiores armas, seja você um influenciador, seja um usuário comum de WhatsApp que se depara com notícias falsas em grupos de amigos. É preciso ser duro, combater a desinformação e expor as falhas nos argumentos do interlocutor, mas sempre que possível evite ofensas: mesmo inusual, ainda é possível ser processado por causa de mensagens em aplicativos, em contextos informais. Se você não tiver condições de arcar com possíveis processos, não xingue.

NÃO ACUSE ALGUÉM DE TER COMETIDO UM CRIME SEM CONDENAÇÃO OU PROVAS: Se quiser dizer que alguém cometeu um crime, tenha certeza disso, pois caso a pessoa não tenha sido condenada ou você não possa provar o que disse, o atingido poderá processá-lo por calúnia.

No caso de crimes que não resultaram em condenações, como o episódio das rachadinhas no gabinete de Flávio Bolsonaro, em vez de afirmar que ele cometeu o crime, confronte com provas, cite matérias mostrando os depósitos na loja de chocolates para lavagem de dinheiro, publique um vídeo de alguém listando os acontecimentos, cite fontes. Busque a credibilidade mais do que apenas rebater o ódio com o simples ódio.

NÃO ATAQUE ALGUÉM COM BASE NO QUE LEU NA INTERNET: Não seja um propagador de informações falsas, essa é sua principal obrigação. Publicar uma mentira com a intenção de causar dano à reputação de uma pessoa configura crime de difamação e abre mais um precedente para você ser acionado na Justiça criminal. Cheque, confirme e, na hora de postar, utilize fontes, mostre o caminho das provas, não fique só acusando, só atacando.

O paradoxo da intolerância

Todo ato de intolerância perpetrado por um grupo dominante sobre um grupo marginalizado ou inferiorizado é, em essência, um ato de violência, que pode até resultar em morte. Nossa obrigação, como sociedade fundamentada nos direitos humanos, é enfrentar quaisquer atos de intolerância. É preciso ser intolerante contra a intolerância.

Embora pareça incoerente, essa tese é muito precisa, e foi eternizada pelo filósofo Karl Popper no livro *A sociedade aberta e seus inimigos*. A premissa é simples. Uma sociedade verdadeiramente tolerante não pode, sob nenhuma hipótese, tolerar os intolerantes. Isso porque "a tolerância ilimitada pode levar ao desaparecimento da tolerância".[112]

Vejamos.

Em janeiro de 2023, o brasileiro Marcus Santos discursou na 5ª Convenção Nacional do Chega, o partido neofascista de Portugal. Disse: "Nós não podemos baixar a cabeça e deixar de falar aquilo que a gente pensa. Qual é o problema? A Europa é branca! Assim como a África é negra". Foi aplaudido, e continuou: "[Somos] racistas e xenófobos, por quê? Por que nós queremos defender as nossas fronteiras? Para que não venham mais Mamadous e Joacines?".

Os nomes Mamadou e Joacine, além de habituais entre os africanos, são os nomes de dois deputados portugueses de origem africana. Todo o auditório se levantou e aplaudiu de pé essa fala. Agora a informação mais impressionante: Marcus Santos é um homem negro e imigrante. O neofascismo pode ser tão convincente, tão sedutor, que é capaz de fazer um homem negro e imigrante entrar para um partido que defende que a Europa não é para negros nem imigrantes.

Em 2024, Santos foi eleito deputado em Portugal, assim como diversos políticos que representam o neofascismo do Chega, num crescimento vertiginoso do ódio na política portuguesa, seguindo os passos do ocorrido nos Estados Unidos e no Brasil. A intolerância racial invadiu oficialmente o Congresso português. Quem comemorou foi Eduardo Bolsonaro, que postou: "Parabéns Marcus. Está a fazer história".[113]

Quanto mais o neofascismo avança nas sociedades ocidentais, mais suas ideias são normalizadas e tratadas como "aceitáveis", contrariando o princípio do "paradoxo da intolerância". Um homem que diz que "a Europa é branca e assim precisa continuar a ser" não deve ser tolerado e deve responder judicialmente por sua fala. Ao ser tolerante com a intolerância, Portugal permitiu que ele fosse eleito deputado.

Segundo Popper, "devemos exigir que todo movimento que pregue a intolerância fique à margem da lei e que se considere criminosa qualquer incitação à intolerância e à perseguição".[114] Esse princípio norteia algumas leis brasileiras. Se Santos falasse aqui que o Brasil é "para brancos", ele incorreria imediatamente no crime de racismo: não admitimos que a defesa da inferioridade da pessoa negra seja "liberdade de expressão e de pensamento" — é motivo de cadeia.

Mesmo assim, o Brasil ainda é um país estruturalmente racista. Sobre esse tema, convido o leitor a ler dois livros que são referências: *Pequeno manual antirracista*, de Djamila Ribeiro, e *Racismo estrutural*, de Silvio Almeida. Quem preferir um romance, recomendo *O avesso da pele*, de Jeferson Tenório.

Por ora, limito-me a dizer que o Estado precisa reparar ativamente as injustiças da opressão histórica de minorias e maiorias minorizadas. Nesse sentido, boas iniciativas são as cotas raciais, institucionalizadas por lei, e uma decisão de 2019 do Supremo Tribunal Federal para equiparar a homofobia e a transfobia aos crimes de racismo e assim estender à população LGBTQIAPN+ a proteção jurídica contra ataques preconceituosos.

* * *

E quem vai definir o intolerante? Essa talvez seja a principal pergunta que norteia o debate acerca da regulamentação do ambiente digital. Quem vai definir o que é intolerante ou não? Se o conteúdo deve ser removido ou não? Se deve ser banido ou não? A pessoa responsável por essa interpretação, sem dúvida, acumulará muitos poderes.

Acredito que a falta de regulamentação e de leis claras e específicas a respeito do que é intolerância digital é justamente a razão de ações judiciais centralizadas e do acúmulo de poder nas mãos de um único juiz, desembargador ou ministro. O exemplo mais claro disso ocorreu no Brasil, na figura do ministro do STF Alexandre de Moraes.

Dentro de um vácuo das leis, o ministro, como presidente do Tribunal Superior Eleitoral, agiu como um cão de guarda dos princípios constitucionais, emitindo decisões de banimento de contas nas redes sociais e remoção de conteúdos por infringirem leis eleitorais ou do Código Penal. Alguns jornalistas levantaram as sobrancelhas, até um do jornal norte-americano *The New York Times*, que publicou a manchete: "Ele é o defensor da democracia no Brasil. Mas será que ele é realmente bom para a democracia?".[115]

Na ausência de uma regulamentação da internet no país, Alexandre de Moraes agiu de forma contundente para barrar os intolerantes da extrema direita, inclusive com prisões. A meu ver, porém, a centralização do poder em sua figura representou um grande risco. Por sorte, o ministro é um ferrenho defensor das instituições democráticas, mas e se dermos azar em próximas ocasiões? O que aconteceria se, no lugar de Alexandre de Moraes, atuasse uma figura alinhada com o neofascismo?

Essa estrutura de poder só é possível por meio da regulamentação, da criação de leis que deixem muito claro o que pode e o que não pode acontecer no ambiente digital. Na ausência de leis, surgem os "heróis". Por isso, para a pergunta "Quem deve definir o que é intolerância na internet?", a única resposta é: "Uma assembleia nacional com intensa participação da sociedade civil". Não pode ser um juiz, um ministro, um presidente, uma pessoa. Ninguém pode deter tamanho poder em uma democracia, porque isso põe em risco a própria democracia.

Somente a criação de uma "Constituição Digital", que podemos também chamar de "Lei Geral da Internet", "regulamentação da web", ou o nome que for, será capaz de realmente defender a liberdade de expressão e, ao mesmo tempo, proteger a democracia e os grupos e indivíduos vulneráveis.

A medalha

Em setembro de 2019, o deputado federal Mário Heringer (PDT) indicou meu nome para a Medalha do Mérito Legislativo da Câmara dos Deputados, a mais alta condecoração oferecida pela Casa, por causa da minha postura contra a censura na Bienal do Livro.

Teve início uma batalha. A Frente Evangélica da Câmara dos Deputados, na pessoa de Otoni de Paula, tentou suspender a homenagem. Em um só dia, o deputado federal recolheu 123 assinaturas: "Queremos mostrar ao presidente da Casa que há uma comoção de rejeição ao homenageado porque ele fere a posição conservadora, a família tradicional e a religião. Caso o Rodrigo Maia [presidente da Câmara à época] negue o pedido, vamos encaminhar a moção de repúdio".[116]

Em São Paulo, o deputado estadual Gil Diniz protocolou sua moção de repúdio na 114ª Sessão Ordinária da Assembleia Legislativa do Estado de São Paulo, destacando: "Ele [Felipe Neto] jamais produziu serviço relevante ao Poder Legislativo, tampouco ao Brasil, na verdade é contumaz em ensinar crianças [a] falarem palavrão e desrespeitar os pais, além de promover claramente os movimentos LGBT's junto as crianças, erotizando-as precocemente e por vezes desconstruindo a moral, bons costumes, tradições e ensinamentos aprendidos dentro do lar".[117] A proposta tramitou até a Comissão de Defesa dos Direitos da Pessoa Humana, da Cidadania, da Participação e das Questões Sociais, onde foi arquivada.[118]

Otoni de Paula foi além. No dia 8 de outubro, ele subiu ao púlpito da Câmara e discursou por vários minutos, me pintando como "inimigo das crianças". Seu argumento era de que, por minha causa, elas estavam "apresentando histórico de agressividade, de falta de respeito constante pelos pais, pelas autoridades". E concluiu: "Agora a Câmara se curva diante desse youtuber para lhe dar a maior de todas as comendas da Casa? Não, sr. presidente! Estamos recolhendo assinaturas de pais e de mães, deputados e deputadas e pedindo ao presidente Rodrigo Maia que não cometa esta loucura de envergonhar o Parlamento nacional. Se isso não for feito pelo presidente, nós vamos fazer uma moção de repúdio, porque não podemos tolerar que alguém que enfrenta pais seja homenageado pela Câmara dos Deputados".

Otoni de Paula deu então início ao requerimento 2934/2019, solicitando o indeferimento da indicação do meu nome para a honraria. Quase duas semanas depois, no dia 20 de novembro de 2019, recebi a condecoração.[119] Foi a primeira vez que um influenciador recebeu a homenagem.

A associação com pedofilia dispara

Enquanto navegava pelo Instagram, no começo de 2020, comecei a receber uma avalanche de notificações. Várias pessoas estavam marcando o meu perfil em posts. Ao abrir um deles, descobri que se tratava de um vídeo repostado inumeráveis vezes, por contas diferentes. Dei play.

O vídeo tinha sido produzido por alguém experiente, que sabia manipular áudio e imagem. Alguém profissional. Nele, costuravam-se recortes de vídeos muito antigos meus e que já haviam sido apagados do canal havia tempos. O editor alterou as cores e me deixou esverdeado, dando uma impressão de "nojo", um verde repugnante. Enquanto exibia trechos de falas minhas de cunho sexual, o vídeo mostrava inúmeras fotos minhas com crianças que foram me assistir pelos teatros do Brasil, anos depois, quando meu conteúdo já tinha sido totalmente adaptado. O rosto das crianças era distorcido de maneira macabra e uma trilha sonora de terror soava ao fundo. Eu aparecia abraçado a diversas crianças enquanto falava sobre sexo oral, por exemplo.

Em certo momento, surge uma cena em que eu conversava com uma sexóloga em 2015. Deixaram apenas as minhas falas, omitindo as dela: "Você sabe quem que criou essa demonização do sexo? Muito tempo atrás foi institucionalizado pela religião. Eu acho que o que a religião fez com o sexo foi pegar o sexo e transformar numa coisa suja".

As falas sexuais descontextualizadas ilustradas com fotos de crianças davam a entender que eu estava falando de "sexo com crianças" e de como a "religião demonizou" isso. Ao fim, por vários segundos, via-se a imagem de uma boneca quebrada e abandonada, com uma trilha sonora apocalíptica.

O conteúdo não era apenas repulsivo e mentiroso: ele desenhava um baita alvo na minha testa. Quantos são os casos de justiceiros que tiraram a vida de alguém por um boato que no final se provou mentiroso? Na mesma hora lembrei de Fabiane Maria de Jesus, linchada em 2014 no Guarujá, em São Paulo, após uma página do Facebook divulgar um boato sobre uma mulher suspeita de sequestrar crianças para praticar rituais de bruxaria.[120]

Qualquer tipo de violência contra crianças é hediondo e provoca enorme comoção. Quando se trata de protegê-las, portanto, o ser humano é capaz de tudo. E é exatamente por isso que a extrema direita se utiliza dessa pauta com tanta frequência, tentando pintar seus adversários quase sempre como pedófilos ou praticantes de outras ameaças à infância.

No meu caso, a associação sórdida da minha imagem a crimes contra crianças já começava a dar resultados. Muitas pessoas já estavam acreditando que "onde há fumaça há fogo", pois eram tantas as acusações, e tão frequentes, que aquilo só poderia ter algo de verdade… "Uma mentira contada mil vezes torna-se verdade", lembra?

Era a estratégia da articulação do ódio pura e simples: bombardear a internet com a mesma acusação recriada por dezenas de formas, até que as pessoas não consigam mais lembrar os detalhes e permaneçam com o sentimento de que "esse indivíduo só pode ser um monstro".

O caminho mais eficiente para combater aquela excrescência era óbvio: a Justiça.

O maior problema era o que fazer no curto prazo, uma vez que as publicações continuavam a todo vapor e as redes sociais em geral só derrubavam conteúdos sob decisão judicial. Até que um juiz decidisse, o estrago teria sido definitivo.

Marquei conversas com executivos do Facebook, Instagram e YouTube no Brasil. Mostrei a gravidade daquela montagem e como ela me pintava como um pedófilo de maneira criminosa, misturando piadas sexuais do passado com imagens do presente. Aquilo punha em risco não apenas a minha reputação, mas a minha vida. Eu precisava da ajuda deles para derrubar o material.

Todos ficaram chocados com o conteúdo.

Todos disseram que não poderiam fazer nada.

Plataformas lucram com o ódio, mas perdem dinheiro com direitos autorais

Há anos as plataformas repetem os mantras "não podemos fazer nada" e "criem leis e aí poderemos agir". Ou seja, pedem regulamentação para terem um norte do que fazer em situações como a minha. Porém, quando qualquer país esboça um projeto de regulamentação, essas mesmas plataformas acionam lobistas e investem milhões para jogar os políticos e a população contra qualquer projeto que tente legislar sobre elas.

A situação piora quanto mais distante se está dos centros de poder financeiro. Nos Estados Unidos, coração da tomada de decisões, os executivos da Meta e do Google têm mais autonomia para enfrentar ações orquestradas. Na União Europeia, a coisa fica mais tímida. Já num país como o Brasil, são muitos os executivos com medo de tomar qualquer decisão mais ousada e, com isso, arriscar a cabeça na empresa.

A despeito dos (muitos) milhões de dólares que eu havia rendido para o YouTube, nem mesmo os executivos da plataforma saíram em minha defesa contra aquela montagem ignóbil, alegando que só poderiam intervir com uma decisão judicial. Fui salvo por uma funcionária do Instagram. Logo depois de me informarem de que estava sozinho e deveria "buscar meus direitos", essa mulher, talvez arriscando o emprego, me procurou no WhatsApp: "Felipe, usa o Rights Manager. Não diga que eu te indiquei isso".

Foi como uma bomba na minha cabeça. Aquilo resolveria tudo e imediatamente.

As redes sociais só levam a sério o que as faz perder ou ganhar dinheiro. Ataques à reputação e mensagens de ódio não costumam causar prejuízo (pelo contrário, são publicações com muito potencial de viralização e, portanto, geram dinheiro), então elas não têm interesse em agir. Mas, a partir de 2010, as grandes plataformas foram processadas e tiveram perdas financeiras por causa de uma questãozinha extremamente importante: direitos autorais.

Quando as redes sociais ainda estavam engatinhando, qualquer pessoa em qualquer lugar do mundo poderia publicar um vídeo contendo uma música, um clipe, a imagem de outra pessoa, e a plataforma lucrava com a exibição de anúncios nessas publicações, sem repassar os devidos direitos autorais a quem havia criado o vídeo. Mas logo os processos começaram a acumular, e as plataformas viram que precisavam agir.

Ao longo dos anos, várias ferramentas foram criadas e aperfeiçoadas para impedir que se utilizassem músicas ou recortes de imagens pertencentes a terceiros. As plataformas investiram milhões de dólares em tecnologia e profissionais capacitados, criando soluções rápidas e eficientes. Para tanto contaram com o uso de inteligência artificial e alocaram inúmeros servidores para monitorar e checar o conteúdo de vídeos antes mesmo de eles serem disponibilizados ao público, além de contratar funcionários para fazer análises e tomar decisões.

Até hoje, porém, não se sabe de esforço semelhante para evitar a disseminação de discursos de ódio e desinformação. Quando publicações de montagens infames e mentirosas tomaram a internet, gerando mais audiência e mais lucro para os sites, essas mesmas plataformas cruzaram os braços e alegaram não poder fazer muita coisa: às vítimas caberia buscar seus direitos na justiça; aos países, criar suas próprias legislações sobre o tema.

Poucas ações foram efetivadas. Nem mesmo quando grandes empresas se uniram em 2020 na campanha Stop Hate for Profit [Pare de Lucrar com o Ódio],[121] para exigir que as plataformas tomassem uma atitude contra o discurso de ódio. Para não dizer que nada foi feito, as plataformas passaram a investir na derrubada de perfis e páginas que pregassem a violência explícita, como grupos de "supremacia branca". Mas parou aí. Algumas redes puniam com suspensões temporárias quando detectavam comentários muito ofensivos, mas a prática também não deu grandes resultados.

Em 2022, assim que comprou o Twitter por 44 bilhões de dólares, Elon Musk demitiu toda a equipe responsável pelo combate à desinformação.[122] No ano seguinte, todos os funcionários da plataforma que eu conhecia no Brasil também seriam demitidos, incluindo os que cuidavam da moderação de conteúdo.[123] Isso é o que acontece quando se dá 100% de liberdade para o "mercado". A prioridade nunca será a ética, mas o lucro.

Um belo exemplo é o "botão denúncia". Plataformas como o YouTube estão tão preocupadas com processos de direitos autorais que uma "indústria da denúncia" acabou sendo gerada. Basta uma empresa comprar um vídeo viral de algum lugar do mundo — e para tanto basta contatar o autor do vídeo e oferecer uma pequena quantia —, subir na sua biblioteca da plataforma e sair clicando no botão de "denúncia de direitos autorais" para ela imediatamente ficar com a monetização do vídeo para si, ou remover o conteúdo. Mesmo que o vídeo original tenha vinte minutos e a pessoa só tenha utilizado dez segundos dele, a monetização inteira do vídeo vai para o denunciante.

E como isso funciona quando o conteúdo é de ódio e desinformação?

Ainda que se prove que uma pessoa foi caluniada, que o vídeo foi manipulado ou que o conteúdo traz desinformação, a chance de ver o post derrubado sem decisão judicial é muito baixa, e a plataforma, seja YouTube, Facebook, Instagram, Twitter ou qualquer outra, vai demorar para responder.

No âmbito dos direitos autorais, a reação é outra. Basta alegar ser proprietário de um conteúdo utilizado pela plataforma para que ele seja retirado do ar, sem nenhuma checagem ou intervenção da Justiça. Já para o ódio e a desinformação: "Ora, veja bem, calma aí, é preciso entender que...".

Como chegamos a esse ponto? O ódio continua sendo explorado pelas redes em troca de manter as pessoas conectadas e, consequentemente, lucrar com os anúncios. A radicalização passou a ser uma ferramenta do capitalismo para gerar mais dinheiro.

A viralização daquela videomontagem verde horrível aconteceu no dia 5 de fevereiro de 2020. A solução apresentada pela funcionária do Instagram só veio dois dias depois, ao longo dos quais fui massacrado. Meu público enfrentava o ódio e alertava que o vídeo era manipulado, que as falas eram antigas e haviam sido apagadas fazia muito tempo, que as fotos com as crianças eram recentes e nada tinham a ver com a época dos palavrões. Graças a essa força dos fãs, não sucumbi.

Se não era possível derrubar o conteúdo com denúncias, então eu iria agir com a única linguagem a que as plataformas respondiam: dinheiro, ou seja, direitos autorais.

Como o vídeo era uma montagem de falas antigas misturadas a fotos recentes, tudo ali era meu, por direito. Eu não tinha autorizado o uso daquelas imagens e era esse argumento de que eu me valeria para derrubar o vídeo.

Visando proteger conteúdo sob direitos autorais, o Facebook possui a ferramenta Rights Manager, que serve também para o Instagram. No YouTube, o nome é Content ID. Elas trabalham a partir de uma "biblioteca de referência" alimentada pelo próprio usuário, que ali salva todo o conteúdo que ele garante lhe pertencer inteiramente.

Eu poderia depositar todos os meus vídeos que não exibissem trechos pertencentes a terceiros e o conteúdo seria absorvido pelos robôs da plataforma. A partir dali, eu seria avisado toda vez que qualquer pessoa tentasse subir um vídeo ou áudio que coincidisse com o conteúdo da minha biblioteca de referência. Então eu poderia escolher o que fazer com o conteúdo plagiado: remover, monetizar ou ignorar, além de informar se queria que isso acontecesse manual ou automaticamente. Ou seja, no caso do vídeo me associando a crianças, eu queria que toda utilização de material antigo meu fosse automaticamente derrubada por violação de direitos autorais. E foi isso que configurei.

Minha "biblioteca de referência" incluía todos os vídeos com falas antigas, todos os removidos do meu canal havia anos, todos os trechos que haviam sido utilizados para me atacar de maneira distorcida e desinformativa. Foram dias de trabalho que, ao final, tiveram resultado imediato. A partir daquele momento, quase ninguém mais conseguia publicar as minhas falas do passado para me atacar no YouTube, Instagram e Facebook.

A partir de então, o "vídeo verde" não pôde mais ser postado nas três principais redes. Toda vez que alguém tentava republicá-lo, o post era derrubado pelo robô detector de direitos autorais e a pessoa era avisada de que não seria possível seguir adiante.

Por incrível que pareça, a turma bolsonarista ficou escandalizada com minha atitude e começou a divulgar que era um absurdo o que eu estava fazendo. Segundo eles, eu estava censurando a liberdade deles de promover conteúdo criminoso a meu respeito. "Como pode o grande defensor da liberdade de expressão censurar críticas?", eles diziam.

Àquela altura, eu não me surpreendia mais com tamanha falta de vergonha. Era óbvio que eu utilizaria todas as ferramentas ao meu dispor para impedir a proliferação de montagens criminosas a meu respeito.

No primeiro dia em que configuramos a ferramenta de Rights Manager e Content ID, foram derrubadas 1247 tentativas de publicações com conteúdo calunioso sobre mim.[124] Na primeira semana, foram mais de 20 mil posts derrubados. Isso segue operando até hoje. O único defeito é que esse recurso não pode ser acionado quando a conta que usurpa o conteúdo é "relevante" para a plataforma, ou seja, perfis com milhões de seguidores, como os de Carla Zambelli e Eduardo Bolsonaro.

Em 2024, ano em que escrevo este livro, num intervalo de quatro dias, mais de sessenta posts no Facebook e Instagram foram impedidos de ir ao ar pelo meu Rights Manager. Todos eram videomontagens descontextualizando minhas falas e visando arruinar minha reputação. Mesmo sem nenhuma campanha ativa do Gabinete do Ódio, há um movimento constante e eterno de massacre e ódio.

Nenhuma rede social me procurou. As ferramentas que utilizo são úteis, mas limitadas, só atingem contas menores e só funcionam se a pessoa utilizar um vídeo meu. Ataques de ódio direto sem a minha voz continuam sendo compartilhados aos montes.

Uma vez estancado o "sangramento" do "vídeo verde", foi a hora de ir atrás das postagens anteriores (essas o robô não pegava, apenas as novas). Foram dias de denúncias solicitando a remoção. Todas foram atendidas, desde que eu fizesse a denúncia por direito autoral. A justificativa de "discurso de ódio" ou "desinformação" não funcionava.

Em 7 de fevereiro, dois dias após o vídeo viralizar, a revista *Época* divulgou que o primeiro post com a montagem criminosa fora feito na página do Facebook de Victor Marques, um policial militar que trabalhava no gabinete do então deputado estadual de Minas Gerais Bruno Engler, fortíssimo aliado de Jair Bolsonaro.[125] O post dizia: "Deixe seu filho assistir Felipe Neto, é tranquilo...". E em seguida vinha a montagem. Apenas aquele post já contava com mais de 1,2 milhão de visualizações.

Era óbvio que a origem do vídeo estava no WhatsApp e no Telegram, onde o Gabinete do Ódio distribuía o que devia ser postado e quais seriam os alvos. Victor Marques foi um dos primeiros a publicar. Ao ver seu nome divulgado, ele decidiu trancar suas contas no Facebook e no Twitter, o que já consideramos uma pequena vitória. Contudo, no dia seguinte, tanto ele quanto Bruno Engler postaram a mesma videomontagem me atacando. Agora não havia outra saída, apenas a Justiça poderia resolver.

Ao ver uma publicação no Twitter avisando que Engler publicara o vídeo, respondi: "Mais um que será processado", ao que o deputado me respondeu: "Pode processar, te criticar ainda não é crime". Em 18 de fevereiro de 2020, dez dias depois, o juiz ordenou a remoção imediata das publicações com o vídeo nas redes sociais de Bruno Engler e Victor Marques.[126] De novo, um período mais que suficiente para destruir a imagem de alguém.

Na decisão, o juiz deixava claro que havia "evidência de ofensa à honra e ao nome do autor perante o seu público, criando-se um factoide sem indicação de qualquer veracidade, expondo o demandante a situação de reprovação, desconforto e perda de credibilidade, o que não deve ser tolerado".

A Justiça levou quatro anos para emitir sentença em primeira instância. Em 19 de fevereiro de 2024, Engler e seu assessor foram condenados a me pagar 60 mil reais por danos morais, além de publicar retratação nas mesmas redes onde divulgaram o vídeo.[127] Os dois podem recorrer da decisão (e assim o farão), postergando por mais algum tempo a decisão inevitável. No fim, terão de pagar pelo que fizeram.

Hoje, ao pesquisar sobre Bruno Engler, o usuário descobre o que ele fez e sua condenação. Até sua biografia oficial na Wikipedia destaca o caso. Assim como aconteceu com Carlos Jordy, nós conseguimos ao menos alguma justiça.

PARTE IV
GOVERNO ASSASSINO

Tudo muda da noite para o dia

Era 10 de março de 2020 e tudo ainda estava bem. Cheguei ao campo de futebol onde jogava todas as terças e sextas à noite, a única atividade física que eu fazia no auge dos meus 32 anos. Ao cumprimentar meus amigos, um deles me ofereceu o cotovelo em vez da mão. Fiquei incomodado, e não pouco. "Para com essa bobagem", comecei, enquanto sentava na arquibancada para calçar as chuteiras. "Isso é só mais um pânico coletivo que vai durar três meses e todo mundo vai esquecer."

A maioria ali pareceu concordar comigo. As informações sobre a tal doença ainda não eram muito precisas: falava-se de 100 mil infectados pelo mundo, mas o Brasil tinha 210 milhões de pessoas, e aquele contingente de infectados pelo globo não me assustou.

Para mim, aquilo tudo era desinformação com o propósito de alarmar as pessoas e mantê-las hipnotizadas nas plataformas. Típica atitude caça-clique. A mudança radical do entretenimento também contaminara o jornalismo; a maioria dos executivos de veículos de informação e redes sociais só se importava com uma coisa: "quantos acessos estamos tendo?" e, depois disso, "quantos minutos essas pessoas passam conectadas no nosso site?". Quanto mais tempo o povo ficasse online, melhor. E, bem, uma pandemia mortal era um prato cheio para encher os bolsos desses veículos.

Sem perceber, eu mesmo caía em uma teoria da conspiração.

“Sei lá, Felipe, dessa vez parece diferente”, um amigo falou. Olhei para ele com aquele ar de certeza dos tolos: “Beleza, eu aposto mil reais com quem quiser que isso não dura mais três meses e não vai morrer quase ninguém no Brasil”, respondi, oferecendo a mão para quem quisesse apertar, mas ninguém se voluntariou para a aposta. “Foi a mesma coisa com a tal da gripe suína, meteram um terror na gente e morreu meia dúzia de pessoas.”

Eu utilizava como base para o meu argumento um vídeo que tinha visto do dr. Drauzio Varella, renomado médico e comunicador brasileiro, um progressista defensor dos direitos humanos e que sempre advogou pela razão e pela ciência. Segundo ele, não havia motivo algum para pânico. Ainda.

O clima então ficou mais leve, jogamos futebol durante duas horas, rindo e nos divertindo como sempre, como se o mundo estivesse na mais perfeita ordem. No dia seguinte, a OMS decretou que a covid-19 havia se tornado uma pandemia.[1] No outro, morreu a primeira pessoa por covid-19 no Brasil.

Aquela foi a última pelada que jogamos em bastante tempo.

Pandemia, cloroquina e caos

A partir do dia 11 de março, o país mudou. Milhões de pessoas passaram a compreender a gravidade da situação e o risco real a que estávamos submetidos. Aqueles que podiam, como era o meu caso, deram início ao processo de isolamento social.

Foi quando entendemos que o Brasil havia sido um dos países que mais tiveram tempo de se programar e agir antes da chegada do vírus. Os Estados Unidos, por exemplo, tiveram seu primeiro caso relatado em 21 de janeiro. A França, em 24 de janeiro. O vírus só chegou ao Brasil em 26 de fevereiro. Mais de um mês é uma janela de tempo crucial no enfrentamento a uma doença com potencial de milhões de mortes, mas o governo brasileiro optou por não fazer nada durante esse período, mesmo tendo acesso a mais informações do que a população geral.

Donald Trump revelaria ao jornalista Bob Woodward que sabia do perigo da covid-19 desde o início de fevereiro, mas preferiu minimizar a gravidade da doença para não gerar pânico.[2] Bolsonaro decidiu adotar uma postura ainda pior. Muito, muito pior.

Durante todo aquele tempo, nenhum aeroporto foi fechado, nenhum protocolo de proteção foi estabelecido, nenhum comitê foi montado, nenhum plano foi criado para atender aos trabalhadores pobres e desempregados. A primeira morte pelo vírus ocorreu no dia 12 de março. E esse foi só o começo.

Ao longo de sua gestão na pandemia, Bolsonaro chamou o vírus, que viria a matar mais de 700 mil brasileiros, de "gripezinha"[3] e encorajou a população a evitar o isolamento social, em nome da economia. Quando questionado sobre número de vítimas, se defendeu dizendo que não era "coveiro".[4] Fez piada com a vacina que viria a salvar o Brasil e desestimulou a imunização.[5] Tudo isso sendo reverberado pelos muitos parlamentares e influenciadores à época aliados ao presidente, que se juntaram ao coro negacionista. O presidente e seu séquito focaram em minimizar o medo, incentivando pessoas a viver como se nada estivesse acontecendo. Bolsonaro instituiu uma política de morte e caos.

O ambiente digital brasileiro virou uma praça de guerra a partir da politização da pandemia. Inúmeros brasileiros engrossavam as críticas à comunicação catastrófica do presidente, enquanto outros o defendiam com unhas e dentes.

No dia 8 de abril, Bolsonaro fez um pronunciamento oficial em que, pela primeira vez, recomendou diretamente o uso de cloroquina — ou hidroxicloroquina, um medicamento utilizado para o combate de doenças como malária e lúpus — para o que ele viria chamar de "tratamento precoce".[6] Naquela mesma semana, o Brasil registraria oitocentos óbitos pela covid-19.

A partir daquele mês, o investimento em cloroquina se tornaria uma das principais e únicas ações do governo no "enfrentamento" à pandemia. Porém, e é muito importante ressaltar, em nenhum momento o remédio teve qualquer comprovação científica contra o vírus. Justamente por isso houve muita resistência do ministro da Saúde à época, Luiz Henrique Mandetta, que discordava de forma veemente do tal tratamento precoce. Desde o início ele tentou pautar o ministério para recomendar o isolamento e o uso de máscaras, além de não incluir no protocolo a administração de cloroquina na fase inicial.

Durante esse período, Bolsonaro foi muito além do que se imaginava. Ele tentou interferir no Ministério da Saúde e incluir na bula da cloroquina a eficácia contra a covid-19. Isso seria revelado pelo próprio Mandetta na CPI da Covid, no ano seguinte.[7]

A situação só piorava, e o Brasil caminhava a passos largos para uma explosão do vírus como poucos países experimentaram. Ainda assim, Bolsonaro se mostrava irredutível. Continuava contra o isolamento e o uso de máscaras, e a favor da cloroquina como cura. Qualquer um que o desautorizasse seria removido de seu governo. Foi o que aconteceu com Mandetta, demitido no dia 16 de abril. Em seu lugar entrou Nelson Teich, um médico oncologista experiente.[8]

No dia 28 de abril, o país já somava mais de 5 mil mortes. Em uma coletiva em frente ao Palácio, uma jornalista afirmou: "A gente ultrapassou o número de mortos da China por covid-19".

Bolsonaro respondeu: "E daí? Lamento. Quer que eu faça o quê?".[9]

Nas redes, apoiadores do governo e robôs digitais publicavam absurdos, sobretudo a respeito da cloroquina. As plataformas patinavam tentando entender como agir. Deveriam ou não remover publicações? Banir contas? Cruzar os braços? A verdade é que fizeram muito pouco e permitiram o avanço de mentiras de forma sistemática. Isso dava muito lucro.

Foi durante esse período, quando abandonei minha equipe de gravação e passei a produzir os vídeos em casa, que comecei a série de *Minecraft* que se tornaria o maior fenômeno de audiência da minha carreira. Meu canal virou uma febre ainda maior, invadindo as casas dos brasileiros e dos portugueses (entre outros países).

De um lado, eu precisava seguir produzindo conteúdo bem-humorado e divertido para entreter famílias; do outro, combatia o governo e as mentiras sobre a pandemia. E ainda continuava me sentindo quase sozinho entre os artistas e influenciadores que relutavam em se posicionar contra o presidente, muito embora alguns começassem a sair do armário em função das suas falas asquerosas sobre a pandemia. Contudo, ainda estava longe de ser suficiente.

Eu não estava bem. Mas quem estava? Passando pela primeira vez na vida por um isolamento tão restrito, minha saúde mental estava se deteriorando a todo vapor, e eu apostava que não era o único. Havia dias em que eu passava por episódios de profunda tristeza e melancolia; outros dias, tomado pelo ódio, era obrigado a reprimir instintos animalescos em meus desejos e sonhos.

O ódio precisava ser controlado a todo custo, ou eu acabaria por me tornar uma versão espelhada dos bolsonaristas. Quando entramos no mês de maio, porém, ficou impossível me controlar.

Havia algum tempo que bolsonaristas se aglomeravam em manifestações de apoio ao presidente, sem nenhum motivo específico. Esses atos ganhavam corpo e gradativamente começaram a exibir pedidos, sobretudo a instauração de uma nova ditadura e o fechamento do Supremo Tribunal Federal.[10] Então, no dia 1º de maio de 2020, o presidente decidiu que era uma ótima ideia participar de uma dessas manifestações, e foi o que ele fez, andando em meio às pessoas aglomeradas na Esplanada dos Ministérios, cumprimentando aqui e ali, entre abraços e apertos de mão. Em seguida falou: "Vim cumprimentar o pessoal que está aqui nessa manifestação pacífica em defesa da Constituição, democracia e liberdade".[11]

À sua volta manifestantes gritavam e exibiam cartazes que pediam o fechamento do STF, a implementação de um novo Ato Institucional nº 5, o fechamento do Congresso e a consolidação de um novo regime ditatorial na figura de Bolsonaro. Diante disso, imaginei que mais nenhum artista ou influenciador ficaria calado.

Na semana seguinte, não houve qualquer mudança no cenário de influenciadores digitais. No dia 8 de maio, publiquei um vídeo. Eu estava exausto. Exausto de ser agredido e ameaçado por bolsonaristas, exausto das crescentes acusações de pedofilia e de "agente do comunismo", exausto de ver minha mãe enfurnada em sua casa em Portugal.

Meu desabafo foi o seguinte:

"Ninguém é obrigado a se manifestar politicamente. Na época das eleições, que era PT contra Bolsonaro, eu entendi quando o pessoal ficou calado.

Bolsonaro assumiu. Começou a vir um monte de cagada, um monte de escândalo. Todas as questões envolvendo o Queiroz, envolvendo caixa 2, envolvendo investigações da Polícia Federal, envolvendo fake news... E o pessoal foi ficando calado. Cantores, artistas, grandes youtubers, grandes instagramers, calados.

Só que aí acabou a tolerância. O momento de rompimento da tolerância, que não dá mais, que se você ficar calado, você é cúmplice, foi o momento em que o Bolsonaro começou a ameaçar o STF e o Congresso Nacional. No momento em que ele vai numa manifestação que pede o fechamento do STF e do Congresso Nacional, que pede a implementação do AI-5, de uma ditadura militar, e ele vai nessa manifestação e ele grita no palanque dessa manifestação, acabou passada de pano.

Influenciador que não se manifesta agora é cúmplice. Estamos oficialmente contra um regime fascista. E quem se cala perante o fascismo é fascista. Ponto-final.

Então, acabou minha tolerância. Eu dei unfollow em todo mundo que ficou calado esse tempo todo, que continua calado neste momento. Pra mim, é uma cambada de covarde. Uma cambada de gente que está mais preocupada com a quantidade de seguidores e dinheiro que ganha do que com o futuro da sua pátria, da sua nação e da sua própria liberdade.

Acho que vocês sabem quais influenciadores ficam em cima do Moro, do muro, que preferem essa isenção a correr o risco de perder seguidores, a se posicionar contra o fascismo, a se posicionar contra esse lunático que está no poder e com isso perder a admiração daqueles 30% da população brasileira que continua fiel a essa loucura. Prefiro me cercar dos 70% do que me calar tentando manter os 100%. Isso é mais digno, muito menos covarde, e minha função, como influenciador, é minha função lutar pela liberdade. Pela liberdade de expressão, pela liberdade de pensamento, pela pluralidade, pelo Estado laico. Quem se cala, neste momento, perante o fascismo torna-se fascista."

O vídeo caiu como uma bomba. As visualizações no Instagram, Twitter e Facebook explodiram, mas maior ainda foi a cobertura da imprensa. Muitos jornalistas, no meu entender, sentiram-se representados pelo vídeo, daí a mídia ter repetido à exaustão o bordão "quem se cala perante o fascismo é fascista".

Vários jornalistas arriscaram a vida e a carreira para enfrentar o bolsonarismo, lutaram, e muito, na resistência contra o regime. Devemos ser muito gratos a eles. Já no meu campo, que seria o da influência e produção de conteúdo digital, o cenário era de terra arrasada, embora o público estivesse cobrando mais posicionamento de influenciadores e artistas em geral.

Com aquele vídeo, que só no Twitter atingiu 10 milhões de visualizações, devo ter atraído inimizades eternas. Hoje, anos depois, posso dizer que meu pronunciamento foi necessário e importante, mas não concordo mais com ele inteiramente. Agora, eu diria que "todo mundo com grande alcance e público jovem e adulto deve, sim, fazer valer a sua responsabilidade enquanto influenciador". Quem eu de fato queria que saísse do armário e começasse a agir eram Anitta, Ivete Sangalo, Whindersson Nunes, Júlio Cocielo e outros. De todos, Anitta era a única que falava, mas sua força política contra o bolsonarismo só ganhou vulto a partir de 2021.

Eu estava cheio de ódio, e chamei de fascistas todos que se calavam. Cometi uma injustiça. Uma pequena influenciadora de uma cidade no interior do Paraná que vive como manicure não pode se dar ao luxo de ir contra o presidente, por exemplo. Sei disso, pois o caso dela me comoveu e chegou a mim por mensagem privada da profissional. A moça, com três filhos, não podia se posicionar, ainda mais vivendo no meio de um reduto bolsonarista, pois corria o risco de perder quase todos os clientes e passar a ser execrada em suas redes com poucos mas seletos seguidores, fundamentais para o seu trabalho.

O mesmo valia para outros tipos de influenciadores, como meu irmão, que, enquanto o país afundava em um mar de lama cheio de vírus e cloroquina, produzia vídeos para crianças em idade pré-escolar, sobre super-heróis, príncipes e princesas. Ele nem sequer tinha Twitter e utilizava o Instagram apenas para divulgar seu trabalho. Luccas Neto tinha construído um império do conteúdo infantil, com extrema responsabilidade e com uma equipe de pedagogia e psicologia analisando cada linha de texto de cada conteúdo publicado. O que ele poderia fazer? Criar o vídeo "O Príncipe Lu contra a ascensão do neofascismo"?

Eu exagerei, sem dúvida. Contudo, considerando o cenário do país, o caos e as mortes, não me arrependo do que falei. O discurso valeu para que algumas pessoas se posicionassem. Apesar de até hoje ser atacado por artistas e influenciadores incomodados com o episódio, não me arrependo e não mudaria absolutamente nada do que fiz.

Após dois anos e meio de silêncio, Whindersson Nunes finalmente falou contra Jair Bolsonaro, ainda que de maneira tímida, em entrevista ao Pedro Bial: "Que o Bolsonaro é um bosta todo mundo já sabe. Não vou ficar repetindo que água é molhada e que o fogo queima".[12] E só. O suficiente para mostrar que disse alguma coisa, mas não o suficiente para perder campanhas publicitárias ou seguidores. Não era o bastante...

Outros influenciadores e artistas passaram a falar mais. Não por causa do meu vídeo, mas pela pressão social e pelos absurdos do governo, que não paravam de crescer.

* * *

Quem deveria ter mudado a trajetória e não o fez foi Jair Bolsonaro. Sua política de destruição e morte não cedeu em nada, nem depois da troca do ministro da Saúde. Nelson Teich se recusava a alterar a recomendação da cloroquina, além de continuar defendendo o isolamento social e o uso de máscaras. Ficou 29 dias no cargo e pediu demissão.

A partir daquele momento, durante a maior crise de saúde do século, o Brasil ficaria sem um ministro da Saúde. No lugar de Teich, Bolsonaro nomeou um general, provavelmente depois de perceber que nenhum homem da ciência com alguma credibilidade seguiria seus conselhos assassinos. Eduardo Pazuello, o novo ministro, foi anunciado como um "especialista em logística". Mais tarde, ficou provado que o general não possuía qualquer formação acadêmica na área de logística.[13]

No dia 20 de maio, após Pazuello assumir interinamente o posto de ministro, o Ministério da Saúde do Brasil alterou o protocolo de tratamento para covid-19, recomendando a utilização da cloroquina e da hidroxicloroquina em todos os casos da doença, incluindo em estágios leves, liberando o uso no SUS.[14]

Milhões de seguidores do presidente acreditaram na eficácia da cloroquina (usada para malária e doenças como artrite e lúpus) e de medicamentos como azitromicina (para infecções bacterianas) e ivermectina (para piolhos) para o tratamento da covid. A alienação era tanta que criaram uma paródia da canção "Florentina", do Tiririca:

Cloroquina, cloroquina,
cloroquina lá do SUS,
eu sei que tu me curas,
em nome de Jesus.[15]

O neofascismo invadia as igrejas, sobretudo as evangélicas neopentecostais, que invocavam Deus para justificar as atrocidades, auxiliando a manipulação mental para o controle de multidões e o direcionamento para a extrema direita.

Assim como reis e imperadores de outrora, Bolsonaro não era apenas um político do povo, ele era um enviado direto de Deus, nesse caso para salvar a Terra do comunismo e do esquerdismo, manifestações do demônio, como se sabe.

Outro que tentou aderir à estúpida ideia da cloroquina foi Donald Trump. Contudo, diferente de Bolsonaro, suas falas impactavam o mundo inteiro e sua guinada pró-cloroquina e azitromicina foi extremamente rechaçada pela comunidade científica global. Ao longo de abril e maio, diversos países começaram a proibir seu uso ou a suspender os testes com a hidroxicloroquina para tratamento de covid-19, como França, Itália e Bélgica.[16] Hospitais da Suécia aboliram o uso em definitivo.[17]

Em 25 de maio, após concluir que o uso da hidroxicloroquina aumentava o risco de morte nos pacientes com covid-19, a OMS suspendeu todos os testes com a droga.[18]

Em 8 de julho, Bolsonaro revelou ter contraído covid-19 e publicou um vídeo ingerindo cloroquina. Em entrevista para as redes Record, CNN e TV Brasil, afirmou: "Estou muito bem, credito isso não só ao atendimento dos médicos, mas pela forma como ministraram a hidroxicloroquina, que a reação foi quase de imediato. [...] A hidroxicloroquina, na fase inicial, a chance de sucesso chega perto de 100%".[19] No mesmo dia, a médica bolsonarista Nise Yamaguchi, encarregada de espalhar negacionismo científico, informou em rede nacional: "O tratamento é de cinco dias, de hidroxicloroquina. [...] Você pode usar na primeira fase hidroxicloroquina ou ivermectina, ou os dois, com azitromicina e zinco. Porque essa composição é a melhor coisa".[20]

Em 15 de julho, o presidente abriu uma transmissão ao vivo em suas redes sociais e disse: "A história irá dizer quem está certo [sobre a cloroquina]".[21]

Em 12 de janeiro de 2024, um estudo preliminar — apresentado por pesquisadores da França e do Canadá e publicado no periódico *Biomedicine & Pharmacotherapy* — indicaria que em torno de 17 mil pessoas morreram pelo uso da cloroquina contra covid-19 em apenas seis países: Bélgica, França, Itália, Espanha, Estados Unidos e Turquia.[22] O uso desse medicamento pode ter contribuído para um aumento de 11% na taxa de mortalidade dos pacientes hospitalizados.[23] Os números ainda não são definitivos.

Muito se virá a descobrir sobre as consequências da má administração do medicamento. E, se houver alguma justiça neste mundo, Jair Bolsonaro ainda terá de responder por essas mortes.

Participação política na regulamentação da internet

Meu crescimento no âmbito do debate público fez com que muitos deputados e senadores ensaiassem uma aproximação, a maioria com o legítimo interesse de ouvir o que eu tinha a dizer após uma década de experiência na produção de conteúdo digital.

Foi dessa forma, após diversas reuniões e conversas, que acabei participando do debate da elaboração do projeto de lei 2630/2020, apelidado de "Lei das Fake News". Diversos projetos haviam surgido com o objetivo de iniciar uma regulamentação do ambiente digital, mas foi o 2630, em 13 de maio de 2020, que assumiu a dianteira, apresentado pelo senador Alessandro Vieira, do MDB, à época no Cidadania.[24]

A primeira versão do projeto estava cheia de problemas. Se aprovada, criaria precedentes inimagináveis na coleta de dados e monitoramento dos cidadãos — por exemplo, a nova lei obrigaria empresas de mensagem privada, como WhatsApp e Telegram, a armazenar pelo período de quinze dias qualquer mensagem enviada para grupos de conversas e listas de transmissão por mais de cinco usuários. Desse modo, a Justiça poderia detectar quem havia iniciado a propagação de uma fake news. Ora, isso é impossível e fere completamente o direito à privacidade e segurança dos usuários. Fere, inclusive, a Lei Geral de Proteção de Dados Pessoais (LGPD), que determina o armazenamento da menor quantidade possível de dados pessoais necessários para a prestação do serviço.

Não bastasse, aquela lei não iria encontrar os verdadeiros autores das mensagens, que sabem exatamente como agir (utilização de VPN, máscara de servidor, celular pré-pago, entre outras técnicas). Caso a lei fosse aprovada, a PF bateria à porta de inúmeros "tios e tias do churrasco", os soldados do bolsonarismo que apenas repassavam as mensagens controladas pela articulação do ódio. A narrativa de "censura generalizada" colaria rapidamente e jogaria a população contra a legislação. Apontei isso em reuniões e conversas com Alessandro Vieira e outros parlamentares.

O senador Angelo Coronel, do PSD, relator do PL 2630 no Senado, apresentou um substitutivo ao projeto que só piorava o cenário ao determinar que se exigisse um comprovante de residência para abrir qualquer conta em rede social, além de incentivar as redes sociais a removerem conteúdos caso se abrisse um processo judicial, mesmo sem qualquer análise de um juiz. Ainda permitiria a delegados e promotores o acesso a dados privados de todos os usuários das redes, sem determinação judicial.

Os modelos implementados no exterior eram em sua maioria arcaicos, bem piores que as leis vigentes no Brasil, o que demonstrava que a deficiência de conhecimento e experiência na área não era apenas uma questão brasileira. O único país que parecia avançar, mas de forma dura demais, era a Alemanha, que criou o NetzDG, ou Lei de Regulação das Redes. Tramitada em 2017, essa lei foi o primeiro grande teste do mundo ocidental no enfrentamento à desinformação e ao conteúdo de ódio na internet, mas acabou ensinando mais sobre o que *não* devemos fazer. Por exemplo, a lei obrigava toda plataforma a remover em até 24 horas qualquer conteúdo "claramente ilegal" depois que um único usuário do planeta o denunciasse. Se não o fizesse, ela sofreria multas que poderiam chegar a 50 milhões de euros. Isso gerou o fenômeno conhecido como *over-blocking*: ao menor sinal de risco, a plataforma remove o conteúdo, criando uma cultura de denúncias e remoções em massa.[25] A lei seria revista e editada em 2021.[26]

Tendo em mente o exemplo alemão, passei a atuar diretamente contra o 2630, expondo suas falhas. Angelo Coronel me recebeu para uma reunião e conversamos sobre como um projeto de lei eficiente e equilibrado deveria ser.

No dia 24 de junho de 2020, eu e diversos especialistas e associações publicamos uma carta técnica dirigida ao Senado brasileiro, demonstrando nossa preocupação com os direitos fundamentais que seriam violados com essa aprovação.[27] Coronel cedeu, o projeto ficou mais próximo de sua primeira versão. Não houve amplo debate público, e ele foi apresentado em sua versão crua em 13 de maio de 2020. Em 30 de junho, passados 47 dias, foi votado e aprovado...

Para fins de comparação, o Marco Civil da Internet, primeiro projeto de legislação específica do Brasil para o ambiente digital, que serviu de inspiração para diversos outros países, levou cinco anos para ser votado. Foram inúmeros debates e intensa participação popular, com a criação de um site interativo que permitia que o povo opinasse sobre cada parágrafo da legislação. O projeto foi votado em 2014 e, apesar de ter sido extraordinário e ter servido como o primeiro esqueleto de uma Constituição Digital no Brasil, hoje ele é considerado insuficiente para lidar com as dinâmicas do novo ambiente da internet.

O Marco Civil determinou, por exemplo, que os provedores de internet devem armazenar, durante um ano e sob extremo sigilo, os registros de conexão de cada usuário, ou seja, o dia e a hora que cada pessoa se conectou, a duração dessa conexão e o endereço de IP utilizado. Já os sites também precisam armazenar as informações pelo período de seis meses. Os dados só poderiam ser acessados mediante ordem judicial. Graças a essa medida, investigações no ambiente digital puderam finalmente caminhar.

Seguindo o rito legislativo do Brasil, todo projeto de lei aprovado pelo Senado vai para a Câmara dos Deputados para ser novamente debatido e votado. E quando o projeto é aprovado pela Câmara, ele é enviado para o Senado. Portanto, todas as esperanças para impedir que aquele PL 2630 fosse aprovado de fato estavam depositadas na Câmara.

Para a sorte do povo brasileiro, o então presidente da Câmara, Rodrigo Maia, assumiu o compromisso de não acelerar o projeto, dando tempo para a realização de consultas públicas. A pedido dele, fizemos uma longa reunião para debater os problemas que seriam criados com a aprovação do PL 2630 naquelas condições. Senti que fui verdadeiramente ouvido e recebi a promessa de Maia de que os pontos que eu havia levantado como urgentes seriam corrigidos.

A responsabilidade de reescrever o PL 2630 ficou com o deputado federal Orlando Silva, um experiente parlamentar com viés de esquerda, mas que sempre teve bom tráfego dentro dos grupos e bancadas que formam a Câmara. Silva passou a dedicar a vida para desfazer a tragédia aprovada no Senado e construir um alicerce que defendesse a democracia e criasse um enfrentamento a desinformação, campanhas de ódio e crimes de maneira geral no ambiente digital.

Ao longo dos anos seguintes, participei ativamente desse processo, vencendo algumas discussões e perdendo outras. Consegui incluir tópicos fundamentais, como a proibição de "linhas do tempo infinitas de vídeos curtos" (de minha autoria junto à Secretaria de Comunicação), que penso ser uma das piores invenções para nossa saúde mental. O projeto também passou a abarcar o conceito surgido na Europa do "dever de cuidado", entregando às plataformas o dever de investir em moderação do conteúdo com o objetivo de eliminar mentiras escabrosas, ataques violentos e crimes. Além disso, várias normas foram inseridas para garantir transparência nas decisões e proteção aos dados dos usuários, e a necessidade de as plataformas abrirem os códigos de seus algoritmos para análise técnica.

De aberração que era, o PL 2630 foi se tornando fundamental para organizar a zona em que consiste a internet brasileira. Contudo, assim que passou a ser um projeto sério e comprometido com mudanças estruturais que eliminariam de vez a articulação do ódio, a extrema direita começou a atacar o projeto, dando a ele o nome de "PL da Censura" e convencendo grande parte do povo brasileiro de que aquela lei seria utilizada para "expulsar a direita da internet".

O projeto foi perdendo força. E seria eliminado após uma polêmica envolvendo Elon Musk e o STF, quando o novo presidente da Câmara, Arthur Lira, partidário de que o projeto era uma violação da liberdade de expressão, o enterrou em definitivo, já em 2024.

Roda Viva, crescem os ataques

O ano de 2020 avançava e a guerra na comunicação digital se inflamava ao mesmo tempo que o Brasil entrava em absoluto colapso devido à covid-19. O presidente da República e aqueles que o cercavam eram coniventes com o desastre. Osmar Terra, conselheiro de Bolsonaro sobre o assunto, constantemente publicava mentiras deslavadas a respeito da pandemia. Além de promover a cloroquina e o fim do isolamento, ele dava entrevistas alegando que o pico da pandemia já havia sido atingido e que os casos despencariam.[28] Na verdade, os números se multiplicavam a cada dia.

No meio desse caldeirão, enquanto rebatia os absurdos divulgados por Terra e criticava as emissoras de TV por ainda abrirem espaço para ele e seu negacionismo, recebi um convite honroso: participar do *Roda Viva*, prestigiado programa de entrevistas da televisão brasileira.

Os convidados costumam ser intelectuais e políticos de projeção nacional e internacional, então foi uma surpresa quando eu, um youtuber e comunicador digital, fui anunciado como a próxima atração. Àquela altura, já estava acostumado aos olhares tortos e à desconfiança por parte da dita elite intelectual. Eu represento uma arte "suja", mundana, que "qualquer um" pode fazer, e por muito tempo fui subestimado e tratado com descrédito. A participação no *Roda Viva* acabou mudando esse cenário.

A jornalista e apresentadora Vera Magalhães montou a bancada de entrevistadores com Ticá Almeida, head de comunicação do Twitter; Rachel Sheherazade, âncora do telejornal *SBT Brasil*; Mariliz Pereira Jorge, jornalista e escritora; Edgard Piccoli, apresentador do *Morning Show* da Jovem Pan; e Carol Pires, correspondente do *New York Times* e colunista da *Época*. Esses eram os cargos dos participantes em maio de 2020.

Durante a semana que antecedeu a entrevista, minha equipe demonstrava grande preocupação, porque o programa é conhecido por não facilitar a vida do entrevistado. Queriam que eu treinasse e me preparasse para certas perguntas; recusei. Até minha mãe enviava mensagens com medo do que eu teria de enfrentar. É claro que fiquei nervoso, mas àquela altura a única coisa que eu pensava era que, se não estivesse pronto para encarar o *Roda Viva*, então eu não merecia continuar influenciando tanta gente.

No dia 18 de maio de 2020, Vera Magalhães abriu o programa e logo citou o meu manifesto chamando de fascistas ou cúmplices aqueles que se calassem perante o bolsonarismo. E fez a primeira pergunta: "Você não acha que pegou muito pesado? Qual foi a reação que você colheu dos seus pares e de outros integrantes da classe artística? E se você faz um mea culpa por ter de alguma maneira colaborado com esse clima que levou à eleição do Bolsonaro lá atrás, tendo feito críticas pesadas ao PT [...]".

Durante uma hora e 36 minutos contei minha história como influenciador e como ser humano, aprendendo com meus erros, pedindo desculpas e me esforçando para corrigi-los sempre que os detectava. Ressaltei a importância da luta contra o neofascismo e sobre como eu não me arrependia de ter falado o que falei a respeito dos influenciadores.

Ao longo da entrevista, marquei em definitivo minha guinada em defesa do progressismo e de um posicionamento mais à esquerda. Aproveitei a oportunidade para corrigir tudo o que havia falado e feito de errado a respeito de Lula, Dilma e o PT, mostrando como o Brasil tinha passado por um golpe de Estado e era necessária uma grande união para vencer o bolsonarismo. Também falei das estratégias de comunicação da extrema direita, do Gabinete do Ódio e de como a esquerda falhava nas tentativas de se posicionar no ambiente digital. Reiterei a importância do paradoxo da tolerância, que prega que não podemos ser complacentes e permissivos com opiniões e falas que pregam a morte e a exclusão, além, é claro, da desinformação coordenada para ataques de reputação e mensagens que ameacem a saúde pública e a democracia.

A repercussão da entrevista foi muito maior do que eu esperava. Falando para um público que em geral não me assistia, pude mostrar um pouco mais quem eu era. Aquilo fortaleceu minha imagem pública e enfim me consolidou no debate político.

O jornalista Eduardo Filho publicou na *Veja* a matéria "Felipe Neto no *Roda Viva* vira porta-voz dos jovens inconformados: Youtuber enterrou o passado de futilidades e mostrou que a sensatez lhe cai bem".[29]

Quem não gostou nada disso foi Olavo de Carvalho.

Em função de sua influência nefasta e criminosa, inúmeras vezes enfrentei Olavo de Carvalho nos campos digitais, tentando alertar as pessoas sobre suas teorias macabras e desconectadas da realidade. Durante a pandemia, isso não foi diferente. O guru bolsonarista agia como um agente do negacionismo científico, chamando a covid-19 de "vírus chinês" e influenciando seu séquito a acreditar que havia ampla orquestração chinesa para implementação do comunismo no mundo. Ele chegou inclusive a afirmar que a campanha para nos proteger da pandemia era "o mais vasto e sórdido crime já cometido contra a espécie humana", e que "o medo de um suposto vírus mortífero não passa de historinha de terror para acovardar a população e fazê-la aceitar a escravidão".[30] Era outro nível de negacionismo: negava até a existência do vírus.

Após minha participação no *Roda Viva*, vendo que muita gente começava a prestar mais atenção nas coisas que eu tinha a dizer, o guru decidiu me atacar publicamente: "Com a idade do Felipe Neto, Napoleão já dominava a Europa, Mozart havia composto toda a sua obra e Rimbaud já havia até parado de escrever. Mas o referido é um adolescente promissor".

Óbvio que respondi. Não era difícil expor Olavo. Sua biografia era um assomo de loucuras tão grande que o duro era escolher o que falar em um post curto. Publiquei: "Engraçado, Olavo, que na minha idade você já tinha abandonado a escola primária, dava cursos de astrologia e dizia que a Terra é o centro do universo. 41 anos depois, você não só continua acreditando nisso, como chegou à conclusão de que a Terra é plana. Parabéns".

Olavo não respondeu, mas a partir dali começou a me atacar frequentemente, criando apelidos e usando suas expressões repletas de palavrões, muitas delas sobre ânus. É difícil imaginar um único dia em que ele não tenha falado sobre o c* de alguém em alguma rede social.

O problema foi que minha resposta acabou viralizando, o que mais uma vez deixou o Gabinete do Ódio de prontidão. As publicações me associando à pedofilia, revivendo a página "Casa, Mata ou Trepa", insinuando que eu sexualizava crianças, voltaram com força total. Como eu ousava atacar o grande mestre? O grande sábio brasileiro? O brilhante filósofo retal?

Nessa época, eu continuava gravando minha série de vídeos de *Minecraft* e estava psicologicamente abalado. Passava o dia inteiro, o máximo de tempo possível, dentro do jogo, fugindo da realidade, criando construções e gravando novos episódios, enquanto meu canal batia recordes de audiência. No ano de 2020 ele alcançou o maior número de visualizações da minha história.

Lembro de fechar o jogo em determinados dias e sentir vertigem, após ter ficado horas demais sem sequer me mexer, apenas controlando o mouse e o teclado. Quando não estava gravando, lia, escrevia e publicava contra o regime bolsonarista, sobretudo desmentindo as falas criminosas dos agentes anticiência como Allan dos Santos, Olavo de Carvalho, Osmar Terra, Carla Zambelli, Rodrigo Constantino, Carlos Jordy, Eduardo Bolsonaro, Carlos Bolsonaro, Flávio Bolsonaro e toda a turma.

O isolamento era insuportável.

No dia 13 de junho, peguei uma máquina de barbeiro, posicionei na altura 4 e raspei a cabeça. O resultado foi tremendo, mas mantive. A imprensa tratou logo de noticiar a bizarrice. Eu parecia uma boneca infantil que teve o cabelo inteiramente cortado por uma criança de sete anos. Até hoje não tenho a mínima ideia de por que fiz aquilo.

Tudo que eu fazia gerava notícias falsas ou manipulação por parte da extrema direita, cada passo dado, cada minúscula polêmica que eles pudessem capitalizar.

No mesmo dia em que raspei o cabelo, durante a calada da noite um grupo de cerca de trinta pessoas caminhou até o prédio do STF, em Brasília. Eles se denominavam "os 300 de Bolsonaro", numa alusão ao filme *300*, que mostra a luta dos guerreiros espartanos contra o gigantesco exército de Xerxes (careca, assim como Alexandre de Moraes).

Em determinado momento, fogos de artifício começaram a explodir na direção do prédio, enquanto berravam insultos contra os ministros e repetiam a frase: "ENTENDERAM O RECADO?".[31] Mandavam os ministros "se preparar", dando a entender que algo grave estava sendo planejado e seria executado em breve.

A ação inteira foi filmada e divulgada nas redes sociais, recebendo ampla cobertura da imprensa. O ministro Alexandre de Moraes, que viria a se tornar o maior inimigo do bolsonarismo no Brasil, se pronunciou: "O STF jamais se curvará ante agressões covardes de verdadeiras organizações criminosas financiadas por grupos antidemocráticos que desrespeitam a Constituição Federal, a Democracia e o Estado de Direito. A lei será rigorosamente aplicada e a justiça prevalecerá".

O clima no país esquentava a cada dia, promovendo a radicalização cada vez maior do eleitorado de Bolsonaro.

Em junho de 2020, outra publicação começou a viralizar: "RECADO AO STF FELIPE NETO É UM PEDÓFILO. TIREM ESSE CANAL DO AR POR FAVOR TEMOS QUE CUIDAR DAS NOSSA S CRIANÇAS!". Abaixo do texto, uma foto minha com o cabelo colorido e, ao lado, um print de uma suposta publicação minha no Twitter: "A culpa da pedofilia é dessas crianças gostosas". Uma montagem escancaradamente criminosa. Os portais de checagem de notícias informaram que ela era falsa, mas o número de postagens não diminuiu.[32]

Raras vezes uma publicação minha não recebia como resposta essa imagem — centenas de vezes, de diversas contas diferentes nas redes sociais.

Uma comunicadora da extrema direita também entrou em ação, dessa vez atacando meu irmão. A ex-apresentadora Antonia Fontenelle publicou um vídeo repugnante. Eram vários picotes de vídeos meus e do Luccas, além de outros influenciadores vistos como "de esquerda", dando a entender que todos estariam relacionados a crimes de pedofilia, mas focando sobretudo em mim e no meu irmão.

O tal vídeo sugeria que meu irmão, por meio de uma garrafa de vidro, ensinava crianças a praticar sexo oral, quando na verdade ele estava brincando com uma garrafa cenográfica de açúcar utilizada no cinema para simular vidro e quebrar na cabeça de alguém. Por ser de açúcar, ele pôs a garrafa na boca. Já na minha cena, Fontenelle exibia um vídeo muito antigo, da época em que eu não falava com criança alguma, em que fazia piadas com haters dizendo que mandaria confeccionar um "plug anal" com a minha foto para eles usarem, já que pensavam tanto em mim. Ao exibir essa fala associando-a ao público infantil e eliminar a parte dos haters, ela dava a entender que eu pretendia fabricar um plug anal com a minha foto para uso das crianças. Na legenda, ela escreveu: "Podemos chamar esse vídeo de incitação à pedofilia a olhos nus?".

A ferramenta de Rights Manager não se aplicava ao caso, pois Fontenelle tinha milhões de seguidores. Então entramos na Justiça, tanto na cível quanto na criminal, e ela foi obrigada a apagar o vídeo.[33] Como sempre, tarde demais.

Fontenelle ficou desesperada e cometeu uma sequência de crimes contra mim, chegando ao ponto de alegar que eu seria usuário de cocaína. Ela reviveu o "Casa, Mata ou Trepa", assim como todas as acusações infundadas da extrema direita. Entrou com representação no Ministério Público, revoltada com a existência da revista, exigindo que ela fosse retirada das lojas, para só então descobrir que os exemplares já tinham sido removidos havia muito tempo.

Na sequência, criou a campanha #MãesContraFelipeNeto, impulsionada pelo Gabinete do Ódio.[34] Resultado: diversas mães publicaram vídeos contra mim nas redes sociais, dizendo que haviam proibido os filhos de me assistir e que outras mães deveriam seguir o exemplo. Era apenas uma coincidência que ela fosse uma fortíssima apoiadora do presidente Jair Bolsonaro e defendesse o político o tempo inteiro nas redes sociais...

Pouco tempo depois, Fontenelle se lançou candidata a deputada federal com o apoio de Eduardo Bolsonaro. Perdeu.[35] Ao longo dos anos, ela ficaria obcecada por mim, chegando a me desafiar publicamente, na Jovem Pan: "Quer subir no ringue comigo? Quer cair na porrada comigo?".[36] Ainda alegaria estar sofrendo "assédio processual" pelo acúmulo de processos, mas continuaria cometendo crimes e mentindo a meu respeito, o que resultaria em mais processos. Eu nunca respondi a ela publicamente.

Hoje, Antonia Fontenelle possui condenações criminais definitivas e processos em andamento, mas a Justiça não consegue encontrá-la. A mulher "mais corajosa do Brasil", como ela dizia, se mudou para os Estados Unidos, aparentemente em busca de refúgio das implicações judiciais.

Dois dias após a primeira publicação de Fontenelle, o deputado federal bolsonarista Helio Lopes republicou o mesmo vídeo, com o texto: "Pedofilia não tem graça. Todos contra a erotização das crianças e adolescentes".

Mais uma vez a publicação foi derrubada dias depois pela Justiça, e Helio Lopes condenado a pagar uma indenização para mim e para meu irmão.[37]

A máquina de moer reputações não descansa. Ela ataca os inimigos 24 horas por dia, sete dias por semana, para sempre. Ao longo daquele período, eu começava a abrir os olhos para a realidade inevitável: não há outra saída para o mundo da internet além da criação de uma Constituição Digital. Precisamos de uma regulamentação do ambiente digital, com a criação de leis específicas que demonstrem, de maneira clara, o que é permitido e o que é proibido nas redes. Sem isso, a extrema direita permanece com suas estratégias sórdidas de arruinamento de reputações, perseguição, calúnias e controle de narrativas. A Justiça não consegue reagir a tempo.

Sendo massacrado todos os dias e associado à pedofilia, comecei a ter cada vez mais a certeza de que, sem regulação, nunca haverá equilíbrio na internet, e a extrema direita sempre, absolutamente sempre, sairá vencedora nesse ambiente.

The New York Times e a projeção internacional

Ainda no primeiro semestre de 2020, a ativista dos direitos humanos e economista Alessandra Orofino, então diretora-executiva da ONG Nossas e diretora-geral do programa da HBO *Greg News*, me procurou. O jornal norte-americano *The New York Times* queria publicar um vídeo que explicasse a atuação de Jair Bolsonaro durante a pandemia no Brasil, para que o público internacional tivesse dimensão do que estava ocorrendo. Ela seria a diretora e me convidou para ser o comunicador na frente das câmeras, o que me deixou muito lisonjeado.

Trabalhamos em cima do roteiro por duas semanas, fazendo diversos ajustes. Para poder criar interesse no público internacional, sobretudo o norte-americano, decidimos que Donald Trump era um monstro, mas perto de Jair Bolsonaro ele era o próprio Patch Adams (famoso médico interpretado por Robin Williams no cinema, no filme que no Brasil se chamou *O amor é contagioso*). O vídeo foi ao ar no dia 15 de julho de 2020, com o título *Trump não é o pior presidente da pandemia*.[38]

Ao longo de seis minutos e 24 segundos, com a contribuição de algumas piadas para manter o conteúdo interessante e menos pesado, exibimos os fatos que provavam como a dupla Trump-Bolsonaro era a dupla da morte. Os

Estados Unidos eram os líderes em número de mortos por covid-19, enquanto o Brasil, mesmo tendo tido tempo para se preparar e agir, já havia atingido a segunda posição.

Pusemos no ar as falas de Bolsonaro, exibimos imagens de empilhadeiras abrindo covas improvisadas. Mostramos como os americanos se revoltaram contra Trump por causa de um evento em Tulsa três meses após o início da pandemia, enquanto aqui Bolsonaro fazia isso o tempo inteiro. Recuperamos vídeos em que ele convocava manifestações, pedia por intervenção militar, passeava de jet-ski e gargalhava enquanto milhares de pessoas morriam diariamente no país. Também incluímos a imagem dele limpando o nariz com a mão e a estendendo para cumprimentar uma senhora.

E havia muito mais.

Resgatamos suas falas asquerosas a respeito da covid-19, desde o desprezo ao crescente número de mortos até o incentivo desmedido ao tratamento precoce. E não esquecemos de quando ele declarou "É muito fácil instaurar uma ditadura no Brasil" e "por isso que eu quero que o povo se arme!".

No fim do vídeo pusemos Donald Trump se referindo ao presidente brasileiro como "meu grande amigo", e eu comento como esse reconhecimento lhe confere legitimidade e é crucial para Bolsonaro manter sua popularidade. Olhando para a câmera, termino dizendo: "Vocês são os líderes mundiais em mortes por covid. E agora, vocês estão nos guiando para o abismo. Seu presidente tem pequenos representantes operando em todo o mundo. Nós somos suas vítimas. Então se você está se perguntando o que pode fazer para ajudar o Brasil a lidar com o nosso lunático, por favor, não reeleja o seu. Em novembro, vote para remover Trump da Casa Branca".

Nem eu nem Alessandra Orofino sabíamos como o *New York Times* divulgaria o vídeo, tampouco imaginávamos a repercussão. Para nossa surpresa, a chamada para ele foi estampada com destaque na primeira página. Em pouquíssimo tempo, era *o* assunto da internet.

O vídeo serviu de forte denúncia sobre o terror que o povo brasileiro enfrentava e teve muita repercussão. Motivo pelo qual sofri a mais barra-pesada campanha contra a minha imagem, e olha que eu achava que não tinha como piorar. Comecei a ser chamado de "traidor da pátria". Prints falsos infestavam as redes associando meu nome a todo tipo de crime — drogas, prostituição infantil, abuso de menores, entre outros.

Rodrigo Constantino era exímio em incitar ataques. Admirador de Olavo de Carvalho, ele passou por um intenso processo de radicalização neofascista e virou um dos porta-vozes da disseminação do ódio e destruição de reputações, ao mesmo tempo que defendia todas os disparates e crimes de Bolsonaro. O comentarista foi ao programa *Pânico*, da Jovem Pan, e se referiu ao *New York Times* como "lixo", "jornaleco", "uma porcaria", além de tecer todo tipo de comentário maldoso a meu respeito, inclusive repetindo o bordão que começou a se popularizar nessa época, de que eu teria ficado famoso "imitando foca" e que seria usado à exaustão pelos bolsonaristas.

Tudo isso porque uma vez, enquanto rodava o Brasil com o meu espetáculo teatral *Felipe Neto Megafest*, pedi para toda a plateia imitar uma foca, enquanto gravávamos a cena para que o Luccas, que era quem realmente imitava focas, visse. Entre as várias inverdades que dizem a meu respeito, os bolsonaristas utilizam esse trecho até hoje para dizer que eu ensino crianças a imitarem focas e fiquei famoso por isso. A crítica nem sequer faz sentido, uma vez que... Bem... Qual seria o problema se fosse verdade?

Justamente nesse período a extrema direita se apropriou de um vídeo em que eu apareço bêbado e falando com a câmera. Esbravejo palavrões e grito que estou num camarote de uma balada em Las Vegas que custa 20 mil dólares, enquanto digo que "estou bêbado e f*da-se, quero que o mundo se f*da". Diversos perfis replicaram. Mas a verdade é que ele foi gravado em 2015 e fazia parte de uma websérie chamada *Las Vegas Real*. Nada era verdadeiro ali, nem a bebedeira. Eu estava sóbrio e interpretando um personagem. Aliás, a websérie está no YouTube, na íntegra.

De novo eu precisava explicar que aquele vídeo tinha sido cortado e que não era real. E a cada vez que eu me explicava, menos pessoas tentavam de verdade entender o que havia acontecido. A manjada estratégia difamatória funciona, porque foca em destruir a imagem da vítima pela repetição sistemática de mentiras.

Nesse período, um novo print surgiu na internet, com uma falsa publicação minha no Twitter que dizia: "Criança é que nem doce, eu como escondido". Mais uma vez os sites de checagem confirmaram a inverdade do conteúdo, mas não adiantou muita coisa.[39] Pesquisa realizada por profissionais contratados pela minha equipe descobriu que meu nome já aparecia nos sites de busca associado à palavra "pedófilo". Pedidos para minha prisão imediata, fosse por pedofilia, fosse por "mentir sobre o Brasil para o mundo e trair a pátria", passaram a ser carne de vaca.

Passei a dormir acreditando que seria preso no dia seguinte. A denúncia para o resto do mundo talvez tivesse sido um passo grande demais. E quanto mais eles me atacavam, mais o vídeo do *New York Times* crescia, e, com ele, as ameaças de morte e de violência física.

Como ajudar quem é perseguido pela articulação do ódio

Em meio a essa montanha-russa emocional, senti na pele o que ajuda e o que atrapalha quando se é vítima de perseguição digital. Muita gente, com o desejo genuíno de ajudar, apenas inflama a situação, atacando quem ataca, ofendendo quem ofende, xingando quem xinga. Isso não auxilia em nada. Tudo que o soldado do ódio quer é causar o caos e disseminar o ódio ainda mais.

Quando se responde com ofensas, rebaixando-se ao nível do ofensor, a única consequência é a inflamação da ferida. Ninguém cura um machucado jogando mais germes e bactérias nele. A maior ajuda que qualquer um pode oferecer a uma pessoa perseguida na internet é divulgar a verdade, desmantelando as calúnias, negando as montagens, jogando luz sobre o caso do ponto de vista da vítima.

Não é fácil controlar esse ímpeto de partir para a ofensiva. Ao longo de tantos anos, cometi esse erro diversas vezes, e por isso digo: não vale a pena. Ainda assim, é possível que eu o cometa novamente. É uma batalha diária de contenção e paciência.

No dia 28 de julho de 2020, a perseguição atingiu um nível de violência tão grande que 37 entidades publicaram um manifesto público em minha defesa,[40] entre as quais a Ordem dos Advogados do Brasil (OAB), a Associação

Brasileira de Imprensa (ABI), o Instituto Vladimir Herzog, a União Nacional dos Estudantes (UNE) e a Associação Juízes para a Democracia (AJD). No documento, elas destacavam meu posicionamento e "a intensificação de uma campanha organizada e estruturada contendo informações comprovadamente falsas, com o intuito de prejudicar a imagem de sua pessoa". Mais do que me apoiarem, os signatários alertavam "para os perigos de divulgação de falsas e fraudadas informações com quaisquer que sejam seus objetivos".

Jamais imaginei receber suporte de pessoas tão ilustres. O manifesto rodou o Brasil e outros países e houve um crescimento vertiginoso de perfis fazendo publicações em minha defesa. Também saíram em minha defesa os senadores Rogério Carvalho (PT-SE), Humberto Costa (PT-PE), Randolfe Rodrigues (então Rede-AP, atualmente sem partido) e Eduardo Braga (MDB-AM), que utilizaram suas redes sociais para demonstrar solidariedade.

O manifesto funcionou porque jogou luz sobre o caso, trazendo a verdade. Portanto, caso você esteja pensando em colaborar dentro desse mundo de guerra no ambiente digital, tenha isso como norte: foque em expor as verdades e una-se a pessoas que tenham o mesmo propósito.

Diversos programas de TV passaram a me convidar para falar sobre o negacionismo científico, o discurso de ódio e a regulamentação da internet no Brasil. Aproveitei a oportunidade para reforçar a importância de uma Constituição Digital e do enfrentamento de crimes cometidos pela internet.

No dia 30 de julho, participei ao vivo de um debate com o ministro Luís Roberto Barroso. Como um membro do STF se "rebaixou" a ponto de conversar ao vivo com um youtuber? A extrema direita sentiu o encontro como uma provocação.

O ministro e eu conversamos por uma hora sobre valores essenciais para a democracia e para a criação de um ambiente digital proveitoso. Ele deu uma verdadeira aula, e eu contribuí com meu conhecimento sobre o universo da comunicação. Nunca mais parei de estudar e compartilhar informações sobre esse assunto.

O ataque à minha casa

Até então, nenhuma das críticas e ameaças que eu recebera havia extrapolado as fronteiras da internet. O embate era digital, como deveria ser, uma vez que se tratava da manifestação de ideias em um novo mundo em que o palco de debates acontece nas redes. Mas, em 29 de julho de 2020, um dia depois do manifesto publicado pelas 37 entidades e um dia antes do meu debate com o ministro Luís Roberto Barroso, aconteceu o que jamais deveria ter acontecido.

Eu havia me permitido um dia de folga da vida pública, dedicando a tarde à gravação de conteúdo para meu canal no YouTube, quando eu podia voltar a ser leve, divertido e não pensar em tudo de ruim que acontecia no país e comigo. De repente a portaria do condomínio me avisou que havia uma movimentação na entrada. Um homem estava parado, com um carro de som enorme e um microfone, gritando: "CHEGA, CHEGA! CADÊ VOCÊ, FELIPE NETO?".

Dava para ouvir pelo interfone os gritos ao fundo. Outro sujeito, ao lado do que gritava, filmava com o celular e fazia questão de exibir o rosto, enquanto repetia: "É um pedófilo disfarçado de apresentador infantil". Quem gritava ao microfone era Leandro Cavalieri, identificado na internet como "Guerreiro do Bolsonaro". Ele continuava: "ELE QUER DESTRUIR A FAMÍLIA! ELE QUER DESTRUIR AS CRIANÇAS!".

Foram muitos insultos, o tempo todo me desafiando a descer e ir "debater" com ele, em tom de ameaça de violência física. Minha equipe de segurança ficou de prontidão. Pela primeira vez senti um medo real de que alguma coisa pudesse acontecer à minha integridade física. Ele seguiu xingando e gritando por vários minutos. A polícia foi acionada, mas ele foi embora antes que chegassem.

Cavalieri publicou uma montagem em suas redes, na qual ele, segurando um fuzil, aparecia ao lado de crianças aterrorizadas. Via-se também uma foto minha de cabelo colorido, numa pose de uma época em que eu fazia um meme chamado "rebuliço". A ideia era me mostrar como uma figura infantilizada, enquanto ele me ameaçava com um fuzil para "proteger as crianças". Ainda dentro do carro, ele publicou stories no seu Instagram, dizendo: "É, Felipe Neto... A gente vai se encontrar em breve. Eu quero ver se tu é macho. Eu quero ver tu tirar onda comigo. Os teus seguranças não me intimidam não, irmão, que aqui também o bonde é pesado".

Dada a flexibilização de Bolsonaro para facilitar o acesso a armas de fogo, eu tinha certeza de que aquele homem estava armado até os dentes, mesmo porque ele havia postado uma foto segurando um fuzil.

No mesmo dia, descobrimos que Cavalieri fez parte do grupo dos fogos de artifício contra o prédio do STF em junho daquele ano.[41] Descobrimos também que pouco tempo antes ele se anunciava como assessor do deputado federal Otoni de Paula, bolsonarista ferrenho, e estava realizando campanha como pré-candidato a vereador do Rio de Janeiro. No dia seguinte ao ataque, Otoni de Paula informou que ele não tinha nenhum vínculo com o sujeito e que havia retirado o apoio a ele para vereador. Sobre os ataques contra mim, ele disse: "Não tenho nada a declarar sobre esse episódio".[42]

Em 30 de julho, o *Jornal Nacional* dedicou seis minutos para noticiar tudo que eu vinha sofrendo.[43] A matéria exibiu os ataques de Cavalieri, mostrou as publicações falsas me associando à pedofilia, confirmou que eram montagens e que foram analisadas por especialistas, e eu ainda tive alguns minutos de fala para me defender. Na internet, a matéria foi divulgada com o título "Influenciador digital Felipe Neto é vítima de fake news e de ameaças", não abrindo margem para interpretação. Foram contundentes, duros e falaram a verdade.

Aquela matéria do *Jornal Nacional* atingiu um público que eu jamais seria capaz de atingir. Não apenas pelo número de pessoas, mas pela abrangência da audiência, parte da qual até então estava decerto mais inclinada a acreditar nas calúnias a meu respeito do que na verdade, pois só havia recebido notícias insidiosas via grupos do WhatsApp.

Entramos com processo contra Cavalieri. Depois de quase quatro anos, continuamos aguardando a sentença da Justiça criminal.

"Estamos sendo vítimas de censura!!!"

No dia 24 de julho de 2020, o ministro Alexandre de Moraes ordenou a remoção das contas no Twitter de dezesseis aliados do presidente Jair Bolsonaro, e doze no Facebook.[44] A decisão fazia parte do inquérito das fake news que apurava ataques aos ministros da Suprema Corte e a disseminação de notícias falsas.

Dentre as contas banidas estava a de Roberto Jefferson, um criminoso neofascista que seria preso em 2022 após atirar em policiais federais que foram a sua casa cumprir um mandado de busca e apreensão. Outro banido foi Luciano Hang, o famoso empresário brasileiro dono das lojas Havan, que se tornou uma espécie de mascote bilionário do bolsonarismo, sempre de terno verde e amarelo para mostrar seu patriotismo. Nessa mesma leva estavam Allan dos Santos e Bernardo Küster, súditos de Olavo de Carvalho.

Aquele era o início da longa vitimização que passaria a fazer parte do discurso neofascista no Brasil, as pessoas a repetir que o país vivia sob uma "ditadura do Judiciário" comandada por Alexandre de Moraes, que mandava banir contas que expressavam apenas "opiniões".

Em sua decisão, o ministro deixava claro que as investigações "indicam possível existência de uso organizado de ferramentas de informática, notadamente contas em redes sociais, para criar, divulgar e disseminar informações falsas ou aptas a lesar instituições do Estado democrático de direito, notadamente o Supremo". Seriam essas as "opiniões".

É claro que um cenário ideal não deveria conviver com decisões do STF sobre banimento eterno de contas das redes sociais. Contudo, como se tratava de um período de pandemia, com crimes contra a saúde pública, além de ameaças reais à democracia, Alexandre de Moraes agiu com consciência para conter o avanço do ódio e da desinformação, removendo apenas algumas contas criminosas.

De novo, o único instrumento capaz de evitar esse tipo de decisão pelo STF é a elaboração de uma Constituição Digital. Se o projeto 2630/2020, conforme Orlando Silva finalizou e entregou em 2023, tivesse sido aprovado, essas contas não precisariam ser derrubadas com uma canetada do Supremo, pois já teriam sido analisadas pelas próprias redes sociais. Caso as redes falhassem em seu "dever de cuidado", aí sim o Judiciário poderia agir, dentro do devido processo legal e somente após convocado, fornecendo amplo direito à defesa.

Em 2020, esse era apenas o início da inversão de discurso de perseguição por parte da extrema direita, que resultaria em uma campanha liderada por Eduardo Bolsonaro para pintar o Brasil como uma ditadura centrada em Alexandre de Moraes, em que pessoas são censuradas apenas por "pensarem diferente".

Na verdade, pessoas sofrem consequências não por pensarem diferente, mas por cometerem crimes. Mas essa parte eles ocultam em suas vitimizações.

A perseguição continua

O *Jornal Nacional* ajudou a acalmar os ânimos por um tempo, mas não muito. Em 6 de agosto de 2020, um vereador de Manaus discursou na sessão da Câmara tendo em mãos meu antigo livro de capa amarela. Fred Mota, do partido Republicanos, começou a falar aos gritos: "Esse cidadão aqui é uma desgraça pra família brasileira. Tem mais de 30 milhões de seguidores. Eu comprei ontem, vereadores, em uma livraria para crianças. Para crianças. Na página 25 tem um joguinho [...]. Vários artistas: você casa, você mata ou você faz sexo. A palavra tá aqui".

De novo a mesma mentira. Isso sem dizer que em 2020 aquele livro-revista praticamente nem era vendido mais, para os padrões da internet já envelhecera. Ainda assim, ele continuou: "Famílias amazonenses, não negociem a criação dos filhos de vocês. Não negociem com esse cidadão aqui. Isso não é um cidadão, é alguma coisa parecida. Não sei o quê. Seu Felipe Neto só presta pra isso". Em seguida rasgou o livro ao meio.[45]

Dois dias depois, o caso da menina de dez anos que havia engravidado após passar quatro anos sendo vítima de frequentes estupros pelo tio, no Espírito Santo, chocou o país.[46]

O Brasil, apesar de ultraconservador a respeito do aborto, permite o "aborto legal" em casos de estupro, de risco de morte à mãe e quando o feto é anencéfalo. Contudo, quando os neofascistas descobriram que a gestação da menina seria interrompida, fizeram de tudo para impedir o procedimento.

Mas uma pessoa foi além. Sara Giromini, conhecida na internet como Sara Winter e ex-aliada de Carla Zambelli, era bolsonarista até o último fio de cabelo e uma das líderes do movimento "300 do Bolsonaro". Ela publicou um vídeo no YouTube divulgando o nome da criança e o hospital onde ela estava, com o intuito de mobilizar ativistas. O que ela fez — expor dados privados — tem nome dentro do debate de comportamentos na internet: *doxing*.

Sara teve seu canal banido pelo YouTube. Não foi preciso nenhuma decisão da Justiça e ninguém gritou "censura!", afinal, não era mesmo. Ainda assim, diversas pessoas se manifestaram na entrada do hospital, em Recife, tentando impedir que a criança passasse pelo procedimento. Não conseguiram. Abalado pelo caso, fui ao Twitter e pedi que alguém da família entrasse em contato com a minha equipe, pois eu iria pagar a educação dela até o fim da faculdade.[47] "Num mundo de injustiças e desigualdades, q ela possa receber a melhor arma possível", escrevi.

No dia seguinte, uma montagem viralizou nas redes sociais. No centro, uma foto minha e a manchete da *IstoÉ Gente*: "Felipe Neto se oferece para pagar educação de menina de 10 anos grávida por estupro". Na parte superior da imagem: "O MUNDO TÁ PERDIDO UM PEDÓFILO OFERECENDO". Na parte inferior: "AJUDA PRA UMA VÍTIMA DE OUTRO PEDÓFILO". Também puseram emojis vomitando.

Os grupos bolsonaristas que se dizem "pró-vida" estavam enfurecidos com a minha ajuda à menina, que para eles era agora uma assassina, assim como sua família, que autorizou o ato. Decidiram então retomar as acusações de pedofilia.

O verdadeiro pedófilo

Em meados de 2019, um comunicador de extrema direita começava a ganhar mais espaço na internet brasileira. Tratava-se de Gabriel Monteiro, um policial militar do Rio de Janeiro que viralizou ao abordar seu superior com uma câmera em punho, acusando-o de participação no crime organizado. Seus discursos cuspiam o ódio neofascista comum a outros integrantes do bolsonarismo na internet.

Com o tempo, Gabriel foi se tornando mais um "caçador de esquerdista", realizando inúmeras "denúncias", a maioria delas extremamente frágil e sem seguir o devido processo legal, buscando apenas a fama e os números nas redes sociais. Deu certo.

Naquele mesmo ano, por exemplo, foi gravar próximo ao velório de Ágatha Vitória Sales Félix, uma criança de oito anos que havia sido morta em uma incursão da polícia na favela onde morava. Gabriel, defensor de todo tipo de violência policial, estava transmitindo ao vivo quando um cidadão indignado começou a questioná-lo aos gritos. Mesmo sem ter sofrido qualquer agressão, o policial desferiu um soco no rosto do rapaz e fugiu.

Ele gravava vídeos nas ruas, mostrando crianças em situação de desamparo e fome, fazendo sensacionalismo barato com a miséria e posando de herói.

Passou também a divulgar que era perseguido pelos poderosos corruptos, que queriam matá-lo por suas denúncias, e por isso andava pela cidade rodeado de seguranças armados.

Em 2020, Gabriel se candidatou a vereador da cidade do Rio de Janeiro e iniciou sua trajetória política. Ele insistia em posar como "salvador das crianças", e para isso, seguindo a narrativa bolsonarista, resolveu me atacar. Em junho, durante a campanha, ele publicou um vídeo em que desafiava pessoas na rua a convencerem-no de que "Felipe Neto não é um idiota". Ele então respondia aos argumentos com todo tipo de ataques contra mim. Atingiu quase 1 milhão de visualizações. Em 22 de agosto, publicou uma foto ao lado de uma criança, com a legenda: "Felipe Neto não será referência pra essa geração mais jovem, seus valores não representam nossa juventude".[48]

Foram diversos vídeos a meu respeito. E ele sempre traçava comparações comigo, mostrando como o povo brasileiro deveria ouvir a ele e não a mim, se colocando numa posição de vítima por ser policial, o que dificultava sua popularidade entre os jovens.

Em dezembro, já eleito vereador, Gabriel postou mais uma foto segurando uma criança no colo, vestida com a farda de policial militar. "Aos poucos estamos retomando o espaço que hipócritas como Felipe Neto dominou, a influência à geração mais nova. Ñ podemos deixar nossas crianças aos ensinamentos detestáveis. A cada vez mais entro na cultura, produção de conteúdo para todos, sair da zona de conforto é necessário".[49]

A perseguição era constante. Me atacar era garantia de visualizações e, portanto, da notoriedade de que ele precisava para se manter eleito.

Não durou muito.

Em fevereiro de 2022, o *Fantástico*, da Globo, recebeu filmagens de ex-funcionários de Gabriel que revelavam como ele manipulava as crianças de rua que gravava para o seu canal do YouTube, instruindo-as a mentir para comover o público. Também se descobriu que ele cometia irregularidades em seu gabinete na Câmara Municipal e expunha funcionários a assédio moral e sexual.[50]

No mês seguinte, vazou na internet um vídeo em que ele fazia sexo com uma menina de quinze anos. Logo em seguida, foi vazado um áudio em que o parlamentar declarava sua preferência por sexo com menores de idade: "Pô, 16, 17 aninhos. Porque eu gosto muito de novinha".[51]

Em agosto, seu mandato de vereador foi cassado, 48 votos a 2.[52]

No dia 7 de novembro de 2022, Gabriel Monteiro foi preso, acusado de estuprar uma jovem de 23 anos em uma boate na Barra da Tijuca. Também foi denunciado por suspeita de assédio e importunação sexual.[53]

No momento em que escrevo este livro, ele segue preso no Complexo de Gericinó, em Bangu, no Rio de Janeiro.

O Gabinete do Ódio não produziu qualquer material para associar Gabriel Monteiro à pedofilia, mesmo com a comprovação de seu envolvimento sexual com menores. Muito pelo contrário. O PL, partido de Jair Bolsonaro, tem a irmã e o pai de Gabriel entre seus políticos. O pai, Roberto Monteiro, foi eleito deputado federal. Já a irmã, Giselle Monteiro, foi eleita deputada estadual. Ambos utilizaram o ex-vereador como cabo eleitoral nas peças de campanha.

Time100

No dia 22 de setembro de 2020 a revista *Time* divulgou sua edição com as cem pessoas mais influentes do mundo. Para a surpresa de muitos, lá estava a minha foto.

Até então, apenas treze brasileiros haviam sido escolhidos em décadas, sendo três presidentes da República, três atletas, dois ex-ministros, dois empresários, uma ex-presidente da Petrobras, uma cientista e um chef de cozinha. E, agora, um influenciador digital. Até o fim de 2023, mais quatro foram selecionados, sendo duas ministras, uma empresária e um cientista. Apenas dezoito brasileiros na história.

A revista deixa claro que a lista traz os nomes de pessoas reconhecidas por terem, de alguma forma, ajudado a mudar o mundo, independentemente de essa mudança ter sido positiva ou negativa. Por isso, junto de mim, outro brasileiro também foi escolhido como uma das cem pessoas mais influentes do planeta: Jair Bolsonaro. Também já integraram a lista figuras como Osama bin Laden, Kim Jong-un e George W. Bush.

Cada indicação vem acompanhada de um texto. O meu foi assinado por David Miranda, deputado federal da esquerda brasileira que morreria tragicamente em 2023, marido do jornalista Glenn Greenwald. Miranda detalhou um pouco a minha história — minha chamada ao posicionamento dos influenciadores digitais, o vídeo do *New York Times* e os ataques que sofri: "Sua notoriedade inicial foi gerada pela tarifa-padrão para adolescentes online: videogames, celebridades e meninas. Mas com a eleição do presidente de extrema direita Jair Bolsonaro em 2018 e o empoderamento do seu movimento protofascista, Neto, arriscando a sua marca e segurança, redirecionou a sua popularidade para se tornar um dos oponentes mais eficazes de Bolsonaro".[54]

O texto sobre Jair Bolsonaro, escrito pelo jornalista Dan Stewart, era um pouco diferente: "A história do ano do Brasil pode ser contada em números: 137 mil vidas perdidas para o coronavírus. A pior recessão em 40 anos. Pelo menos cinco ministros demitiram-se ou renunciaram. Mais de 29 mil incêndios na Floresta Amazônica só em agosto. Um presidente cujo teimoso ceticismo em relação à pandemia e indiferença à espoliação ambiental fez subir todos esses números".[55]

O Gabinete do Ódio não era mais suficiente

Enquanto um youtuber que se opunha publicamente ao maior ídolo da extrema direita brasileira recebia reconhecimento internacional, o presidente era humilhado e recebia críticas dentro e fora do país.

Já havia algum tempo, minha equipe jurídica monitorava um movimento estranho nos bastidores da Justiça. Diversas pessoas entravam com representações no Ministério Público contra mim, com alegações delirantes rapidamente rechaçadas e arquivadas. André Perecmanis, o advogado-chefe da área criminal da equipe, me explicou que era uma tentativa de *lawfare*, que é quando as pessoas fazem representações como tática de intimidação ou para atingir objetivos específicos — políticos, neste caso.

Não era apenas o cancelamento digital: era uma tentativa de me levar à prisão.

"E tem chance de eles conseguirem alguma coisa?", perguntei.

"É muito difícil, porque você não cometeu crime algum", ele disse. "Acredito que eles estão fazendo isso na esperança de que, em algum momento, um dos pedidos caia na mão de algum promotor bolsonarista e ele dê andamento, em vez de arquivar."

Bem, era exatamente isso. O Gabinete do Ódio não conseguiu me silenciar e tentava uma nova estratégia para me tirar de vez do debate público. E funcionou.

Na sexta-feira 6 de novembro de 2020, a polícia bateu à minha porta pela primeira vez e entregou um documento: o delegado Pablo Dacosta Sartori havia "concluído investigação" e me indiciara pelo crime de corrupção de menores.[56] Desabei no sofá, correndo os olhos por aquele juridiquês confuso embora claro. O que tinha acontecido?

Dentre as inúmeras tentativas de me imputar um crime, uma havia funcionado. Ela havia sido registrada no Ministério Público Federal de Brasília, que recusou o caso e o enviou para o Ministério Público Federal do Rio de Janeiro, que também o recusou e o enviou para o Ministério Público do Estado do Rio de Janeiro, onde caiu nas mãos do promotor de justiça Alexandre Themístocles, que decidiu levar adiante. Ele então encaminhou o caso para ser investigado pela Polícia Civil, mais especificamente a Delegacia de Repressão aos Crimes de Informática (DRCI), que era liderada por quem? Pablo Sartori, o delegado que havia se recusado a investigar os crimes de ameaça contra a minha vida e a vida da minha mãe. Ele abraçou aquela possibilidade de investigação contra mim, mesmo sendo um crime que não tem relação com sua delegacia.

Sem ouvir ninguém, sem testemunhas, sem vítimas, ele concluiu sua "investigação" opinando que eu havia, de fato, incorrido no crime de corrupção de menores, de acordo com o artigo 244-B do Estatuto da Criança e do Adolescente: "244-B — Corromper ou facilitar a corrupção de menor de 18 anos, com ele praticando infração penal ou induzindo-o a praticá-la. Pena — reclusão, de 1 (um) a 4 (quatro) anos".

Era uma descarada instrumentalização do poder público para me silenciar e, possivelmente, me prender. Que crime eu havia cometido? Que jovem eu havia induzido a praticar crime?

O crime de corrupção de menores em geral se configura quando um adulto induz um menor a cometer crimes como tráfico de drogas ou prostituição infantil, e isso independe de o delito ter sido realizado no mundo real ou no ambiente digital. Segundo a "investigação", eu falava palavrões e fazia piadas de cunho sexual em vídeos antigos, sem classificação indicativa. Ora, quase todo criador de vídeo no YouTube no mundo fazia o mesmo. E, o pior, havia anos eu era um dos únicos youtubers no mundo a sempre deixar explícita a classificação etária no título de todos os meus vídeos.

Ódio, revolta, desejo de vingança, tristeza, angústia, ansiedade, tudo passava pela minha cabeça. Eu queria iniciar uma transmissão ao vivo para mostrar o absurdo, queria publicar fotos, vídeos, gritar, ofender aquele delegado que claramente agia com algum interesse obscuro.

Respirei fundo. Aos 32 anos, eu já tinha aprendido uma coisa ou outra sobre como lidar com momentos de grande emoção. Não deveria tomar nenhuma atitude naquele estado, ou corria o risco de estragar tudo. Tomei um banho frio e refleti sobre o que fazer. Sabia que tinha muito pouco tempo. Em questão de horas, a informação daquele indiciamento vazaria e os jornais estampariam em suas capas: "Felipe Neto indiciado por corrupção de menores".

E aí eu percebi. Aquela não era uma ação para me prender.

Convoquei uma reunião com meus advogados e traçamos uma estratégia jurídica, que na verdade se resumia a esperar. O indiciamento feito pelo delegado iria para as mãos do promotor Alexandre Themístocles, que analisaria a "investigação" e decidiria se o Ministério Público iria me acusar do crime ou arquivar o processo.

Perecmanis tratou de me tranquilizar: "Felipe, já investiguei bastante o promotor e ele é altamente técnico, acredito que a chance de ele dar continuidade a isso é quase zero". Era o que eu imaginava. O caso iria ganhar a imprensa, a pressão sobre ele seria grande, com certeza os juristas iriam se pronunciar.

Tudo que eles queriam era que saíssem matérias com o título "Felipe Neto é indiciado por corrupção de menores", para poderem reverberar com toda a força e transformar a mentira em verdade. Foi então que chamei Nathalia Damasceno e lhe pedi que se empenhasse junto à imprensa de modo que toda e qualquer matéria incluísse a minha defesa. Precisávamos matar a narrativa na raiz da comunicação.

Em pouco tempo, o assunto tomou a internet. Bolsonaristas comemoravam, compartilhando a informação. Porém, todas as matérias vinham com a nossa versão no título: "Felipe Neto é indiciado por corrupção de menores pela polícia do Rio; 'Falsas acusações', diz influenciador", no G1.[57] "Felipe Neto é indiciado pela Polícia Civil; youtuber nega acusações: 'Denúncias caluniosas'",[58] no *Correio Braziliense*. "Felipe Neto é indiciado por corrupção de menores e diz ser vítima de perseguição política",[59] na *Folha*.

Se as manchetes fossem apenas "Felipe Neto é indiciado por corrupção de menores", talvez o caso tivesse sido um caminho sem volta para a minha reputação. Em pesquisa realizada em 2018, a empresa de tecnologia DNPontoCom revelou que 70% dos brasileiros da Geração Z leem apenas as manchetes e ignoram o conteúdo das notícias.[60] Contudo, a situação não estava resolvida. Com os títulos a nosso favor, agora era fundamental espalhar a verdade, o que fiz por meio do Twitter.

Em pouco tempo, especialistas indignados se manifestaram publicando fios (sequências de postagens) e vídeos no YouTube analisando o caso. Augusto de Arruda Botelho, um dos mais respeitados advogados criminalistas do país, postou que a acusação era "tecnicamente [...] absurda e tem uma clara conotação política/pessoal"; a juíza de direito Marcela Lobo, do Maranhão, destacou que não entendeu "qual seria a infração penal que os menores teriam praticado com o indiciado ou por ele induzidos a praticar"; e Thiago Anastácio, advogado criminalista e comentarista da CNN Brasil, disse que havia "absoluta ausência de investigação, em fato que não é crime".

No dia seguinte, a ministra da Mulher, da Família e dos Direitos Humanos, Damares Alves, lídima representante do neofascismo brasileiro, publicou no Twitter: "Explicado: primeiro o MP aceita as denúncias. Agora, a delegacia de crimes cibernéticos instaura inquérito por corrupção de menores. Segundo o artigo 224-B do Código Penal, a pena é de até quatro anos de reclusão. Neste país temos defensores da infância!",[61] e em seguida colocou o link da matéria do *Correio Braziliense*.

A publicação de Damares dizia muita coisa. Primeiro, mostrava como o objetivo era de fato a destruição de reputação, com uma narrativa de "proteção das crianças" contra um monstro "corruptor de menores". Segundo, evidenciava como integrantes do governo estavam ao lado desse escândalo, incluindo a ministra que deveria lutar pelos direitos humanos. Terceiro, mostrava que Damares era uma completa ignorante ou extremamente mal-intencionada, citando o número do artigo errado (era o 244-B, e não 224-B) e dizendo se tratar do Código Penal, quando na verdade era o Estatuto da Criança e do Adolescente.

O artigo 224-B do Código Penal discorre sobre o crime de violência sexual, definindo que "Presume-se a violência, se a vítima: B) é alienada ou débil mental, e o agente conhecia esta circunstância". Se alguém pesquisasse o artigo citado pela ministra dos Direitos Humanos, acharia que eu estuprei alguém com deficiência intelectual.

Para milhões de pessoas tudo aquilo escancarava perseguição política e tentativa de amedrontamento por meio da máquina pública. Apenas os extremistas celebravam e enalteciam Pablo Sartori pela "coragem". Ele se pronunciou: "Há mais ou menos um mês o MP aqui do Rio me mandou um expediente pedindo a investigação de possível crime por corrupção de menores. E mencionado entre outras coisas um monte de vídeos. Dentre esses vídeos tem um que é bem esclarecedor. De 2017, até posteriormente ele fez assinatura de livros, vídeos no YouTube outros materiais que eram direcionados para criança, com material inadequado para menores. Então, isso me pareceu, sim, estar configurado artigo 244 do ECA".[62]

A resposta do delegado era um show de horrores: não era técnica, não era profissional, era sensacionalista e sem provas. E muito mal escrita. Quando indagado sobre nem ter me ouvido para concluir sua investigação, ele respondeu: "Ele foi intimado, o advogado dele compareceu e protocolou uma petição, onde ele fala que não queria ser ouvido".

Era mentira. O delegado simplesmente mentiu.

André Perecmanis havia ido até a delegacia, sim, e conversara com Pablo Sartori. Comentou que estávamos em meio a uma pandemia e minha ida à delegacia poderia promover uma aglomeração. Sartori então sugeriu que eu não fosse, pois não havia necessidade. Dias depois, mentiu dizendo que eu não quis ser ouvido.

À noite, André e eu fizemos uma transmissão ao vivo no meu canal que foi vista por mais de 3 milhões de pessoas. Durante pouco mais de uma hora, expliquei em detalhes a perseguição que vinha sofrendo, comemorei a vitória de Biden sobre Trump e o quanto aquilo representava uma derrota para o avanço do fascismo internacional.[63]

Pedi a meus seguidores que agissem em defesa da verdade, que invadissem publicações que me associavam a crimes. Concluí: "Não xingue, não ataque, não use violência, porque isso só gera mais ódio, não convence ninguém. Use o carinho [...], chame a pessoa e peça para conversar e mostre a verdade. Se a pessoa continuar gritando, tudo bem, você fez a sua parte".

O caso seria finalmente arquivado pela juíza Daniella Alvarez Prado, da 35ª Vara Criminal do Rio de Janeiro, em 3 de junho de 2021,[64] após pedido de arquivamento do Ministério Público: "Não há notícia da existência de qualquer vítima", concluiu o promotor Alexandre Themístocles.[65] Foram sete meses de angústia e ansiedade.

O que ninguém sabia, nem minha mãe, é que naquela noite em que o mundo quase caiu Cobra e eu montamos um plano de fuga caso o governo Bolsonaro tentasse efetivamente me prender. Nós não poderíamos permitir que aquilo acontecesse, porque se chegasse a esse ponto, eu não sairia vivo.

Detratores, VERO e o futebol na pandemia

O fim de 2020 trazia duas grandes notícias para o país: a tendência na diminuição de casos de covid-19 e o avanço da vacina, que dava sinais claros de que seria a solução definitiva para a pandemia. Minha vida continuava agitada.

No dia 1º de dezembro de 2020, surgiu uma lista em todos os veículos de imprensa mostrando quem seriam os "50 Detratores do Governo". E lá estava eu. A lista tinha sido elaborada pela empresa BR+ Comunicação, a pedido do Ministério da Economia. A ideia, aparentemente, era mapear os cinquenta "detratores" do governo mais relevantes, listar seus telefones e e-mails e sugerir ações. Abaixo do meu nome, em "recomendações de ação", constava: "Monitoramento preventivo das publicações do influenciador".[66]

Àquela altura, eram inúmeras as publicações contra mim realizadas pela família Bolsonaro, por ministros do governo e outros políticos e apoiadores. Eles passaram também a utilizar mais os stories do Instagram, que se apagavam automaticamente 24 horas após a publicação.

Dez dias depois, um projeto de que muito me orgulho enfim se concretizou: o Instituto VERO. Desde que iniciei meu trabalho junto ao projeto de lei 2630/2020, decidi abrir um instituto sem fins lucrativos que trabalhasse para o fomento da educação digital e em iniciativas que visassem produzir impacto social positivo. Aloquei uma verba de mais de 1 milhão de reais e contactei profissionais competentes. Caio Machado — formado em direito pela USP, mestre em direito pela Sorbonne e doutorando e mestre em ciências sociais por Oxford — assumiu a gestão executiva do instituto. O VERO em pouco tempo ganhou respeitabilidade, atuando em combate à desinformação, treinamento de profissionais, palestras com o Supremo Tribunal Federal e o Tribunal Superior Eleitoral. Nas eleições de 2022, o instituto teria uma atuação incisiva e determinante.

Mas não vivi apenas de acertos. Embora os números de novos casos de covid-19 estivessem despencando em dezembro, meu discurso na internet continuava insistindo que quem pudesse ficar em casa que ficasse. E eu deveria ter seguido meu conselho.

Fiquei sem furar o isolamento e sem ver praticamente ninguém durante meses. No fim do ano, em função da diminuição vertiginosa de casos, muitas pessoas começaram a retomar pouco a pouco suas vidas. Achei que seria tranquilo sair — sempre de máscara — para jogar futebol. Estava desesperado para ver meus amigos.

Na terceira e última vez que fui jogar, no dia 28 de dezembro de 2020, um homem se aproximou por trás do gol onde eu atuava como goleiro e começou a me filmar. O vídeo me chamando de hipócrita por recomendar uma coisa e fazer outra rodou a internet.

Um bolsonarista famoso, amigo do homem que me filmou, foi à internet e afirmou que jogava no campo ao lado do meu, o que era verdade, e tinha me visto jogar futebol o ano inteiro, o que era mentira. Até hoje muita gente acredita que eu joguei futebol durante todo o período da pandemia e não apenas em três oportunidades em dezembro.

Como me defender? Qualquer defesa soaria como uma desculpa esfarrapada. Pedi desculpas e prometi que aquilo não voltaria a acontecer.

Enquanto Jair Bolsonaro e seus súditos desrespeitavam toda e qualquer orientação sanitária, promoviam cloroquina, se opunham à vacina, ignoravam o isolamento e eram diretamente responsáveis por centenas de milhares de mortes, o vilão era eu.

Como sempre, o enfrentamento ao ódio se dá na disputa de narrativas, está tudo na maior arma da humanidade: a comunicação.

Genocida!

Em outubro de 2020, o Brasil ultrapassava 156 mil mortos pela pandemia. O general Pazuello havia assumido de forma definitiva o cargo de ministro da Saúde e já na posse adiantou como seria sua gestão: "O tratamento precoce salva vidas. Por isso, temos falado dia após dia: não fique em casa esperando falta de ar. Não espere. Procure um médico já nos primeiros sintomas".[67]

O tal "tratamento precoce", o kit covid, era mais uma invenção sem respaldo científico, que dizia às pessoas que no início dos sintomas tomassem uma combinação de medicamentos, incluindo a hidroxicloroquina e a azitromicina.

Graças ao trabalho dos cientistas, a vacina avançava e diversos laboratórios corriam contra o tempo. Quem não concordava com esse empenho era o presidente, que desde julho falava abertamente que não tomaria a vacina, uma vez que já tinha contraído o vírus e, por isso, estaria imune: "Eu não preciso tomar [vacina] porque já tô safo!", ele disse numa transmissão ao vivo.[68]

A gestão da pandemia sob Bolsonaro e Pazuello foi repleta de mentiras descaradas que comprometeram a vida de milhões de brasileiros. É só listar os acontecimentos numa uma linha do tempo para entender o tamanho da catástrofe.

30 de julho de 2020, 90 mil mortos: O Instituto Butantan envia um ofício para o Ministério da Saúde propondo a compra da vacina CoronaVac, que seria produzida em parceria com a empresa chinesa Sinovac Biotech. Seriam 60 milhões de doses, a serem entregues ao país ainda em dezembro de 2020.[69] O governo nem sequer responde.

14 de agosto de 2020, 105 mil mortos: A multinacional Pfizer oferece ao Ministério da Saúde 70 milhões de doses, com previsão de entrega das primeiras remessas em dezembro de 2020.[70] O governo nem sequer responde.

18 de agosto de 2020, 110 mil mortos: A Pfizer volta a oferecer 70 milhões de doses, aumentando as remessas iniciais.[71] O governo novamente não responde. No mesmo dia, o Instituto Butantan envia um segundo ofício ao governo federal oferecendo as doses da CoronaVac.[72] Nenhuma resposta por parte do governo.

26 de agosto de 2020, 116 mil mortos: Pfizer faz a sua terceira oferta, aumentando a quantidade de doses.[73] Nenhuma resposta do governo.

12 de setembro de 2020, 131 mil mortos: Pfizer envia uma carta para a cúpula do governo Bolsonaro, oferecendo a vacina novamente.[74] Sem resposta.

7 de outubro de 2020, 148 mil mortos: Butantan envia terceiro ofício ao governo federal oferecendo as doses da CoronaVac.[75] Sem resposta.

20 de outubro de 2020, 154 mil mortos: Em reunião com os governadores, Eduardo Pazuello anuncia a compra de 46 milhões de doses da CoronaVac e informa já ter assinado o protocolo de intenção de compra.[76] Os bolsonaristas consideram uma traição ele comprar as "vacinas chinesas".

21 de outubro de 2020, 155 mil mortos: No dia seguinte, o presidente participa de uma coletiva e afirma que o país não comprará a vacina. "Já mandei cancelar se ele assinou. Já mandei cancelar. O presidente sou eu, não abro mão da minha autoridade".[77]

10 de novembro de 2020, 163 mil mortos: Bolsonaro discursa em uma cerimônia no Palácio do Planalto. "Tudo agora é pandemia. Tem que acabar com esse negócio, pô. Lamento os mortos, lamento, mas todos nós vamos morrer um dia. Aqui, todo mundo vai morrer", ele disse. Não satisfeito, continuou: "Não adianta fugir disso, fugir da realidade. Tem que deixar de ser um país de maricas. [...] Temos que enfrentar de peito aberto, lutar. Que geração é essa nossa?".[78]

8 de dezembro de 2020, 178 mil mortos: Primeira pessoa no mundo é imunizada fora do âmbito de um ensaio clínico, na Inglaterra, com a vacina da Pfizer.[79] Seis dias depois, os Estados Unidos imunizam a primeira pessoa com a mesma vacina.[80]

17 de dezembro de 2020, 185 mil mortos: Ainda sem vacina em vista, Bolsonaro participa de uma solenidade do governo federal em Porto Seguro, na Bahia. "Eu não vou tomar [a vacina]. Alguns falam que eu estou dando um péssimo exemplo. Ô imbecil, ô idiota. Eu já tive o vírus e eu já tenho os anticorpos. Para que tomar vacina de novo?", ele disse. E foi além. Enquanto Estados Unidos, Inglaterra e outros países já estavam imunizando o maior número possível de pessoas com a vacina da Pfizer, ele falou: "Na Pfizer está bem claro no contrato: 'nós não nos responsabilizamos por qualquer efeito colateral'. Se você virar um chimpanzé... Se você virar um jacaré, é problema de você".[81]

7 de janeiro de 2021, 200 mil mortos: Após cinco meses da primeira oferta do Instituto Butantan, o Ministério da Saúde assina contrato para a compra de 46 milhões de doses da "vacina chinesa", a CoronaVac.[82]

17 de janeiro de 2021, 210 mil mortos: Primeira pessoa é vacinada no Brasil, em São Paulo, com a CoronaVac.[83]

22 de janeiro de 2021, 215 mil mortos: Após todas as defesas e propagandas da hidroxicloroquina, da azitromicina e do fajuto kit covid, Bolsonaro se posiciona contra a obrigatoriedade da vacinação. Na porta do Palácio da Alvorada, ele fala para jornalistas: "Não está nada comprovado cientificamente com essa vacina aí".[84] A vacina CoronaVac teve seu uso emergencial aprovado pela Agência Nacional de Vigilância Sanitária após testar sua eficácia e segurança, que ficaram comprovadas em ensaios clínicos conduzidos no Brasil.

5 de março de 2021, 263 mil mortos: Bolsonaro participa de evento em Goiás, onde afirma: "Vocês não ficaram em casa, não se acovardaram. Temos que enfrentar os nossos problemas. Chega de frescura, de mimimi. Vão ficar chorando até quando?".[85] O país registrou 1760 novas mortes no dia anterior, recorde histórico desde o início da pandemia. Ao longo de março e abril, o Brasil viveria o ápice do horror da covid-19.

18 de março de 2021, 287 mil mortos: Jair Bolsonaro mais uma vez defende o uso de remédios que comprovadamente não funcionam contra a covid-19. Ao falar das pessoas que não querem seguir o "tratamento precoce", ele declara: "Sem problemas, quando tu começar a sentir um negócio esquisito lá, tu segue aí a receita do ministro Mandetta. Você vai pra casa, quando você tiver ó...", o presidente da República começa a imitar, de maneira debochada, uma pessoa morrendo por falta de ar, puxando o ar sem conseguir — "UH... UH... UH...

falta de ar, aí vai pro hospital". Não satisfeito, Bolsonaro repetiria a mesma cena menos de dois meses depois, em outra transmissão ao vivo.[86]

19 de março de 2021, 287 mil mortos: Com o país batendo seus próprios recordes de novas mortes diariamente, o governo enfim oficializa a compra de 100 milhões de doses da vacina da Pfizer e 38 milhões da vacina Janssen.[87] A Inglaterra já havia vacinado 40% de sua população, os Estados Unidos, 27%, e o Brasil, 5%.

4 de abril de 2021, 331 mil mortos: Sem conseguir conter o avanço da pandemia, o Brasil se torna o grande alvo de atenção do mundo, ao ser classificado como "laboratório de novas cepas do vírus".[88]

No dia 22 de outubro de 2021, o relatório final da CPI da Pandemia seria publicado e acusaria formalmente o governo federal de atraso na compra de vacinas.[89]

Quantas vidas não teriam sido salvas se o governo tivesse comprado logo as vacinas?

O presidente recusou as vacinas e desencorajou a população a tomá-las. Incentivou que as pessoas recorressem a medicações ineficazes. Insistiu na imunidade de rebanho, apoiou quem negava a existência do vírus, promoveu aglomerações, torrou tempo e dinheiro indo para Israel investigar um remédio fracassado e atrasou o máximo que pôde o início da vacinação.

Por todo o conjunto da obra, no dia 16 de dezembro, após uma matéria da *Folha de S.Paulo* com a manchete "Bolsonaro pede que governo divulgue perigos de vacinas contra a covid",[90] publiquei nas minhas redes sociais: "Genocida. Monstro. Este desgraçado será lembrado como o pior presidente eleito na história desse país".

No dia 15 de março de 2021, a polícia veio à minha casa e o inferno se instaurou em minha vida. A partir daquele momento, eu era formalmente acusado de crime contra a segurança nacional e associação criminosa. O delegado responsável pelo caso, mais uma vez, era Pablo Dacosta Sartori, atendendo ao pedido de abertura de investigação por parte de Carlos Bolsonaro, que foi pessoalmente até a delegacia para fazer o pedido.

PARTE V
VENCENDO O ÓDIO

Recuar ou lutar

Logo após receber a intimação, eu sabia que só tinha duas opções: recuar ou lutar.

A família Bolsonaro queria que eu recuasse, acreditando que a utilização da lei funcionaria para resultar em uma condenação. Não era mais uma tentativa de vencer a narrativa na internet, e era isso o que mais me assustava.

No caso da acusação de "corrupção de menores", todos sabiam que o resultado judicial seria nulo, pois não havia o que sustentasse a acusação. Tratava-se de um ataque midiático, a enésima tentativa de arruinar a minha reputação.

Agora, não. O objetivo era me prender ou me fazer desistir.

Na interpretação literal da Lei de Segurança Nacional, eu poderia ser enquadrado como criminoso. Era uma lei completamente ultrapassada, chamada de "entulho da ditadura". Criada em 1953 para definir os crimes contra o Estado e a ordem política e social, ela sofreu alterações até chegar na versão de 1969, aquela de que o regime militar se valeu para prender os "inimigos internos". Em 1983, ainda durante a ditadura, foi atualizada para a versão que utilizaram contra mim em 2021. Em seu artigo 26, ela dizia ser crime: "Caluniar ou difamar o presidente da República, o do Senado Federal, o da Câmara dos Deputados ou o do Supremo Tribunal Federal, imputando-lhes fato definido como crime ou fato ofensivo à reputação. Pena: reclusão, de 1 a 4 anos".[1]

Em resumo: xingar o presidente era crime no Brasil de 2021, graças a uma lei da época da ditadura. E eu havia cometido esse crime.

A família Bolsonaro me pusera numa sinuca de bico. Se eu enfrentasse, correria o risco de ser preso. Se recuasse, eles venceriam e eu seria censurado, parando de influenciar milhões de pessoas, sobretudo jovens, contra o regime neofascista brasileiro.

Eu não podia recuar. Não sem perder minha integridade e tudo que eu considerava ético e justo. Só havia um caminho.

Lutar

Liguei para André Perecmanis e botei toda a equipe jurídica para trabalhar. Em seguida decidi fazer um primeiro pronunciamento oficial, antes de a imprensa descobrir o caso, para ter controle da narrativa e informar apenas os fatos, sem distorções. Elaborei um texto com Nathalia Damasceno e publiquei em meu Twitter: "A clara tentativa de silenciamento se dá pela intimidação. Eles querem que eu tenha medo, que eu tema o poder dos governantes. Já disse e repito: um governo deve temer seu povo, NUNCA o contrário. Carlos Bolsonaro, vc não me assusta com seu autoritarismo. Não vai me calar".

E concluí: "Minha atribuição do termo 'genocida' ao presidente se dá pela sua nítida ausência de política de saúde pública no meio da pandemia, o que contribuiu diretamente para milhares de mortes de brasileiros. Uma crítica política não pode ser silenciada jamais!".

Esses tuítes bastaram para impulsionar a cobertura jornalística, com menções em geral revoltadas nas redes. Do ponto de vista midiático, a ação da família Bolsonaro era um tiro no pé, pois foi interpretada como tentativa de censura. Apenas os bolsonaristas mais radicais defendiam a prisão de um influenciador por ofender um presidente.

Os jornalistas foram atrás de Pablo Sartori. Mais uma vez o delegado me acusava de um crime, o mesmo que ignorou as ameaças de morte contra mim e a minha mãe. Ele se manifestou, dizendo: "Foi uma petição pedindo a instalação do procedimento porque parece que o Felipe Neto teria chamado o presidente de genocida, e aí se enquadraria nessa Lei de Segurança Nacional. [...] A petição, quem fez o pedido da investigação, foi o Carlos Bolsonaro, mas a vítima é o pai dele, o presidente".[2]

No dia seguinte, os jornalistas pressionaram o delegado indagando sobre seus atos em favor da família Bolsonaro. Em dezembro, ele havia intimado os apresentadores do *Jornal Nacional*, William Bonner e Renata Vasconcellos, por um suposto crime de desobediência por terem publicado uma matéria a respeito da investigação dos crimes de rachadinhas de Flávio Bolsonaro. Também em dezembro, Valder Bastos, um artista de Niterói (RJ), foi igualmente indiciado por Pablo Sartori a pedido de Carlos Bolsonaro, após publicar a foto de uma performance sua como drag queen com a cabeça cortada de Jair Bolsonaro.

"Um policial não pode usar o seu caso de forma política. Sou obrigado a atuar, independente do caso",[3] o delegado disse. Não foi isso que ele fez quando recebeu nossa denúncia de ameaça de morte.

Uma onda de ataques a Bolsonaro tomou conta da internet. Minha esperança era a mobilização popular. Gravei um vídeo de três minutos e o enviei a todos os veículos de imprensa. Reafirmei que Bolsonaro era um genocida, pois havia incentivado as pessoas a saírem de casa durante a pandemia, sabotado todas as tentativas de conter a propagação do vírus, gastando dinheiro público com remédios comprovadamente ineficazes e se posicionado contra a vacinação. E concluí: "Vou enfrentar, como sempre enfrentei, as tentativas de silenciamento por parte desse governo. Vou continuar na mesma posição e sem medo, porque esse é exatamente o objetivo principal dessas pessoas".

Os irmãos Bolsonaro tentaram inverter a narrativa, debochando e dando a entender que só estavam "respondendo na mesma moeda", uma vez que eu havia citado a Lei de Segurança Nacional alguns anos antes. Só que havia uma diferença fundamental. É comum que um país tenha uma Lei de Segurança Nacional, que deve existir para punir os crimes contra o Estado democrático de direito e a democracia. O entulho da ditadura era criminalizar manifestações genuínas de indignação contra o governo.

Em 2018, Eduardo Bolsonaro falou, em vídeo publicado nas redes sociais, que para fechar o STF era preciso apenas "um soldado e um cabo".[4] Poucos anos depois, bolsonaristas pediam o fechamento do Supremo Tribunal Federal e a prisão de seus ministros, com a hashtag #caboesoldado. Eu fui ao Twitter e avisei: "Pros paspalhos postando q o Exército precisa derrubar o STF, usando a tag #caboesoldado [...], fica o aviso: Segundo Ministro do STF: isso é crime. Lei de Segurança Nacional. CRIME".

Eu apenas informava que quem pedia o fechamento do STF cometia um crime. Era crime em 1953, era crime em 1983, era crime em 2018 e continua sendo crime hoje. Distorcendo a realidade, Carlos Bolsonaro foi ao Telegram e, no print do meu tuíte, escreveu que eu acreditava que a Lei de Segurança Nacional "valia até para hashtag", mas agora eu acusava de ser "autoritarismo e perseguição". E pedia: "Não caiam nessa narrativa falsa que a esquerda começa a espalhar como se tivéssemos a estrutura que ELES aparelharam e hoje dominam, incluindo a mídia, que os ajuda a consolidar as invenções para fundamentar perseguições!".[5] Para Carlos Bolsonaro, perseguir alguém que clama pelo fim da democracia é ilegal, mas perseguir alguém que xinga o presidente é legal.

A alegação de que a esquerda havia aparelhado "a estrutura" era risível. Jair Bolsonaro alterou as lideranças da Polícia Federal inúmeras vezes, interferiu em investigações, aparelhou tudo o que conseguiu até obter o resultado de livrar o filho Flávio das investigações. Agora a família se utilizava do delegado Pablo Sartori para perseguir opositores.

Eduardo Bolsonaro decidiu ir além. Publicou: "Sem mentira e hipocrisia a esquerda não existe. Basta ver a cara de surpresa do menino [emoji de arco-íris] [emoji de foca] ao ser intimado pela acusação que outro dia ele próprio fazia aos outros".[6]

A publicação misturava mentira e homofobia, ao utilizar o emoji de arco-íris para se referir a mim, como se a homossexualidade diminuísse alguém, mesmo eu sendo heterossexual. O emoji de foca demonstrava mais uma vez o desconhecimento do bolsonarismo, misturando a minha imagem com a do meu irmão.

As publicações dos filhos do presidente tiveram certa tração. Pouco depois surgiu a hashtag #FelipeNetoNaCadeia, com mais de 30 mil tuítes pedindo a minha prisão imediata e tentando pressionar o sistema judiciário.[7]

Em resposta, a hashtag #BolsonaroGenocida tomou conta das redes. Nunca havia recebido tanto apoio. Apenas no Twitter, foram mais de 330 mil publicações.[8] Eram centenas de milhares de pessoas que agora poderiam ser enquadradas na Lei de Segurança Nacional, se assim a família Bolsonaro decidisse agir. A onda em meu favor destruiu os planos dos filhos de Bolsonaro e inverteu o jogo, criando uma imensa pressão contra as ações autoritárias e censoras do bolsonarismo.

Meus advogados trabalhavam sem parar e eu continuava com medo de ser preso a qualquer momento. Várias entidades e figuras públicas, inclusive a ABI, se manifestaram a meu favor, pedindo a extinção do caso e o fim do autoritarismo.[9] O maior apoio, contudo, veio de alguém que eu jamais imaginei.

No dia 16 de março de 2021, Luiz Inácio Lula da Silva publicou em seu Twitter: "Manifesto minha solidariedade a Felipe Neto. Que a tentativa de intimidação e censura desse desgoverno não o impeça de continuar se manifestando livremente, como é próprio da democracia, independente de sua posição. O silenciamento é uma das armas do fascismo".[10]

Eu xingara Lula de todos os nomes possíveis e imagináveis, assim como Dilma, enquanto eram presidentes. A palavra "genocida" era um grão de areia perto de tudo que eu havia afirmado no passado sobre eles, que nunca fizeram nada em retaliação. Eles também poderiam ter invocado a Lei de Segurança Nacional, poderiam ter me perseguido, publicado mentiras sobre mim. Nada do tipo, nada, foi feito, mesmo em anos e anos de ataques. Agora, com aquela manifestação, Lula deixava claro para mim o motivo de ele ser quem é. O maior líder político da América Latina e um dos maiores de todos os tempos. Ainda que eu discordasse de várias de suas ações, esse fato é incontestável.

A força de Lula criou uma avalanche de apoio. Acredito que aquele foi o dia em que grande parte da esquerda aceitou perdoar meus erros, o apoio ao golpe, os ataques ao PT e tudo o mais. Paguei o preço dos meus erros, e fui acusado de hipócrita, humilhado com resgates de vídeos antigos e montagens toscas para destroçar minha imagem, o tempo inteiro chamado de "alguém que muda de ideia para o que for mais conveniente".

E então chegou o dia 18 de março. Segundo o delegado Sartori, aquele era o dia em que eu teria de comparecer à delegacia. Contudo, pouco depois do horário do almoço, a Justiça do Rio me concedeu um habeas corpus e suspendeu as investigações.[11]

De acordo com a juíza Gisele Guida de Faria, da 38ª Vara Criminal da

Capital, a Polícia Civil não tinha sequer a competência necessária para realizar a investigação contra mim. Apenas a Polícia Federal e posteriormente a Justiça Federal poderiam tratar do caso. Além disso, Carlos Bolsonaro jamais deveria ser o autor da requisição, que só poderia ser iniciada pelo Ministério Público, por autoridade militar responsável pela segurança interna ou pelo ministro da Justiça.

O *Jornal Nacional* dedicou mais de cinco minutos para mostrar a perseguição realizada contra mim e como o caso havia sido resolvido.[12]

Em resumo: o caso era todo irregular, do início ao fim. Carlos Bolsonaro não poderia ter dado entrada e Pablo Sartori não poderia jamais ter aceitado o caso, pois não era de competência da Polícia Civil conduzir a investigação. E ele ou sabia disso, ou era o mais incompetente delegado do Rio de Janeiro.

Curiosamente, foi por dizer que não era da sua competência que Pablo Sartori recusou investigar as ameaças de morte contra mim e a minha mãe. Talvez ele só considerasse de sua competência aquilo que atingisse o governo Bolsonaro.

Cala-Boca Já Morreu

Na mesma noite em que recebi a intimação, decidi que lutar deveria ser muito mais do que apenas proteger minha própria pele. Se o governo Bolsonaro havia aprontado aquilo comigo, sabendo que o caso teria ampla cobertura, o que ele poderia ter feito na calada da noite com pessoas que não tinham como se defender? Fui investigar.

Nos dois primeiros anos de governo (2019 e 2020), o número de procedimentos abertos pela Polícia Federal para investigar supostos crimes contra a segurança nacional haviam aumentado 285%.[13] A lei não fora invocada para investigar pessoas que atentavam contra o Estado, mas para perseguir opositores de Bolsonaro.

Em 2015, quando Dilma sofria o golpe que a derrubaria, publicações em defesa de uma ação antidemocrática inundavam a internet. Ainda assim, naquele ano, a Lei de Segurança Nacional foi utilizada em treze casos. Já no primeiro ano do governo Bolsonaro, 2019, ela foi utilizada 26 vezes. No segundo ano, 2020, 51. Em 2021, até estourar o escândalo contra mim, a mesma lei já havia sido invocada dezenas de vezes (e ainda estávamos em março). Ao todo, em dois anos e meio o regime havia aberto 107 inquéritos com base na Lei de Segurança Nacional. Ao longo dos nove anos anteriores a Bolsonaro, 81 procedimentos haviam sido instaurados.[14]

O jornalista Ruy Castro foi perseguido por publicar em sua coluna: "Se Trump optar pelo suicídio, Bolsonaro deveria imitá-lo".[15] Ainda que dura, a frase expressava a raiva pela perda de centenas de milhares de vidas para a covid-19. E o caso de Castro foi ainda mais grave, pois partiu de André Mendonça o pedido para a investigação, incluindo ainda outro jornalista, Ricardo Noblat, por apenas ter compartilhado o artigo. Agora vem o *plot twist*: Mendonça era ministro da Justiça de Bolsonaro e seria indicado pelo presidente meses depois a uma vaga no STF.

A professora da Universidade Federal Rural de Pernambuco Erika Suruagy, dirigente da Associação de Docentes da UFRPE, foi perseguida após a associação levantar um outdoor com o texto: "Inimigo da educação e do povo — Mais de 120.000 mortes por covid-19 no Brasil — #ForaBolsonaro" junto a uma imagem da morte brandindo uma foice, de terno e faixa presidencial, com o rosto do presidente. O inquérito foi solicitado pelo secretário-executivo do Ministério da Justiça, Tercio Issami Tokano, a pedido de Jair Bolsonaro.[16]

O professor Tiago Rodrigues passou por caso parecido, após instalar dois outdoors na cidade de Palmas, no Tocantins, com uma foto de Bolsonaro e o texto: "Cabra à toa — Não vale um pequi roído — Palmas quer impeachment já!". Novamente, o futuro ministro do STF, André Mendonça, pediu que Tiago fosse investigado.[17]

Já o advogado e comentarista da CNN Marcelo Feller também foi alvo de André Mendonça, após dizer que: "Não é o Exército que é genocida, é o próprio presidente, politicamente falando". Também enquadrado na Lei de Segurança Nacional.[18]

O cartunista Aroeira foi igualmente vítima de perseguição após publicar uma charge em que Bolsonaro sugeria a seus seguidores que invadissem hospitais públicos para fiscalizar despesas. Na charge, Aroeira desenhou o símbolo da cruz vermelha que Bolsonaro pintara com tinta preta para se transformar na suástica nazista. E quem pediu investigação ao cartunista? Ele mesmo, o futuro supremo ministro André Mendonça.[19]

Vez ou outra, a utilização da lei aparecia da maneira devida, para enfrentar falas antidemocráticas e verdadeiramente criminosas.

Foi o caso de Daniel Silveira, que quebrou a placa com o nome de Marielle Franco no Rio de Janeiro em 2018. O apoiador de Jair Bolsonaro foi preso após publicar um vídeo em que defendia abertamente a implementação do AI-5

(Ato Institucional nº 5), ou seja, a derrubada da democracia e a implementação da ditadura, com o fechamento do Supremo e do Congresso. Também afirmou que sempre imaginava os integrantes do STF levando uma surra. Em seguida, disse concordar com a frase de Abraham Weintraub, então ministro da Educação, sobre o STF: "Por mim, colocava esses vagabundos todos na cadeia". Para completar, Silveira ameaçou a vida e a integridade física dos ministros. E fez isso enquanto era deputado federal.[20]

Os bolsonaristas usavam Daniel Silveira de exemplo: como a Lei de Segurança Nacional valia para ele, mas não para os outros? Bem, não é preciso mais de dois neurônios para saber a diferença entre cometer um crime contra o Estado democrático de direito e comparar o presidente a um "pequi roído".

O governo se valia de uma lei da época da ditadura para perseguir opositores apenas por criticarem o presidente. Liguei para os criminalistas mais respeitados com quem tinha contato: André Perecmanis, Augusto de Arruda Botelho e Davi Tangerino, além do advogado cível Beto Vasconcelos. A todos eles fiz a mesma proposta: "Vocês aceitam defender de graça pessoas perseguidas pelo governo Bolsonaro com a Lei de Segurança Nacional ou a lei de injúria, calúnia ou difamação?". Todos aceitaram.

Entrei em contato com Caio Machado, diretor executivo do Instituto VERO. Expliquei meu plano. Conseguimos um designer, um programador e contratamos uma pessoa para ficar responsável pela filtragem de casos recebidos.

Apenas três dias depois de receber a polícia na minha casa, logo que a investigação contra mim foi suspensa por determinação da Justiça, nós lançamos o movimento Cala-Boca Já Morreu. Qualquer um que sofresse perseguição política por suas opiniões (não por crimes reais cometidos) teria acesso a defesa jurídica gratuita.

Nosso objetivo era defender a verdadeira liberdade de expressão, aquela que não é utilizada como subterfúgio para cometer crimes. Não defenderíamos pessoas que pediam o fim da democracia e a implementação de um regime ditatorial. Quem pratica crimes de verdade deve responder por eles.

Dezenas de pessoas foram defendidas gratuitamente, com 100% de êxito. A maioria dessas pessoas não teria condição de se defender com a robustez de um escritório de categoria e teria que apelar para a defensoria pública.

O fim da Lei de Segurança Nacional, Daniel Silveira e Pablo Sartori

A repercussão do meu caso e a criação do Cala-Boca Já Morreu contribuíram para aquecer os debates sobre o fim da Lei de Segurança Nacional. A pressão popular aumentava.

Teve início um processo para substituir aquele entulho por uma nova legislação, mais moderna e condizente com a realidade democrática. Após grande debate e elaboração no Senado e na Câmara dos Deputados, a lei 14 197 de 2021 foi sancionada no dia 1º de setembro, substituindo enfim a Lei de Segurança Nacional.[21]

Ofender um presidente ou outro chefe de um dos poderes agora não é mais considerado crime contra a segurança nacional. Pode ser enquadrado como crime de calúnia, injúria ou difamação, como ocorre com qualquer indivíduo em solo brasileiro.

Os crimes cometidos por indivíduos como Daniel Silveira e Allan dos Santos continuam tipificados como crimes na lei 14 197 de 2021, o que prova que sempre estivemos certos quanto ao que é liberdade de expressão ou não. Qualquer tentativa de abolição do Estado democrático de direito gera pena de prisão de quatro a oito anos; o crime de golpe de Estado, de quatro a doze anos.

Em 2022, Daniel Silveira seria oficialmente condenado a oito anos e nove meses de prisão, além da perda do mandato parlamentar, pelos crimes de ameaça ao Estado democrático de direito e de coação no curso do processo.[22] No dia seguinte, Bolsonaro emitiria um decreto perdoando os crimes cometidos por Silveira. Contudo, em fevereiro de 2023, o ex-deputado seria novamente preso por ordem do STF, por descumprir diversas medidas cautelares. Em sua casa, os policiais encontrariam 276 mil reais em dinheiro vivo. Em maio, o perdão concedido por Bolsonaro seria anulado.

Quanto ao delegado Pablo Sartori, um real sentimento de justiça está ainda por vir. Decidi não processá-lo para não atrair a antipatia por parte de outras autoridades de segurança. Com tudo o que estava acontecendo, a última coisa que eu precisava fazer era irritar uma classe tão importante e tão unida quanto a dos policiais. Por isso optei por apenas denunciar os atos de Sartori sempre que possível, mas sem levá-lo à Justiça.

No dia 27 de abril de 2021, o secretário de Polícia Civil do Rio de Janeiro, Allan Turnowski, removeu de Pablo Sartori as investigações de crimes que envolvessem políticos, autoridades e figuras públicas, como eu, William Bonner, Renata Vasconcellos e outros, restringindo a ele apenas crimes cibernéticos de natureza geral.[23] Aquilo impediu que o delegado recebesse novas denúncias diretamente da família Bolsonaro.

Em um podcast de 2023, Sartori disse que eu tinha procedimentos abertos na DRCI e me provocava ao dizer que eu só procurava a polícia quando precisava, mas criava problemas quando eu era o investigado. O único caso que o delegado Sartori recebeu em que eu era o autor foi referente às ameaças de morte contra mim e minha mãe, mas ele optou por ignorar e não investigar.

Sartori ainda trabalha como delegado da Polícia Civil no Rio de Janeiro.

Perguntas, respostas e a certeza da vacina

Era 2021, o pior ano da pandemia. As mortes explodiam e eu continuava em isolamento. Meu canal seguia acumulando milhões de visualizações e eu mesclava meu interesse por *Minecraft* à leitura. Devorava um livro atrás do outro, querendo me informar sobre o Brasil e o mundo. *As veias abertas da América Latina*, de Eduardo Galeano, mudou minha percepção sobre o imperialismo norte-americano. Foi um livro que contribuiu para enterrar de vez meu ódio pela esquerda e pelo PT.

Fazia questão de compartilhar minhas leituras com meus seguidores. Li Noam Chomsky e compreendi de maneira mais profunda a questão Israel/Palestina e o envolvimento dos Estados Unidos nesse e em outros conflitos pelo mundo. Com Nancy Fraser, entendi as críticas ao "neoliberalismo progressista", a aliança entre a diminuição de normas para a economia e a exploração do identitarismo. Essa febre por entender o mundo me rendeu uma matéria em *O Globo* com o título "Do YouTube a Chomsky: Como Felipe Neto se transformou no mais novo intelectual da internet".[24]

Meu interesse pela literatura abriu minha cabeça para os mais diversos pontos de vista. Minha vida havia sido marcada pelas certezas e, desde então, passou a ser mais alimentada pelas dúvidas. Por isso, hoje vivo seguindo três grandes premissas: confiar no consenso científico; desconfiar de todo o resto e estudar profundamente qualquer verdade divulgada; e enfrentar o fascismo.

Seguindo a primeira premissa, no dia 30 de julho de 2021, depois de muito atraso e com muita alegria, finalmente tomei a primeira dose da vacina de covid-19. Na madrugada anterior, publiquei: "Boa noite, galera, hoje eu me vacino".

Em resposta, Carla Zambelli sugeriu que eu deveria agradecer a Jair Bolsonaro e ao ministro da Saúde Marcelo Queiroga pela imunização. Foram meses de negligência do governo, mas ainda assim a extrema direita queria atribuir ao Bolsonaro o mérito pelas pessoas vacinadas. Aquilo me tirou do sério, mas respirei fundo e devolvi com a verdade: respondi que tomaria a vacina mesmo com a incompetência e a corrupção do governo federal e a convidei a mandar a mensagem à família dos então mais de 554 mil mortos pela doença.

Contraí covid-19 durante o isolamento entre a primeira e a segunda dose da vacina, provavelmente devido a alguma entrega. O vírus durou o período padrão de duas semanas e foi embora. Não tive nenhum sintoma físico.

Em outubro de 2021 tomei a segunda dose e senti a vida começar a voltar pouco a pouco aos eixos, apesar das restrições. Enquanto isso, já sabia que o ano que estava por vir iria ser intenso com as eleições presidenciais, que se concentrariam em Lula e Bolsonaro, num cenário político bagunçado pelas decisões recentes sobre a Lava Jato.

Em 1º de fevereiro de 2021, completamente desmoralizada e acusada de imparcialidade e adesão ao bolsonarismo, a força-tarefa da Lava Jato havia sido oficialmente dissolvida e passara a integrar o Grupo de Atuação Especial de Combate ao Crime Organizado (Gaeco).[25]

No mês seguinte, o ministro Edson Fachin, relator da Lava Jato no STF, analisou um pedido de habeas corpus da defesa do ex-presidente e constatou o óbvio. Ele anulou todas as decisões da Lava Jato envolvendo Lula, ordenando que todos os casos fossem reiniciados na Justiça Federal do Distrito Federal, como deveria ter ocorrido desde o início.[26] A Procuradoria-Geral da República (órgão máximo do Ministério Público Federal) recorreu e o caso foi analisado por todos os onze ministros, que concordaram com Fachin em uma votação de 8 a 3.[27] Como faltavam poucos meses para a prescrição dos casos do triplex e do sítio, não havia tempo hábil para reiniciar o processo, o que garantiu a Lula a liberdade definitiva.

Em junho de 2021, Sergio Moro foi considerado suspeito para julgar Lula na Lava Jato, o que significava que sua imparcialidade havia sido questionada.[28] Era o início do seu processo de desmoralização. Sobraria a ele tentar a carreira política como senador da República pelo Paraná nas eleições que estavam por vir.

Já Deltan Dallagnol conseguiria se tornar deputado federal pelo mesmo estado, mas por pouco tempo. Ele não poderia ter deixado a carreira de procurador da República enquanto ainda respondia a reclamações disciplinares e sindicâncias no Conselho Nacional do Ministério Público. Havia quinze procedimentos administrativos contra ele. O Tribunal Superior Eleitoral cassaria o registro de sua candidatura no dia 16 de maio de 2023, em decisão unânime.[29]

O fim de Olavo de Carvalho

Até o último minuto, Olavo de Carvalho insistiu na teoria conspiratória de que a covid-19 era uma grande manipulação chinesa para o controle global, negando o poder do vírus.

Quando 2022 começou, o Brasil havia conseguido quase zerar as mortes diárias por covid-19 — houve 74 mortes no dia 3 de janeiro de 2022. Os números, contudo, voltariam a crescer bastante ao longo de janeiro, fevereiro e março, mas quase todas as mortes seriam de pessoas não vacinadas, a maioria por se recusar a tomar o imunizante.

Em agosto de 2021, a Info Tracker revelou que, no Brasil, 96% das mortes por covid-19 já estavam ocorrendo apenas em pessoas não vacinadas.[30] O estudo de eficiência Projeto S constatou também que a vacinação causou uma diminuição de 80% no número de casos de covid-19 com sintomas, além de reduzir em 86% as internações e em 95% os óbitos.[31] A pandemia era vencida pela vacina.

Ainda assim, inúmeros bolsonaristas juram que a vacina jamais teve qualquer efeito e que teria sido a imunidade de rebanho a responsável pela diminuição drástica das mortes. Osmar Terra repete esse discurso até hoje.[32]

Quem discordava da vacina e da pandemia era o guru bolsonarista. Em maio de 2020, Olavo havia postado: "O medo de um suposto vírus mortífero não passa de historinha de terror para acovardar a população e fazê-la aceitar a escravidão como um presente de Papai Noel".[33]

No dia 15 de janeiro de 2022, Olavo de Carvalho contraiu covid-19.

Nove dias depois, morreu.

O caos das fake news

Na virada de 2021 para 2022, outra montagem surgiu contra mim.

No dia seguinte à morte trágica da cantora Marília Mendonça, em 5 de novembro de 2021, começou a viralizar uma suposta publicação minha no Twitter que dizia: "A queda do avião da Marília Mendonça é nada menos que fruto da semente do ódio que foi plantada em 2018". A imagem havia sido publicada no Instagram por uma conta aleatória, com a legenda: "Aí eu pergunto: este ser merece ser chamado de ser humano?".

Poucos dias depois, outro vídeo manipulado viralizou. Dessa vez me acusavam de violência doméstica contra minha ex-namorada, Bruna Gomes. Na época da pandemia, viralizou um método discreto e silencioso de as mulheres denunciarem que eram vítimas de violência, fazendo o número "4" com os dedos em algum vídeo, de maneira sorrateira. No dia 17 de novembro, uma montagem foi publicada e republicada na internet, mostrando Bruna fazendo o número 4 com a mão num vídeo comigo. O vídeo corria em câmara lenta, com música tenebrosa. No áudio original, podia-se ouvir que Bruna falava sobre "quatro cachorrinhos", mas no vídeo falso essa informação foi removida.

Em outubro de 2021, o Facebook e o YouTube derrubaram uma transmissão ao vivo de Jair Bolsonaro após ele associar a vacina de covid-19 ao HIV, alegando que "vacinados estão desenvolvendo a síndrome da imunodeficiência adquirida [aids]".[34] O vídeo, claro, também foi apagado.

Essas ações de remoção, contudo, eram muito raras, ineficazes e tardias. As plataformas não queriam remover conteúdo nenhum e só o faziam quando a situação beirava a desumanidade. Às vezes, sinalizavam que determinados conteúdos eram falsos. Os únicos casos combatidos ativamente eram os de crimes graves, como pornografia infantil e incentivo a atentados em escolas. De resto, as empresas sempre tentaram ao máximo lavar as mãos.

Mais uma vez, o presidente e toda a turma da extrema direita gritaram que essas ações impediam a liberdade de expressão. Para eles, era um absurdo que uma rede social derrubasse conteúdo com desinformação criminosa.

Em função disso, muita gente trabalhava incansavelmente na elaboração do projeto de lei 2630 e em debates sobre o tema da regulamentação da internet, com o objetivo de criar as leis necessárias para deixar o ambiente digital mais pacífico, assegurando a liberdade de expressão, a transparência nas decisões das redes sociais e a punição do cometimento de crimes específicos. Contudo, nosso trabalho era massacrado pela opinião pública, com a extrema direita realizando enormes campanhas para chamar qualquer tentativa de regulamentação de "implementação de uma ditadura esquerdista". Em pouco tempo, o PL 2630 recebeu o apelido de "PL da Censura".

Em maio de 2022, o Instituto VERO se uniu ao WhatsApp e ao Tribunal Superior Eleitoral para a elaboração do projeto Confirma, que criou um robô no WhatsApp para responder às principais dúvidas da população a respeito das eleições, tudo com respostas do próprio TSE.[35] Três meses depois, o VERO organizou um evento junto ao Supremo Tribunal Federal e ao Tribunal Superior Eleitoral com palestras do professor de Oxford Philip Howard e do ex-consultor do governo de Barack Obama Graham Brookie, em que ambos falaram sobre os desafios da desinformação e as tecnologias necessárias para combatê-la.[36] Nós trabalhávamos na tentativa de destruir mentiras propagadas pela internet que visavam influenciar o processo eleitoral.

A maior de todas era a inconfiabilidade das urnas eletrônicas. Bolsonaro havia dito isso em 2018, mas recuou após vencer as eleições pelas urnas que ele alegava serem fraudadas. Em 2022, contudo, voltou com força total, declarando que não era possível confiar nas urnas e que elas estariam programadas para dar a vitória ao PT.

Era tudo bastante patético. Jair e seus filhos foram todos eleitos, a vida inteira, pelas mesmas urnas que eles tanto alegam até hoje serem fraudadas. As urnas, inclusive, passaram por todos os testes possíveis de segurança. Ao longo do ano, a segurança absoluta do sistema seria constatada por pesquisadores da USP, da Unicamp e da Universidade Federal de Pernambuco, após dois meses de estudos.[37]

Bolsonaro insistiu tanto na possível fraude que o TSE recebeu para inspecionarem o código-fonte das urnas eletrônicas a Controladoria-Geral da União (CGU), o Ministério Público Federal (MPF), a Universidade Federal do Rio Grande do Sul (UFRGS), o Senado Federal e a Polícia Federal. Até as Forças Armadas foram recebidas para a inspeção dos códigos. Nada de irregular foi encontrado.[38]

Ainda assim, Bolsonaro passou o ano de 2022 inteiro espalhando desinformação sobre o processo eleitoral e induzindo a população a não aceitar se o resultado das urnas fosse a vitória de Lula. A ideia, a meu ver e na opinião de especialistas, era mobilizar o máximo possível de pessoas para uma eventual tomada do poder à força caso isso acontecesse, sob a alegação de fraude nas eleições.

Era um claro atentado ao Estado democrático de direito. O Tribunal Superior Eleitoral, em resposta, derrubou perfis e exigiu a remoção de conteúdos comprovadamente falsos sobre as eleições, o que impulsionou ainda mais o discurso vitimista da extrema direita, que gritava estar sendo "censurada".

No meio do ano, com a proximidade das eleições, o ódio inflou-se ainda mais. A bandeira da sensatez, que reunia a esquerda, o centro e até parte da direita, tentava enfrentá-lo, sem muito sucesso. Como as plataformas praticamente não agiam para combater a desinformação, era necessária a expedição de ordens judiciais pelo presidente do Tribunal Superior Eleitoral, Alexandre de Moraes, para a derrubada de perfis e conteúdos criminosos.

Em julho de 2022, Damares Alves fabricou uma sequência de posts que começava com a foto de uma menina por volta dos seis anos, tendo nos olhos uma tarja, e o texto: "ATENÇÃO. Erotizando crianças com verbas públicas na era PT". Na segunda imagem, o texto: "GOVERNO LULA ensinava em cartilha como os jovens deveriam usar crack".[39]

Em seguida, Damares aparecia em vídeo, mostrando uma cartilha de 2008 que fazia parte do programa de "redução de danos", alinhado com o que defende a Organização Mundial da Saúde e elaborado pelo Ministério da Saúde. O objetivo era mostrar para os usuários de drogas e aos profissionais de saúde que, já que muitas pessoas continuariam utilizando drogas mesmo com todos os avisos e campanhas institucionais, era preciso levar ensinamentos básicos fundamentais para evitar a contaminação por outras doenças, como a aids. Nenhuma criança havia recebido o documento.[40]

Fui ao Twitter e publiquei: "A @DamaresAlves é MENTIROSA e eu a desafio a me processar para q eu possa provar na justiça q é uma mentirosa. A cartilha citada por ela foi criada pelo Programa Nacional de DST/AIDS para ser distribuída a profissionais de SAÚDE. Detalhe: a cartilha nem chegou a ser distribuída".

Damares respondeu poucas horas depois: "Este menino não para de passar vergonha! Alguém, por gentileza, envie a ele os links a seguir".

O que ela postou foi apenas a confirmação do que eu havia dito: a cartilha não foi distribuída e jamais teve jovens como público-alvo. Respondi: "A senhora é mentirosa, irresponsável e não segue os mandamentos que diz tão fervorosamente seguir. Se eu estou errado, ME PROCESSE. Prove na justiça que o governo do PT distribuiu a cartilha q vc mostrou no vídeo para a população. Está desafiada". Damares não respondeu. O processo nunca veio.

Oito dias depois, o Tribunal Superior Eleitoral obrigou a ministra dos Direitos Humanos a apagar aqueles vídeos, afirmando categoricamente que ela apresentou "conteúdo produzido para desinformar".[41] Em seguida, foi condenada pelo mesmo TSE a pagamento de multa.[42]

No dia 17 de junho de 2022, mais uma montagem repugnante surgiu. Dessa vez o Gabinete do Ódio recortou minha imagem de uma transmissão ao vivo em que eu jogava *Minecraft*. Era um trecho no qual eu enfrentava o maior "chefão" do jogo, o Ender Dragon, e gritava: "Agora tu morre! Agora tu morre!!! E ele é preto!".

O dragão é, de fato, preto. Na íntegra, o vídeo diria: "E ele é preto! Que é a cor do Victor no *Among Us*". Era uma referência a um outro jogo, em que eu costumava enfrentar o personagem do meu amigo Victor Monteiro em transmissões ao vivo no canal. Eu sempre jogava com o personagem amarelo e Victor sempre jogava com o personagem preto.

O Gabinete do Ódio recortou o trecho em que eu falava "Agora tu morre! Agora tu morre!!! E ele é preto!" e o pôs no canto superior direito, enquanto o resto do vídeo exibia o brutal e monstruoso assassinato de George Floyd por um policial branco nos Estados Unidos. Como se eu celebrasse a morte de Floyd.

Ameaça física

Em maio, minha mãe, que havia voltado a morar no Brasil alguns meses antes, recebeu por WhatsApp a mensagem: "Sua hora vai chegar Rosa. Está achando que seus filhos vão te livrar dessa? Vou destruir sua vida custe o que custar. E vai ser logo".

Denunciei o caso publicamente: "Mais uma vez minha mãe recebe ameaças. Agora vamos até o fim. Ela já está indo na delegacia e já levantamos tudo sobre a pessoa. Chega de viver com medo. Nós vamos vencer".[43]

Era 2022. Em 2024, a polícia ainda não esclareceu o caso.

Já as ameaças contra mim eram tão constantes que eu nem me dava mais ao trabalho de ler ou procurar o autor.

No dia 26 de junho, depois de uma partida no estádio Nilton Santos, onde mantenho um camarote para torcer pelo Botafogo com meus amigos, o motorista que trabalha para mim me contou que um segurança do estádio havia passado pela porta do camarote e dito: "Ah, esse é o camarote do Felipe Neto? Tinha que botar uma bomba aí pra explodir e não sobrar nada".[44]

Quando meus seguranças tentaram se aproximar, ele já havia fugido.

Avisei a meus seguidores: "Esse é o resumo da minha vida nos últimos 4 anos. A qualquer momento algo pode acontecer comigo. Se isso acontecer, só peço q vcs lembrem quem foram as pessoas responsáveis por alimentar esse ódio contra mim".

É hora de entrar na disputa

As eleições seriam no dia 2 de outubro. Em uma manobra interessante, Lula havia se aliado a seu antigo rival, o ex-PSDB Geraldo Alckmin, acenando uma ampla união entre esquerda, centro e direita moderada.

Ao longo do ano, me meti a estudar estratégias digitais para campanhas políticas, em especial as práticas da extrema direita. Eu precisava saber o que postar, quando postar, como postar e como reagir a tudo o que viria. Com mais de 44 milhões de inscritos na plataforma, eu já era um dos cinco maiores youtubers do mundo (e o único falante de português). Não poderia errar.

Numa manobra tática, segurei o anúncio do meu voto até o mais próximo possível de outubro, para a partir daí trabalhar de vez na campanha a favor de Lula. Sabia que, se entrasse cedo e ficasse meses em campanha, a extrema direita conseguiria desgastar ainda mais minha imagem e eu acabaria sendo um estorvo, não uma ajuda. Eu precisava ser certeiro: aparecer na hora certa, com material de qualidade e que incentivasse pessoas a irem votar.

Ainda por estratégia, evitava falar de Lula. Continuei a enfrentar a desinformação e segui com meu conteúdo divertido e leve no YouTube. Faltando 38 dias para as eleições, concluí que o dia D chegara.

No dia 25 de agosto, publiquei uma sequência de cinco tuítes:

"1) Com o objetivo de derrotar o monstro genocida que destruiu o Brasil nesses 4 anos. Pelo fim do medo, da fome, do negacionismo, da incompetência. Declaro meu voto em Lula 13 no primeiro turno das eleições para a presidência do Brasil;

2) Mesmo com voto declarado, deixo claro: tenho duras críticas q não serão varridas da minha mente caso Lula torne-se o próximo presidente do Brasil. Meu apoio é pela esperança de voltarmos a ser um país que cresce, mas a cobrança será grande, como tem que ser com qlq um;

3) Ao endossar Lula nessa campanha, ressalto que condeno totalmente o apoio e defesa de ditadores, da mesma forma que condeno a relação da direita com a Arábia Saudita, Bahrein, Emirados Árabes e outros regimes sanguinários ditatoriais;

4) Caso Lula, ou qlq outro q eu venha a apoiar, prove-se um vexame, não pouparei críticas e cobranças, dentro da minha humilde posição, como um cidadão comum. Contudo, se amanhã eu estiver criticando Lula, podem ter ctz q não me arrependerei de ter votado nele contra Bolsonaro;

5) Com tudo isso dito, é LULA 13 em 2022! Não nos decepcione, Presidente. Dê o seu melhor. Nós vamos cobrar."

Cada palavra tinha sido pensada à exaustão, escrita e reescrita. Ninguém participou desse processo. Não queria que um dia a extrema direita pudesse dizer que eu mantive qualquer tipo de contato com marqueteiros políticos ou agências de propaganda. Aquele era o apoio de um cidadão, não de uma empresa visando algum retorno. Quis deixar claro que não tenho e não tinha filiação partidária, e que manterei para sempre meu perfil, ainda que seja para criticar um governante para quem fiz campanha.

No mesmo dia, ambos os candidatos da chapa responderam. Lula publicou: "Obrigado pela confiança, Felipe. O Brasil voltará a ser um país da esperança. Um abraço". Já Geraldo Alckmin escreveu: "Felipe, como corujas veem bem ao longe, já é possível enxergarmos um futuro de esperança, e com seu apoio ficamos ainda mais entusiasmados. É inspirador ver novas gerações do lado certo da história. Vamos juntos!". A equipe de Alckmin se mostrou antenada, uma vez que a referência às "corujas" tem a ver com o apelido que meus seguidores há anos adotaram.

Como esperado, os ataques do Gabinete do Ódio voltaram com força total. Mas eu guardava o melhor para mais tarde. Calculei que uma das principais formas que eu teria de ajudar Lula seria atraindo o máximo possível de ódio na minha direção, sobretudo durante o segundo turno. Cada publicação feita contra mim significava uma publicação a menos contra a chapa Lula/Alckmin. Mas ainda não era hora, e passei os 38 dias seguintes focado em mostrar que a imagem do "Lula ladrão" era uma mentira, evitando atacar a extrema direita e só o fazendo quando necessário.

Como eu realizava transmissões ao vivo três vezes por semana, passei a dedicar parte dessas lives para falar de política e das eleições especificamente, algo inédito até então. O resultado foi animador, com ampla repercussão na imprensa e no boca a boca. O Gabinete do Ódio rebateu como sempre — com o resgate de vídeos do meu passado, associações com pedofilia etc.

Eu continuava engajado em todos os debates a respeito do PL 2630 para a regulamentação da internet no Brasil, tema exaustivamente explorado por Bolsonaro em sua campanha, com a alegação de que Lula, se eleito, iria "censurar a internet".

Em uma publicação, eu havia dito: "Parem de cair no papo de 'Lula quer regular a internet'. O q o Lula quer fazer é um projeto de regulamentação das mídias. Isso existe nos Estados Unidos, Inglaterra, Alemanha e vários outros. O projeto é criado, debatido e votado pelo CONGRESSO — deputados e senadores".

Dois dias depois da minha declaração de apoio a Lula, Bolsonaro publicou em todas as suas redes um vídeo que recortava esse post: "Parem de cair no papo de 'Lula quer regular a internet'. O q o Lula quer fazer é um projeto de regulamentação das mídias", seguido de um trecho do personagem Quico, da série *Chaves*, debochando.[45]

Ao denunciar a manipulação do presidente, perguntando "Por que não mostrou o resto do tweet, Jair? Mentiroso, mau caráter", recebi inúmeras ofensas, incluindo de um homem que, em seu perfil, se descrevia como alguém que tem "Jesus no centro da minha vida". Sua mensagem para mim foi: "Devia cortar sua cabeça, seu lixo".[46]

No dia 30 de agosto, foi a vez de o ataque partir de Carlos Bolsonaro. Ele postou em suas redes trechos de antigos vídeos meus, nos quais eu xingava e ofendia Lula e Dilma. Eu já tinha uma estratégia planejada: se um dos integrantes da família Bolsonaro resgatasse algo do meu passado, eu faria o mesmo com o próprio presidente.

Gravei um vídeo resposta bem curto, para viralizar, dizendo que, sim, eu já havia odiado o Lula, mas que eu tinha estudado e mudado de ideia. "Desde então venho mudando completamente a minha visão, embora não seja petista e embora ainda tenha críticas ao PT. Mas críticas essas que nunca eles tentaram me cercear ou tentaram me prender como Bolsonaro fez." E continuei: "Mas eles ficam resgatando esses vídeos antigos meus. Então vou fazer o seguinte, eu vou fazer a mesma coisa. Se vocês acham, bolsonaristas, que ninguém pode mudar de ideia, tá aqui um vídeo de Jair Bolsonaro".

Eu então desapareço do vídeo e sou substituído por Bolsonaro, em entrevista concedida em 1999, dizendo: "Eu votaria no Lula no segundo turno! Apesar de dizerem que ele é uma pessoa não muito culta, eu vejo como uma pessoa honesta!".

O vídeo explodiu. Eu guardava aquela pérola para soltar quando tivesse o maior potencial de viralização, o que foi proporcionado por Carlos Bolsonaro. Aquele era um vídeo esquecido e pouco conhecido de seu pai. Ele foi logo assistido milhões de vezes e repercutiu por toda a imprensa brasileira.[47]

Inacreditavelmente, dezenove dias depois, Carlos Bolsonaro postou outro recorte de vídeos do meu passado.[48] Dessa vez, contudo, muitas pessoas responderam com o meu vídeo mostrando o passado de seu pai.

No dia 1º de setembro, publiquei um vídeo que explicava minha adesão ao Lula para enfrentar o neofascismo.

Muitas pessoas ainda acreditavam, assim como eu havia acreditado, que Lula era um corrupto contumaz, um ladrão. Não eram pessoas ainda cooptadas pela extrema direita, mas cidadãos comuns, que não têm tanto tempo ou interesse para acompanhar os detalhes da política e das decisões judiciais. Por isso, dentro da estratégia que eu havia definido, era fundamental trazer essas pessoas para o lado da razão, mostrando a verdade.

A pergunta era: "Cara, por que você vai votar no Lula se ele roubou tanto?". Minha resposta, em transmissão ao vivo e depois editada para ser compartilhada, foi:

"Eu pensava a mesma coisa. Pensava a mesma coisa! Eu falava: 'Mano, isso é um bandido, isso é um ladrão, isso roubou o Brasil inteiro, botou um monte de dinheiro no bolso'. Agora eu pergunto para você que acreditou nessa narrativa: cadê o dinheiro do Lula?

Essa é a primeira pergunta que tem que ser feita. Porque quando começaram as investigações da Lava Jato, eles tinham certeza de que eles iam achar posses do Lula, porque, gente, não é fácil esconder dinheiro. Dá para achar se tiver uma investigação do nível que a Lava Jato tentou ser.

Não acharam um real! Um mísero real! Não acharam nada. Tanto que inventaram um triplex que ele seria dono e condenaram ele pelo triplex em um dos processos mais escandalosos que já existiram na história dessa República.

Então, cadê o dinheiro? Cadê as posses?

Quando eu faço essa pergunta, o que os bolsonaristas gritam? 'É muito fácil esconder dinheiro, tá tudo em nome de familiar.' Já está errado. Quais familiares? Todos os familiares foram investigados, tudo que foi ao redor do Lula foi investigado para tentar encontrar o dinheiro que ele teria roubado pra ele. Cadê?

Então você fala assim: 'O Lula roubou muito'. Não! Isso não tem nenhum registro, nenhuma prova, nenhuma documentação de que ELE, Lula, tenha roubado dinheiro. Existem inúmeras provas de que pessoas ao redor dele desviaram dinheiro, pessoas que já foram presas, pessoas que já foram processadas, pessoas que o próprio Lula e a Dilma, através da autonomia da Polícia Federal, do STF e da Abin, permitiram que fossem investigadas.

Agora, o que está acontecendo no governo Bolsonaro? Ninguém investigado! O Bolsonaro aparelhou as polícias, aparelhou a Abin, aparelhou tudo que ele pôde, para não permitir que ninguém seja investigado! A própria Polícia Federal revelou ontem que a investigação do filho do Bolsonaro, do Jair Renan, o filho mais jovem, teve intervenção da Abin, que atrapalhou a investigação. Olha que coisa absurda!

Então como é que a gente pode dizer que o Lula roubou e o Bolsonaro não? Não tem nada no nome do Lula, não tem um registro de um real. E se você ainda fala assim: 'Tá tudo escondido' — que ladrão merda! Ladrão mais burro, mais bosta do mundo, porque ele não usufrui! Se ele mora num imóvel que não é grandes coisas, ele não viaja de jatinho privado, ele não tem helicóptero próprio, ele não tem as coisas mais caras, o luxo mais caro e o conforto mais caro, que ladrão merda! Ele não está usufruindo de nada (risos).

Então achem o dinheiro, achem as posses, e aí beleza, a gente pode concordar que ele é bandido. Enquanto isso, o clã Bolsonaro tem mais de cem imóveis comprados nessas últimas três décadas e 51 deles comprados com dinheiro vivo! Maletas, sacos de dinheiro sendo entregues: 'Tá aqui, ó. Quanto custa esse? 500 mil? Toma, tá aqui' — pum! Maleta na mão.

Sabe o que aconteceria se descobrissem que o Lula comprou UM imóvel com dinheiro vivo? O que os bolsonaristas iam estar gritando? Cinquenta e um comprados pela família Bolsonaro! Quem é o bandido? Quem é o corrupto?

Então, a estrutura corrupta ao redor do Lula existiu sim. Existiu sim! Isso é inegável e nem o PT tenta esconder, nem o Lula tenta esconder. Mas essa estrutura corrupta acontecia em torno do Lula, não foi comprovado nenhum desvio, nem de um centavo, do próprio Lula. Então, se eu pudesse ter a chance de entrevistar o Lula, eu ia perguntar para o Lula o seguinte: 'Lula, é nítido, é visível que o Brasil é ingovernável a menos que se permita que esses agentes da política pratiquem crimes. Isso é nítido, é cristalino, que não dá para governar o Brasil, porque se você bater de frente com essa turma, você bate de frente com todo o Centrão, você bate de frente com todos os ruralistas, você bate de frente com todas as bancadas e você não consegue governar o país. Não consegue, é impossível. Então a minha pergunta, Lula, é como você pretende governar o Brasil, sendo que agora todo mundo vai estar de olho, em qualquer pessoa próxima a você que cometa um delito, porque agora a gente vive na era da internet'.

Então eu queria muito fazer essa pergunta para o Lula, assim como eu queria fazer essa pergunta pra todos eles. Queria fazer essa pergunta para o Ciro, para qualquer outro ali. Eu adoraria ouvir essa resposta, que o Brasil é ingovernável, a menos que se alie ao Centrão. A menos que se alie a agentes corruptos da política brasileira.

Então, gente, simples assim. Não acho que Lula é santo, não acho que Lula é Messias, herói, apenas acho que Bolsonaro é um vilão, disso eu tenho certeza, Bolsonaro é uma pessoa podre por dentro, Bolsonaro é uma pessoa que, não só ele, mas todas as pessoas da sua família e aquelas pessoas ao redor, possuem gravíssimos indícios de corrupção, e muita, e o Brasil vai estar muito melhor com Lula do que com Bolsonaro, disso não há a menor dúvida."

Aquele vídeo marcou um posicionamento definitivo do que eu pensava a respeito de Luiz Inácio Lula da Silva. Nem santo nem herói, mas alguém necessário. Alguém que sabia conduzir o caos político brasileiro, ainda que para isso precisasse abrir concessões com as quais eu jamais concordaria. Apenas no Instagram, esse vídeo impactou mais de 11 milhões de pessoas. Ao todo, acredito ter chegado a pelo menos 15 milhões.

Imaginei que, quanto mais perto estivéssemos da reta final, Bolsonaro começaria a mudar de comportamento. Sem a facada que o humanizou e o transformou em vítima em 2018, ele precisaria usar um discurso para tentar mostrar que havia se tornado "um novo homem" e descolar um pouco sua imagem da extrema direita neofascista radical para convencer as pessoas moderadas de que ele era melhor que os demais candidatos. E ele não conseguiria fazer isso gritando e babando, como fizera nos últimos quatro anos.

Planejei que seria fundamental que, assim que o presidente alterasse o jeito de falar, todo mundo sensato precisaria se engajar para mostrar a hipocrisia e a manipulação psicopata dessa mudança.

Não deu outra. No dia 12 de setembro, Bolsonaro, ao ser questionado sobre a sua completa falta de sensibilidade ao longo da pandemia com suas declarações repugnantes, disse pela primeira vez que estava "arrependido". Com olhar triste, cabisbaixo, em posição de vítima, falou manso e disse que passaria a faixa presidencial caso perdesse as eleições e até deixaria a política.[49]

Em pouquíssimo tempo, lancei o segundo vídeo. Dessa vez, falei que a estratégia dele era "adotar um pseudovitimismo, fingir que se arrepende, fingir que é um ser humano", e enfatizei que era tudo a fim de criar alguma empatia para conquistar os votos indecisos. E concluí: "Espalhem para todo mundo, para não compartilhar, sob nenhuma hipótese, vídeos do Bolsonaro com a aparência triste, cabisbaixa, falando que se arrepende, falando que queria ter a chance de poder fazer um Brasil melhor, porque essa é a última ficha que sobrou pra ele". Dessa vez, somando as redes sociais, o vídeo impactou mais de 10 milhões de pessoas.

Diferentemente de 2018, em 2022 muito mais gente se manifestou contra Jair Bolsonaro, incluindo Anitta, Ivete Sangalo, Nilce Moretto, Leon Martins, Cauê Moura, Felipe Castanhari, Kéfera, Marcelo Adnet, Bianca Andrade,

Ludmilla, Bruna Marquezine, Pablo Vittar, Juliette, Casimiro, Fátima Bernardes, Tatá Werneck, Maisa, Gkay, Angélica, Xuxa, João Guilherme, Fábio Porchat, Paola Carosella e muitos outros.

Já no campo bolsonarista, as redes digitais também ganharam imensa adesão de certos influenciadores, incluindo "políticos-influenciadores" da cepa de Nikolas Ferreira. Juntaram-se a ele vários astros dos esportes, como Neymar, Ronaldinho Gaúcho, Popó, José Aldo, além de cantores sertanejos, como Gusttavo Lima, Zezé Di Camargo e Leonardo. Todos alinhados com os ideais neofascistas e muitos impulsionados pela manipulação da fé por parte de pastores neopentecostais e padres ultraconservadores.

A guerra digital de comunicação estava travada. A disputa eleitoral era uma incógnita. As pesquisas eram constantemente descredibilizadas, sobretudo pela extrema direita, que denunciava os pesquisadores como integrantes de um complô para induzir votos para a esquerda. Ninguém sabia o destino do Brasil.

Debates e fake news no primeiro turno

Por incrível que pareça, o volume de notícias falsas durante a campanha eleitoral do primeiro turno foi muito menos significativo do que em 2018. O trabalho realizado pelo Tribunal Superior Eleitoral, sob a presidência de Alexandre de Moraes, foi crucial para esse enfrentamento e a derrubada rápida de conteúdos comprovadamente falsos.

A maior parte das fake news procurava promover o medo de que Lula implementasse uma ditadura comunista; criar desconfiança sobre as urnas eletrônicas; acusar Lula de corrupção; e atrelar as pautas morais religiosas à disputa, criando factoides como: "Lula vai liberar o aborto e as drogas" e "Lula vai fechar igrejas por todo o país".

A manipulação do medo do comunismo é tática antiga, utilizada desde antes da Segunda Guerra Mundial. Foi a grande motivação para atrair apoio popular para o golpe de 1964 e continua sendo utilizada, mesmo com o Brasil jamais tendo se aproximado de qualquer tentativa de revolução para implementação de uma ditadura do proletariado.

Em função disso, comecei um bordão em meus vídeos, transmissões ao vivo e publicações nas redes, repetindo sem parar: "O comunismo não é uma ameaça no Brasil".

Ao mesmo tempo, o presidente e sua turma insistiam que as urnas eram inseguras e que o resultado poderia ser questionado, exatamente como haviam feito em 2018. De novo, a ideia de Bolsonaro era plantar a sementinha de um possível golpe caso perdesse as eleições, para impedir a "vitória roubada" do PT.

Mas o Gabinete do Ódio atuou mais pianinho na fabricação de mentiras escabrosas no período que antecedeu o primeiro turno. As mentiras estavam lá. Os ataques à reputação estavam lá. A articulação do ódio estava lá. Mas ainda de maneira branda.

Hoje, acredito com convicção que o Gabinete do Ódio criou uma estratégia semelhante à minha em relação à linha do tempo eleitoral. Assim como decidi não queimar meus principais cartuchos antes do primeiro turno, a banda podre da campanha de Bolsonaro fez a mesma coisa, mantendo-se mais comedida. A diferença é que meus principais cartuchos eram vídeos focados em política, enquanto os deles eram disparates fabricados intencionalmente.

O encontro com Lula e o perdão de Dilma

A aproximação de outubro trazia consigo o sabor da angústia e do medo. Na tarde do dia 25 de setembro, compareci a uma reunião fechada, idealizada por Marcelo Freixo, com Lula e alguns artistas.

Freixo havia me convidado no dia anterior. Eu queria fazer alguns vídeos e fotos com Lula, para usar como material durante a campanha, mas imaginava que seria a parte mais difícil, uma vez que a agenda de um candidato à Presidência é insana. Mas os astros estavam a meu favor.

Ao chegar ao local, um grande cômodo sem divisórias de um antigo prédio no Centro do Rio de Janeiro, fui recebido com muito carinho por dezenas de pessoas, tanto do partido quanto de fora. Naquele instante, percebi que meu posicionamento fazia diferença. Foi em cada aperto de mão, cada agradecimento, cada olhar fraterno. A vereadora Tainá de Paula me abraçou emocionada e disse: "Eu sou vereadora hoje por sua causa". Eu havia divulgado o trabalho dela no meu Twitter, e é claro que eu não era a causa de sua vitória, mas aquele era um exemplo prático da força de uma publicação bem-feita.

Eram muitos agradecimentos, suficientes para balançar o ego de qualquer um. Lutei para manter os pés no chão e me lembrar sempre: "Não se dê importância demais". Nesse momento, o verdadeiro protagonista chegou.

Lula entrou no salão acompanhado de sua equipe e de sua esposa, Janja Lula da Silva, com quem eu já tinha conversado e com a qual estabelecera ótima relação. Atrás do candidato, seu fotógrafo de longa data, Ricardo Stuckert. Então notei uma figura de cuja presença eu não fora informado: a ex-presidenta do Brasil, Dilma Rousseff.

Confesso que aquele foi um dos momentos de maior nervosismo da minha vida. De repente me senti no Engenho Novo, ainda menino, olhando minha mãe entrar em casa e sabendo que eu tinha feito algum estrago e que a briga e o castigo viriam a galope. O choque da realidade do que eu havia feito ao longo dos anos me atingiu no meio do peito. Meu ego inflado murchou até que me senti do tamanho de um rato, olhando a todos de baixo para cima.

Como eu poderia julgar, sequer por um segundo, que era importante para o debate político se durante a maior parte da vida eu estivera do lado errado da história? Como eu poderia ser tão elogiado, tendo utilizado minhas redes para atacar das maneiras mais cruéis e perversas uma mulher que foi torturada pela ditadura militar e sobreviveu para chegar à Presidência da República, tendo uma biografia ilibada? Sim, é óbvio que eu também havia atacado e condenado o Lula, mas não era sequer comparável a tudo que tinha dito e feito contra Dilma. Quando comecei a ter relevância na internet, já era o último ano de Lula como presidente.

Eu era tratado como um dos maiores e mais influentes naquele evento, mas a realidade é que eu era a menor pessoa do salão.

Um filme passou pela minha cabeça. O filme do meu ódio. Das conversas com meu tio sobre a podridão de Lula, Dilma e do PT. Do meu empenho em jogar o máximo possível de pessoas contra a esquerda, contra o Partido dos Trabalhadores, contra seus líderes. Meu apoio às manifestações de 2013. As ofensas. A perseguição. As mentiras que eu havia espalhado sem saber que eram mentiras. O meu uso das redes para apoiar o golpe. O dia do golpe e o meu vídeo: *"Dilma, eu celebro você ter se fod*do"*.

O que sobrava hoje? Culpa. Muita culpa.

Não, não era arrependimento no sentido de "poxa vida, se eu pudesse voltar no tempo...". Considero esse arrependimento a desculpa dos covardes, a tentativa de se qualificar como vítima, a ineficácia em lidar com a culpa, a incapacidade de sustentar seus erros e se esforçar para corrigi-los. Não me arrependo das coisas que fiz, pois do contrário não teria me tornado quem sou hoje. Ao causar mal para alguém, arrependa-se no sentido de buscar perdão e reparar seus feitos, não se posicionando como vítima da própria estupidez.

O meu ódio interno contra o PT, o Lula e a Dilma havia sido derrotado em uma guerra que durou muitos anos. Percebi isso no exato momento em que os dois entraram no salão e tudo o que senti foi culpa e vergonha. Não havia mais qualquer ódio, qualquer visão equivocada. Eu estava livre de uma doença pela qual eu mesmo era o responsável, com a contribuição de volumosas doses de veneno tomadas nas mais diferentes fontes. E espero, do fundo do coração, que essa jornada tenha de algum modo tocado o leitor, que pode estar no meio do mesmo processo sobre algum assunto ou pessoa. Nunca é tarde demais para decidirmos rever tudo aquilo em que acreditamos.

"Ora, mas por que você também não poderia estar equivocado quanto ao ódio contra Jair Bolsonaro, Olavo de Carvalho e seus aliados?", talvez você pergunte.

Por uma razão simples: o meu ódio à esquerda nasceu da minha ignorância, enquanto minha batalha contra o neofascismo nasceu do meu estudo e vivência. Não há polarização quando o debate é sobre esquerda e extrema direita. Poderíamos falar em polarização se no Brasil tivéssemos um partido que tentasse verdadeiramente estruturar uma revolução pelo fim da democracia. Onde está esse polo? Qual sua importância? Entre Lula e Bolsonaro, não há polarização, o que há é a disputa entre a sensatez e a barbárie, entre a paz e a violência, entre a vida e a morte.

Nem todo ódio que sentimos está errado, pois não podemos e não devemos compactuar com a intolerância. Aos fascistas, a luta. E nossas armas não serão as flores. E quando erramos, corrigimos. Com a mesma intensidade com que cometemos os erros.

Ao ver Dilma se aproximando, sabia que só me restava um único caminho, uma única ação. Andei em meio às pessoas, atravessando as mesas no salão, sentindo-me da altura das tábuas que compunham o piso. De repente estava frente a frente com a pessoa contra quem mais errei na vida. Ela me cumprimentou cordialmente, sem qualquer manifestação de mágoa, com um sorriso. Quando comecei a falar, ela me segurou pelos braços, antebraço com antebraço, palmas próximas aos cotovelos.

"Dilma, eu preciso lhe pedir perdão."

"Que isso, está tudo certo, Felipe."

Não estava tudo certo.

"Presidenta, não. É preciso que eu peça perdão, ou nunca poderei superar essa fase da minha vida. Eu apoiei o golpe, eu ajudei a alimentar o antipetismo, eu participei de todo o movimento que levou o Bolsonaro ao poder, acordei tarde demais. Eu estava errado."

Dilma me olhou por alguns segundos, soltou meus antebraços e deslocou suas mãos para os meus ombros. Segurou firme e respondeu:

"Eu sei que você estava. E está tudo bem, temos que seguir em frente".

"Obrigado, presidenta. Eu vou fazer tudo que eu puder para corrigir meus erros e ajudar nas eleições."

Ela me abraçou. Toda a cena foi alvo de diversas fotos e de pessoas ao redor que pararam para prestar atenção. Eu não me importava. Minhas ofensas e acusações tinham sido públicas, nada mais justo que meu pedido de perdão também fosse. Dilma dissolveu parte da culpa que eu sentia. Em seu lugar, injetou ânimo, coragem e vontade de vencer, de fazer justiça, de corrigir.

Em seguida me dirigi a Lula, que apertou minha mão com firmeza e me abraçou como um avô brincalhão abraçaria um neto, sorrindo de orelha a orelha. Também ensaiei um pedido de perdão, que ele logo interrompeu com uma sacudida da mão direita. Falando bem perto de mim, disse as palavras que eu guardaria para sempre: "Só presta atenção numa coisa. Esquece o passado. Temos que ganhar isso, tirar esses fascistas de lá. Mas presta atenção. Depois que a gente ganhar, não vira meu puxa-saco. Eu já tenho muito puxa-saco. Eu quero gente que critica com vontade de ajudar a melhorar. Não precisa atacar, mas critica. Não para de criticar quando achar que as coisas estão erradas".

De todas as coisas que imaginei ouvir de Lula, aquela não tinha passado pela minha cabeça. Enquanto antecipava aquele encontro, pensei várias vezes que o ex-presidente poderia tentar me manipular, prometer algo, fazer o que achamos que políticos sempre fazem. Mas não. Olhei para ele e dei a minha palavra de que continuaria lutando por tudo em que acredito e criticaria quando achasse devido, completando: "Presidente, precisamos vencer".

Ele reagiu: "Nós vamos vencer".

Todos nós nos encaminhamos para as respectivas mesas e lugares. Da esquerda para a direita ficaram Dilma, Janja, Lula ao centro e Marcelo Freixo. Eu fui posicionado, quis o destino, ao lado de Dilma, colado com a mesa dela.

Ao longo de todo o círculo, pessoas como Gregório Duvivier, Fábio Porchat, Tico Santa Cruz, Anielle Franco, Nath Finanças, Valentina Bandeira, Luana Xavier, Gabi Oliveira, Raull Santiago e Raphael Logan, entre outros.

Marcelo Freixo, o anfitrião, fez as apresentações e Lula iniciou sua fala.

Quase três horas depois, todos estavam encantados com o brilho e o comprometimento do ex-presidente, que contou sua trajetória, sempre mostrando qual era sua maior vocação: a luta pelo povo pobre. Lula falou sobre a importância da regulamentação das mídias digitais e da volta dos investimentos na cultura, destroçados durante a gestão Bolsonaro. Tratou do assunto do ódio com extrema sabedoria, mostrando que sabia exatamente o cenário em que o Brasil se encontrava no ambiente digital.

Todos tivemos a chance de falar, de levantar os pontos considerados fundamentais para o país caso o presidente fosse eleito. Ele ouviu cada palavra com muita atenção.

Em determinado momento, percebi que precisava muito tomar um café, um vício meu. Havia uma mesa lá atrás com café, mas qualquer pessoa que quisesse se servir teria de levantar no meio da fala do ex-presidente. Não tive coragem. Olhei diversas vezes para a mesa, mas não fui, pois mais ninguém se aventurou a ir. Minutos mais tarde, o fotógrafo Ricardo Stuckert, o único de pé caminhando pelo ambiente para tirar fotos, encheu uma xícara de café e levou para Dilma.

Não sei se meu olhar me entregou, ou se foi seu instinto materno, mas ela segurou minha mão e, baixinho, falou: "Felipe, seu pedido de desculpas foi o melhor momento que eu tive até agora nesta campanha. Quero fazer isso como um gesto para você", e me entregou seu próprio café.

Ao fim da reunião, aproveitamos para gravar vídeos e tirar fotos, que logo se espalharam pelas redes. Minha publicação no Instagram, uma foto abraçado ao Lula, enquanto sorríamos, bateu todos os recordes de número de curtidas do meu perfil. Na legenda: "É hora de vencer o ódio! É hora do amor superar tudo! Lula 13 no primeiro turno!!!".[50]

Chegou a hora!

No dia seguinte ao encontro, os filhos de Jair Bolsonaro voltaram a me atacar. Flávio e Carlos publicaram montagens, primeiro exibindo minhas fotos com Lula e Dilma, para em seguida mostrar vídeos antigos meus ofendendo os dois. Mais do mesmo.[51]

Pisei fundo no acelerador. Faltando seis dias para as eleições mais importantes da história do Brasil, eu não poderia abordar nenhum outro assunto. Lotei minhas redes de publicações pró-Lula e anti-Bolsonaro, sem divulgar nenhuma desinformação. Enquanto o TSE operava para derrubar toda informação comprovadamente falsa, nenhum post meu foi alvo de qualquer sanção ou checagem.

Curiosamente, os bolsonaristas se valeriam disso para dizer que "a Justiça e os checadores de notícias são parciais", o que não fazia sentido, porque várias publicações de eleitores do Lula foram removidas por conter desinformação. A diferença é que eu checava tudo em múltiplas fontes antes de publicar. O bolsonarismo vive do ódio e da mentira, por isso sempre será alvo de muito mais ações para remoção de conteúdo.

No dia 27 de setembro, foi ao ar a antepenúltima propaganda eleitoral obrigatória. Todas as emissoras de TV e rádio são obrigadas a exibir o mesmo conteúdo ao mesmo tempo, com as falas de todos os candidatos. Nesse dia, milhões de brasileiros foram surpreendidos quando a minha voz surgiu para narrar a inserção de trinta segundos do PT, com o discurso: "Enquanto as armas deles são as pistolas e fuzis, a nossa arma é o voto. E, nessa eleição, votar no Lula vai muito além de votar no candidato: é votar pela paz, pelo respeito, por um país mais justo e solidário. Falta pouco, muito pouco, para a gente começar um novo país. A mudança tem data: 2 de outubro. Vote 13 para vencer o ódio".[52]

O corte de trinta segundos foi um sucesso. Era uma novidade um dos dois principais candidatos à Presidência da República chamar um influenciador digital para a reta final da campanha na TV. A viralização na internet impulsionou mais ainda a campanha.

A equipe de Lula sabia o que estava fazendo. A aproximação com grandes influenciadores almejava mudar o cenário ocorrido em 2018, quando Bolsonaro dominou amplamente o ambiente digital. Foi um massacre. A extrema direita sempre terá domínio do mundo da internet enquanto não houver regulamentação e a proliferação de mentiras antidemocráticas for permitida. Contudo, dessa vez, nós conseguimos enfrentá-los.

No mesmo dia em que a campanha foi veiculada, um levantamento da consultoria Bites revelou que, pela primeira vez, a hegemonia de Bolsonaro no universo digital estava ameaçada. A matéria deixava claro: "Impulsionado por influencers, Lula encosta em Bolsonaro em interações nas redes sociais".[53]

Os dados revelaram que, nos sete últimos dias da campanha, as interações nos posts de Lula e de Bolsonaro registraram a menor diferença dos últimos quatro anos, algo inconcebível levando em conta a diferença de seguidores. Bolsonaro somava 49,2 milhões em suas redes, enquanto Lula tinha 17 milhões. Manoel Fernandes, sócio-diretor da Bites, revelou para a coluna de Bela Megale, em *O Globo*: "É a primeira vez que isso acontece com o ecossistema bolsonarista, de alguém se aproximar tanto de Bolsonaro. O presidente sempre atuou numa estrada sem trânsito digital, era praticamente o único carro".[54]

Nós havíamos conseguido o impossível: transformamos o ambiente da internet numa disputa e impedimos o massacre.

No último dia da propaganda eleitoral obrigatória, a três dias das eleições, a equipe do PT decidiu abrir o tempo de Lula na TV veiculando novamente minha inserção de trinta segundos. Depois, Lula falou sobre o resgate da esperança e a importância de as pessoas irem votar para decidir qual Brasil elas queriam: "Do ódio ou do amor; da maldade ou da bondade; o da mentira ou o da verdade".

Já Bolsonaro utilizou o seu tempo para falar o de sempre: "O outro lado tem artistas, tem a grande mídia com eles, tem mentiras, tem propostas absurdas. Só promessas. E você sabe que a grande marca deles sempre foi a corrupção e o descaso para com a família brasileira e para com a religião".[55]

Religião, religião, religião. O tempo inteiro, durante toda a campanha, Bolsonaro e sua equipe manipularam a fé para convencer o eleitorado religioso de que Lula era inimigo do cristianismo.

Sempre tive a certeza de que as eleições seriam resolvidas no segundo turno. Ainda que tenha repetido inúmeras vezes que deveríamos lotar as urnas para vencer Bolsonaro ainda no primeiro turno. Era um discurso motivador, mas eu sabia ser praticamente impossível conquistar àquela altura mais de 50% dos votos válidos, embora as últimas pesquisas eleitorais apontassem o contrário.

O Ipec revelou 51% dos votos válidos para Lula e 37% para Bolsonaro;[56] Datafolha deu 50% para Lula e 36% para Bolsonaro;[57] Atlas, 50,3% Lula e 41,1% Bolsonaro;[58] Genial/Quaest, 49% Lula e 38% Bolsonaro.[59] Até a Paraná Pesquisas, extremamente descredibilizada no debate público por ter fortes vínculos com o PL,[60] informou que Lula tinha 47,1% contra 40% de Bolsonaro.[61]

Eu estava pessimista. Acreditava numa guinada de votos para Bolsonaro na hora da apuração em função do chamado "voto envergonhado", ou "voto por medo". Sabia-se que muita gente votaria em Bolsonaro mas jamais revelaria a ninguém, nem mesmo nas pesquisas. Além disso, eu imaginava que alguma coisa grave poderia acontecer entre 1º e 2 de outubro. Só não imaginava que seria tão sujo.

No dia 1º de outubro de 2022, às 18h45, o veículo O Antagonista, conhecido por defender as pautas da direita e frequentemente da extrema direita, soltou a matéria: "Exclusivo: em interceptação da PF, Marcola declara voto em Lula. 'É melhor, mesmo sendo pilantra'".[62] A matéria foi assinada pelo jornalista Claudio Dantas e trazia a transcrição de um suposto áudio de Marcos Willians Herbas Camacho, o Marcola, um dos maiores e mais perigosos criminosos do Brasil, líder da facção criminosa Primeiro Comando da Capital, o PCC.

A estratégia bolsonarista era clara: faltando pouco mais de doze horas para o início das eleições, a intenção do suposto "vazamento" era convencer os indecisos, inclusive porque uma parcela significativa do eleitorado decide em quem votar na reta final das eleições. Segundo pesquisa do Datafolha, em 2022, 7% dos eleitores decidiram em quem votar no próprio dia 2 de outubro, enquanto 3% decidiram na véspera. Isso representa 10% dos votos sendo definidos entre a véspera e o dia da votação.[63]

Assim que o site O Antagonista divulgou a matéria, diversos vídeos e publicações começaram a atolar a internet com acusações que associavam Lula ao PCC. A Jovem Pan passou a noticiar o caso enlouquecidamente, utilizando os programas *Os Pingos nos Is* e *Jovem Pan News*. Em pouquíssimo tempo, Flávio e Eduardo Bolsonaro, Bia Kicis, Carla Zambelli, Marcel van Hattem, Adrilles Jorge, Milton Neves, Kim Paim, Leandro Ruschel e muitos outros publicaram conteúdo promovendo o suposto áudio de Marcola.

Gustavo Gayer, que seria eleito deputado federal no dia seguinte, publicou vídeo com o título "BOMBA! MARCOLA, CHEFE DA MAIOR FACÇÃO CRIMINOSA DECLARA VOTO EM LULA — Divulguem!".[64]

O próprio Bolsonaro foi às redes sociais e escreveu: "O crime organizado apoia Lula, porque Lula representa os interesses deles. O brasileiro honesto e trabalhador está conosco, porque nós representamos os seus valores. Em 2018, eles venceram entre os criminosos, nós vencemos entre o povo de bem, que segue e respeita as leis".[65]

Era tudo mentira. Marcola nem poderia votar, uma vez que fora condenado por decisão transitada em julgado. Não havia declaração alguma de voto, era tudo uma farsa. A divulgação foi feita de propósito na véspera. Sabiam que, até o TSE ordenar a remoção dos conteúdos, milhões de brasileiros já teriam sido impactados.[66] Influenciadores progressistas fizeram de tudo para mostrar que era mentira, mas era impossível.

No dia seguinte, por volta das dez horas da manhã, o ministro Alexandre de Moraes ordenou a remoção de todos os conteúdos associando Marcola a Lula, por "divulgação de fato sabidamente inverídico e descontextualizado". Segundo ele, tal circunstância "não pode ser tolerada por esta corte, notadamente por se tratar de notícia falsa divulgada na véspera da eleição".[67]

Era tarde demais.

Na virada do dia 1º para o dia 2 de outubro, a maior influenciadora do Instagram no Brasil, Virginia Fonseca, sem revelar seu voto, disse em suas redes sociais: "Vote consciente, é um direito nosso e está nas nossas mãos decidir o que vai ser melhor para o nosso [Brasil]. Não se deixe levar pela realidade do outro! Pense na sua realidade, seus princípios e valores! É isso, vote por você, por seu filho, pela sua família".[68]

O país inteiro sabia que ela votaria em Bolsonaro, o qual seu marido, o cantor Zé Felipe, e seu sogro, o cantor Leonardo, defendiam publicamente. Aquela era a síntese do pensamento de extrema direita: "Pense em você, não pense no outro". Loira, branca, Virginia Fonseca, que daria um avião de 50 milhões de reais de presente para o marido em 2023, dizia com todas as letras: "Não se deixe levar pela realidade do outro!".

Fui às minhas redes e publiquei: "Sob nenhuma hipótese vote pensando apenas em VOCÊ. Isso se chama egoísmo e falta de compaixão", prossegui: "125 milhões de pessoas estão em insegurança alimentar, sem saber se terão como comer as 3 refeições".

Ainda não estava satisfeito, então publiquei outro post: "A hora do voto é justamente a hora de pensar nos mais vulneráveis e q mais precisam de projetos socioeconômicos. Milionário falando para vc votar pensando apenas no q é melhor pra vc e pra sua família é de uma irresponsabilidade monstruosa. E exatamente como eleitores do Bolsonaro pensam".[69]

Para que eu pudesse votar, Cobra montou um esquema com cinco seguranças além dele e me enfiou um gorro e um par de óculos escuros gigante. Não adiantou muito, acabei sendo reconhecido, mas as pessoas souberam respeitar, não sei se a mim ou aos seguranças, e me deixaram em paz. Registrei meus votos em uma escola pública do bairro do Engenho Novo, onde cresci. Posei para fotos fazendo o "L" e voltei para casa.

Só restava torcer. Será que Bolsonaro e seus súditos mais alucinados estariam certos e ele venceria no primeiro turno? Na véspera das eleições, ele afirmou, categoricamente: "A gente não consegue ver outra coisa a não ser as eleições serem decididas amanhã, com margem superior a 60%".[70]

Doze dias antes, havia declarado: "Se nós não ganharmos no primeiro turno, algo de anormal aconteceu dentro do TSE".[71]

* * *

A votação foi encerrada às dezessete horas, no horário de Brasília. Às 21h48, 98% das urnas já haviam sido apuradas.[72]

Estava decretado: teríamos segundo turno.

Não consegui comemorar.

Por mais que soubesse ser impossível, ainda acalentava a vaga esperança de que Lula poderia vencer no primeiro turno. E talvez isso tivesse acontecido, não fosse a campanha de desinformação nojenta realizada às vésperas das eleições. Sabemos hoje que 11,8 milhões de votos foram decididos na véspera ou no próprio dia da votação.[73]

Muitas pesquisas acertaram o percentual de Lula, mas nenhuma conseguiu prever os expressivos 43,2% do candidato neofascista. Segundo Marcelo Tokarski, sócio diretor do Instituto FSB Pesquisa, isso se deveu à mudança de votos em cima da hora.[74]

Todas as estratégias que o Gabinete do Ódio segurou durante o primeiro turno entrariam em ação no segundo. Seriam ataques nojentos, montagens, manipulações. Não restavam dúvidas: seria a maior batalha digital e offline que o país já enfrentou.

E eu sabia que aquele seria o grande embate da minha vida.

Era a hora de vencer o ódio.

A estratégia para o segundo turno

Eu estava preparado para o que viria.

Lula havia conseguido 6 187 159 votos a mais que Bolsonaro. Quase 10 milhões de eleitores haviam rejeitado ambos os candidatos e escolhido Simone Tebet, Ciro Gomes, Soraya Thronicke, Padre Kelmon e outros. Não seria tarefa fácil.

O Gabinete do Ódio viria com tudo. Sabíamos que Bolsonaro cresceria muito mais que Lula no segundo turno, mas a dúvida era o quanto ele cresceria e se bastaria para ultrapassar o candidato do PT.

Era hora de se concentrar nas eleições. Meu canal no YouTube não poderia parar, mas eu me empenharia o mínimo possível. Instruí minha equipe e deleguei tudo que podia — três vezes por semana eu aparecia para gravar no estúdio, que agora ficava ao lado do meu escritório e dentro da minha casa. Gravava o mínimo possível, o mais rápido possível, e voltava para o meu espaço de trabalho.

Ao longo de outubro, eu criaria vídeos diários de política para as redes sociais e dedicaria todo o tempo das minhas transmissões ao vivo para falar das eleições. Precisaria embarcar em discursos rápidos e fáceis de entender, usar um palavreado simples para tratar de temas complexos, atrair a atenção com a utilização dos algoritmos, empregar um tom alarmista, embora sem descambar para o sensacionalismo. Além disso, precisaria criar um conteúdo que não abrisse margem para qualquer má interpretação e pedido de remoção pelo TSE.

Enquanto eu planejava o primeiro vídeo, que precisaria causar um impacto que me arremessasse no olho do furacão, as mentiras começaram a explodir na internet.

Allan dos Santos, do Terça Livre, alimentava abertamente a teoria de que o PT era financiado pelo narcotráfico e visava transformar a América Latina num "império socialista". Mesmo sem indícios, ele e toda a turma neofascista queriam colar em Lula a associação com o tráfico. Como a ligação com Marcola e o PCC frutificara, eles queriam inflamar ainda mais essa narrativa. Então começaram a conectar, também sem qualquer resquício de verdade, Lula com as Forças Armadas Revolucionárias da Colômbia (Farc), uma organização de guerrilha que visava uma revolução comunista em seu país. Os vídeos e publicações, falsos, atingiam milhões de pessoas.

Ao planejar minha estratégia de comunicação para o segundo turno, já sabia que enfrentaria Nikolas Ferreira. Era tudo o que eu não queria, pois significava dar importância a um fedelho que virou popstar da política como influenciador digital do neofascismo.

Nikolas foi eleito vereador de Belo Horizonte em 2020. Sua campanha e suas publicações se voltavam para a propagação de discursos da moralidade e dos bons costumes, atacando minorias e pregando o ideal bolsonarista de "supremacia das maiorias". Sempre alinhado a um discurso extremamente religioso.

Embora não fosse qualificado para a vida política, compreendeu como poucos a arte de criar vídeos virais, surfando a onda das plataformas digitais e promovendo conteúdo odioso, sob a justificativa de estar "defendendo os valores da família tradicional cristã". Sua popularidade explodiu, e logo ele passou a ser visto ao lado de Silas Malafaia e de integrantes da família Bolsonaro.

Ferreira também se amparava na força das igrejas protestantes neopentecostais enquanto criava um verdadeiro exército digital. Sua força cresceu a tal ponto que, de vereador eleito em 2020 com 29 mil votos, chegou às eleições de 2022 com 1,47 milhão de votos, que fizeram dele o deputado federal mais votado do Brasil.

A transfobia era uma de suas principais munições. Ele já havia proferido ataques contra Duda Salabert, do PDT, primeira mulher trans eleita em Belo Horizonte, e pedira um boicote à escola particular onde sua irmã estudava por não ter proibido que uma adolescente trans de apenas catorze anos utilizasse o banheiro feminino.[75] O Ministério Público pediu que o deputado fosse investigado, e ele reagiu destilando mais preconceito.

Perversamente, ele percebeu que sua popularidade crescia sempre que humilhava e atacava pessoas trans. Não se importava de virar réu na Justiça. Ao longo do tempo, foi subindo cada vez mais o tom e ganhando a admiração do núcleo neofascista, mesmo que, na verdade, não passasse de fantoche dessa turma.

Nos dois anos em que foi vereador, seu trabalho foi pífio. Seu principal projeto aprovado foi a lei que proibiu o uso de linguagem neutra nas escolas da cidade. Como influenciador, porém, Nikolas explodiu, alcançando mais de 10 milhões de seguidores somente no Instagram em 2024.

Nikolas Ferreira havia passado os últimos anos me atacando, com a estratégia de reviver meus vídeos do passado. Eu o ignorei sumariamente. A situação agora era outra, pois ele havia se tornado a maior arma de internet do bolsonarismo, com o apoio explícito de Bolsonaro. Enfrentar o ódio era necessariamente enfrentar Nikolas Ferreira. Mas não apenas isso. Para me guiar, criei uma lista de objetivos claros que eu sempre deveria ter em mente antes de realizar qualquer postagem. Segue a lista, que chamei de "Objetivos Principais do Enfrentamento no Segundo Turno":

- Ampliar o alcance do progressismo, principalmente com os jovens;
- Repetir exaustivamente que não há uma ameaça comunista no Brasil;
- Diminuir o ódio e a desinformação sobre a "esquerda";
- Enfrentar Nikolas Ferreira e provocá-lo o suficiente para distraí-lo e fazê-lo errar na comunicação, além de desmentir suas mentiras;
- Desmentir as principais fake news contra Lula;
- Mostrar a tragédia que se tornou o Brasil após o governo Bolsonaro;

- Mostrar o plano e o orçamento de Jair Bolsonaro para 2023, caso seja eleito;
- Atrair todo o ódio que conseguir para mim, fazendo com que percam tempo comigo e se distraiam na campanha.

Sem planejamento, é impossível vencer o ódio, pois no campo da impulsividade e do improviso o ódio quase sempre sairá vencedor. Era isso que eu queria que mais comunicadores entendessem, sobretudo a equipe de Lula.

O Chupetinha

Desafiar Nikolas Ferreira publicamente não seria fácil. Ele se valia da distorção e da manipulação da fé, mentia o tempo todo, sem se preocupar com as consequências. Eu já havia sido alvo de seus vídeos em diversas ocasiões, como quando participei do *Roda Viva* ou fiz o vídeo para o *New York Times*.

Sabia que meu vídeo sobre ele teria de ser preciso, para garantir o máximo de compartilhamentos. Comecei a publicar "iscas" no Twitter.

Nikolas sempre gravava vídeos para "refutar" o que eu dizia ou escrevia, e eu sabia exatamente o tipo de publicação sobre a qual ele adorava gravar. E sabia que, não importava o assunto, ele falaria um mundo de bobagens. Funcionou de primeira.

Meu post no Twitter dizia o seguinte:

"Coisas q vc PRECISA saber:

1- Presidente não pode liberar drogas e Lula não discursa isso;

2- Lula é CRISTÃO;

3- Presidente não tem qualquer participação sobre proibição do aborto;

4- Brasil não vai 'virar Venezuela', tanto q em 13 anos de PT nada nesse sentido foi feito."

Abaixo, com letras garrafais: "FIQUE ATENTO — NÃO COMPARTILHE FAKE NEWS".

Falei o básico, sem mentir, mas sabia que a extrema direita iria refutar minhas informações. Ferreira dificilmente resistiria à vontade de dizer que Lula não é cristão porque não segue o que pregam os pastores neopentecostais bolsonaristas. No mesmo dia, ele publicou um vídeo afirmando que provaria que todas as afirmações eram mentirosas.

No dia 4 de outubro de 2022 foi ao ar meu primeiro vídeo rebatendo Nikolas Ferreira, a quem apelidei de "chupetinha de genocida", em referência à sua baixíssima idade e ao fato de ser um simples acessório do bolsonarismo. "Chupetinha" viralizou e se tornou o apelido preferencial de milhões de brasileiros.

Meu vídeo foi um tiro de canhão, provou que o deputado não fazia ideia do que falava. Para refutar a primeira parte, "Presidente não pode liberar as drogas e Lula não discursa isso", ele apresentou um discurso em que Lula afirmava ser contra jovens negros pobres continuarem a ser presos por portarem um único cigarro de maconha na mochila. Era uma fala sobre a descriminalização do porte de maconha em pequenas quantidades, que nada tinha a ver com a *liberação das drogas*. Só um país extremamente atrasado encarcera pessoas por portarem uma pequena quantidade da droga para uso pessoal.

Em minha resposta, mostrei uma lista de países que descriminalizaram *usuários* de drogas: Holanda, Espanha, Alemanha, Portugal, Itália, Austrália, México, Estados Unidos, entre outros... E mostrei uma imagem de Nikolas na Europa participando de uma manifestação contra a vacina de covid-19, dizendo: "Da próxima vez que você for para o exterior fazer manifestaçãozinha antivacina, aproveita e faz uma também contra a descriminalização das drogas. Tu não é o brabo?". Era fácil demais provar que Chups não sabia o que dizia.

Para rebater que "Lula é cristão", ele havia recorrido ao discurso transfóbico de sempre, afirmando que "há uma grande diferença entre você se sentir cristão e você ser cristão". Para provar seu ponto, mostrou uma foto de Lula sorrindo ao ver dois homens se beijando e disse: "Então Lula é isso aqui óh, um trans-cristão. Ele discorda de tudo da Bíblia, mas ele se sente". Pronto, essa era a prova irrefutável de que Lula não poderia jamais ser cristão. Afinal, ele sorri para dois homens se beijando.

Para manter o clima leve do meu vídeo, falei que ele era o primeiro sommelier de cristianismo. E completei: "E o melhor é ele usar uma foto do Lula sorrindo para dois homens se beijando, como se isso significasse que o Lula não pode ser considerado cristão, não é verdade? É... Não é como se ele estivesse segurando armas, ameaçando matar gente, defendendo torturador, ou então se dizendo padre sem ser padre. É... Aí sim é cristão, segundo o Chupetinha", concluo.

Para rebater o terceiro ponto, que dizia "Presidente não tem qualquer participação sobre proibição do aborto", Chupeta provou em definitivo que não estudava nada antes de falar a respeito. Seu principal argumento foi mostrar uma matéria do dia 9 de setembro de 2022, que dizia "Rosa Weber pode levar ação sobre descriminalização do aborto para a Presidência", como se a ministra do Supremo pretendesse levar o caso para o próximo presidente da República decidir. Mas não tinha nada a ver com aquilo. Ele não tinha lido.

Na verdade, Rosa estava assumindo o posto de presidente do STF e dizendo que levaria a pauta da descriminalização do aborto para a sua presidência da Suprema Corte.

Como resposta, soltei uma longa gargalhada e expliquei tudo.

Para coroar, ele postou que o Supremo era composto quase inteiramente de representantes da esquerda: os ex-presidentes Fernando Henrique Cardoso e Michel Temer seriam esquerdistas. Sim, ele chamou de esquerdista o golpista e um dos principais responsáveis pelo golpe que arruinou Dilma e o PT por anos no Brasil. Quando meu vídeo foi ao ar, evidenciando a incapacidade do deputado de discursar sobre temas em que se dizia especialista, o resultado foi imediato. Em pouco tempo, foram mais de 12,5 milhões de visualizações, somando as diferentes redes sociais. Era a primeira vez que uma publicação de grande alcance atacava Ferreira.

E eu sabia que aquilo acabaria por tirá-lo do prumo.

Escolhi o apelido "Chupetinha" apenas para reforçar a inexperiência, a infantilidade e seu papel de um acessório dos neofascistas, do presidente genocida e de milicianos. Não defendo essa tática, que considero baixa e suja. Mas, ao montar minha estratégia de comunicação, sabia que seria necessário "sujar as mãos". É impossível vencer o ódio digital sem se sujar de alguma forma.

A tática de atrelar apelidos depreciativos a figuras públicas é utilizada pela extrema direita, que quase nunca menciona o nome das pessoas. O maior propagador dessa ideia foi Olavo de Carvalho, que sempre criava apelidos envolvendo o ânus humano ou excrementos para se referir a qualquer desafeto. Dizia ele que era uma forma de desumanizar o "comunista", sem dar a ele a validação do uso do próprio nome.

Quando defini como agiria nesse enfrentamento ao ódio da extrema direita, tracei os limites que jamais cruzaria. Sim, eu utilizaria os apelidos. Não para desumanizá-los, mas para ganhar força na viralização. Sim, também utilizaria o alarmismo, começando vídeos como: "Cuidado! O futuro do seu filho pode estar em risco!", com o objetivo de atingir mais pessoas e somente quando o futuro de uma criança pudesse mesmo estar em risco. Porém, diferentemente de alguns outros comunicadores de esquerda ou progressistas, sob nenhuma hipótese eu compartilharia uma informação falsa ou distorcida de propósito.

A ideia era utilizar determinadas táticas da extrema direita para disseminar a verdade. E essa foi uma das razões para a campanha de segundo turno ter dado certo. Não se vence o ódio orquestrado e criminoso apenas com o amor. É preciso enfrentar, é preciso lutar. Traçar os limites que guiam sua consciência e resistir.

Nikolas Ferreira, segundo o que me dizem pessoas nos bastidores da política, tem profunda aversão ao apelido, que é utilizado cotidianamente para retratá-lo, inclusive dentro da Câmara dos Deputados. Caso o leitor possa vir a sentir algum nível de compaixão, peço que repense. Sabe como Nikolas decidiu enfrentar o apelido? Alegando ser vítima de homofobia.

Sim. O transfóbico, homofóbico e misógino deputado tentou colar que seu apelido era uma tentativa de chamá-lo de "homossexual", pois havia surgido um vídeo na internet que mostrava um ator pornô gay extremamente parecido com Nikolas praticando sexo oral em outro homem. Eu jamais divulguei esse vídeo nem fiz qualquer referência a ele. Contudo, em mais uma demonstração de manipulação, covardia e mentira, Nikolas e a extrema direita em peso começaram a divulgar a ideia de que "a esquerda é homofóbica".

O vídeo pornô havia surgido dias depois do meu vídeo criando o apelido de "Chupetinha" e todas as minhas referências ao termo mostravam Nikolas Ferreira em montagens com chupetas na boca, ou como um bebê no colo de Bolsonaro, sem qualquer alusão a sexo oral ou homossexualidade. Eles sabiam disso. Porém, mesmo assim, tentaram fazer colar a imagem de vítima no deputado, aproveitando-se de uma pauta tão importante como a do combate à homofobia para fazer palanque político.

Durante aquele mês, mantive na cabeça uma das minhas principais preocupações: "Eu não posso me tornar igual a eles".

Apelidos, ok.

Alarmismo feito com verdades, ok.

Palavras duras, alguns poucos palavrões, ok.

Humor depreciativo, ok.

Mas esse era o meu limite. Sem desinformação, sem manipulação de manchetes, sem utilizar o discurso de ódio e sem ter qualquer conteúdo derrubado por decisão judicial. Esse era meu objetivo.

O que define um "discurso de ódio" e qual o limite para a luta contra ele?

Em 2023, foi protocolada no Ministério Público Federal (MPF), uma ação pedindo uma investigação contra mim devido ao uso do termo "chupetinha" contra Nikolas Ferreira, sugerindo que eu estaria incorrendo no crime de homofobia. Muita gente da extrema direita se aproveitou para gritar que o verdadeiro "propagador de discurso de ódio" era eu.

Em junho, o MP rejeitou a ação, informando não haver elementos que configurassem homofobia no caso em questão. A instituição entendeu que eu sempre associei a palavra "chupetinha" ao uso de chupeta de neném, numa alusão à imaturidade do deputado.

Mas por que chamar alguém de "chupetinha" não configuraria um "discurso de ódio"?

Antes de tudo, é preciso entender se há um lado PERSEGUIDOR e outro lado PERSEGUIDO. Se a resposta for positiva, é preciso analisar se o lado perseguido está sendo acusado de atacar o seu perseguidor, qual o grau de proporcionalidade e se há o cometimento de algum crime.

No caso de Nikolas Ferreira, foram anos de constante perseguição baseada em mentiras, das quais eu nunca me defendi. Portanto, se minha resposta é apenas usar o apelido "chupetinha", sem cometer qualquer crime, sem incorrer em desinformação, sem promover conteúdo odioso, o ato de ele sair esperneando que ELE é a vítima do "discurso de ódio" soa ridículo a qualquer pessoa que analise contexto e proporção.

Há também uma diferença gigantesca entre o que configura o "discurso de ódio" e o que pode ser visto como um "post com raiva", um "deboche intencional" ou uma "acusação mais dura". E o que marca essa diferença? O contexto, a interpretação, o emprego ou não de mentiras e a presença de uma estrutura sistêmica de reprodução de ataques. Além disso, é necessário ver se as vítimas fazem parte de algum grupo vulnerável e se estão sendo atacadas por suas condições, o que já classificaria qualquer ataque digital como "discurso de ódio" por se tratar de racismo, homofobia, transfobia, xenofobia etc. Contexto faz toda a diferença para um julgamento.

O "discurso de ódio" sempre será caracterizado pela desproporção e ausência de legítima defesa. Aquele que o pratica é o que ataca, persegue, mente, desinforma, distorce e acusa sem sustentar o que diz. Desde que respeite os limites da proporção da legítima defesa, quem se defende, ainda que com palavras duras, jamais poderá ser visto como "propagador de discurso de ódio".

Vejamos um exemplo prático: o deputado passou anos me atacando com discurso de ódio claro e explícito. Foi só eu responder pela primeira vez que seus seguidores saíram gritando que ele era a vítima do meu ódio. Não era, pois eu respeitei os limites da proporção de resposta, apenas criando um apelido e mostrando como ele tinha uma limitação intelectual para entender coisas simples. Se eu tivesse inventado o envolvimento de Nikolas em algum crime, feito montagens horríveis, associado o jovem à pedofilia e passado anos perseguindo e desinformando a respeito do rapaz, aí eu não estaria mais respeitando qualquer proporção de legítima defesa e teria me transformado naquilo que ele é: um agente do discurso de ódio.

Enfrentando o ódio com toda a força

Enquanto Nikolas perdia tempo me atacando, eu escrevia vídeos e me concentrava em executar a estratégia do segundo turno.

No dia 7 de outubro, publiquei um vídeo respondendo à pergunta: "Por que as pessoas acham que o Lula é comunista?". Minha ideia era manter a inércia de interesse do público após o vídeo sobre o deputado neofascista.

No vídeo, mostro como a extrema direita há anos utiliza a estratégia de marketing de "demonizar" a esquerda, associando-a a todo tipo de perversão, maldade e destruição da fé. Mostro os livros *Lúcifer e o comunismo* e *Satanás é socialista*, além de uma publicação de Carla Zambelli em que ela exibe as deputadas de esquerda Sâmia Bonfim, Manuela d'Ávila e Talíria Petrone com chifres e olhos vermelhos, simulando demônios. Depois de insistir em vincular a esquerda com a maldade, a extrema direita passa a pessoalizar a questão, chamando todo indivíduo que não faz parte do neofascismo de "esquerdista" e, por consequência, "comunista". Ou seja, destruidores de lares, assassinos, demoníacos.

Também explico, pela primeira vez, com um pouco mais de detalhes, a questão das relações de líderes da esquerda brasileira, como Lula, Dilma e outros, com ditadores de esquerda da América Latina, como Fidel Castro, Hugo Chávez e Nicolás Maduro. Indico a leitura de *As veias abertas da América*

Latina, de Eduardo Galeano, que mostra como esses países caminharam para revoluções como atos de resistência ao imperialismo norte-americano e suas perversas ações de dominação das Américas, para que os países continuassem sendo fornecedores subdesenvolvidos de matéria-prima para o império.

Para finalizar, explico que, mesmo mantendo boa relação com esses países, o Brasil nunca chegou sequer perto de flertar com uma revolução comunista, e repito que isso não é uma ameaça no país. Em contrapartida, Bolsonaro defende e apoia abertamente vários ditadores assassinos, como Pinochet, Stroessner, Fujimori e outros. Além disso, ele mantinha excelentes relações com grandes líderes sanguinários da direita, como Mohammad bin Salman, o ditador esquartejador da Arábia Saudita que proíbe o cristianismo no país. Em outubro de 2019, Bolsonaro o chamou de "irmão".[76]

Ao longo dos anos, essa relação com Bin Salman se tornaria cada vez mais estreita, culminando num escândalo de suposta corrupção por parte de Bolsonaro, revelado em 2023. Ficou provado que o presidente brasileiro recebeu joias do ditador saudita avaliadas em mais de 16 milhões de reais. O governo tentou entrar com elas de maneira ilegal no Brasil e vendê-las no mercado internacional, quando na verdade elas deveriam ser registradas como patrimônio do acervo do governo brasileiro.[77]

O vídeo era complexo, as falas, irrefutáveis, carregadas de fontes e informações. Quando foi ao ar, imaginei que acumularia um número consideravelmente menor de visualizações, visto que se tratava apenas de um conteúdo informativo, sem ataques e sem debates. Pois ele chegou a quase 8 milhões de reproduções. Nenhum influenciador da extrema direita se deu ao trabalho de refutar aquele vídeo, pois não havia o que ser dito.

No dia seguinte, 8 de outubro, decidi testar um pouco mais e produzi um vídeo sobre um assunto com baixíssimo apelo ou interesse popular: a relação de Lula com o agronegócio. A campanha bolsonarista repetia sem parar que Lula era inimigo do agronegócio. Para desmentir, mostrei que Simone Tebet, uma das maiores ruralistas do país, havia fechado com Lula para o segundo turno. Mostrei que Lula é contra a ala criminosa do "agro", aquela que Bolsonaro tanto apoiou e incentivou ao longo de seu mandato. Um grupo que defende invasões de terras, desmatamento ilegal, desapropriação de terras indígenas. Em seguida, trago a notícia do dia anterior: "Desmatamento na Amazônia bate recorde em setembro, aponta Inpe",[78] com dados oficiais do próprio governo Bolsonaro.

Como esperado, o vídeo fez sucesso dentro da bolha que se interessa pelo assunto, impactando em torno de 2,5 milhões de pessoas.

No dia 9 de outubro, Nikolas Ferreira e eu lançamos vídeos sobre as eleições. O meu, mais comedido, trazia minhas falas do passado contra Lula e Dilma. À pergunta: "Felipe Neto, o que aconteceu que você mudou o que pensava sobre o Lula e o PT?", eu respondia contando brevemente como superei o ódio antipetista. O vídeo impactou mais de 5 milhões de pessoas.

Já Nikolas estava completamente fora de si. Num vídeo escuro, sombrio, o deputado decidiu fantasiar como seria o Brasil caso Lula fosse eleito: "Quando seu filho chegar em casa com os olhos vermelhos de tanta droga, dá um sorriso e faz o L". A eleição de Lula faria pessoas "matarem alguém que você ama". Todos seriam censurados e impedidos de expressar suas opiniões nas redes sociais. O país seria saqueado para patrocinar ditaduras genocidas. As igrejas seriam fechadas, padres seriam perseguidos e proibidos de professar sua fé. Manifestantes nas ruas seriam presos, bandidos invadiriam as casas dos brasileiros, inocentes nos ventres maternos seriam assassinados. A vida de todo cidadão do país seria destruída.

Aquilo não era peça de campanha, era o suprassumo do discurso de ódio para mentir, manipular e desinformar. O vídeo foi compartilhado por toda a extrema direita, em especial por Eduardo Bolsonaro e Carla Zambelli.

Dois dias depois, em 11 de outubro, o ministro do TSE Paulo de Tarso Sanseverino determinou que todas as redes sociais removessem imediatamente o vídeo do deputado, argumentando que "o objetivo [do vídeo] consistiu na disseminação de discurso manifestadamente inverídico e odioso".[79] Ele julgou o pedido da equipe de campanha de Lula, que processou Nikolas e solicitou direito de resposta nas redes do deputado.

Nikolas foi às redes e debochou, em post já apagado, dizendo que não tinha problema o tribunal mandar apagar o vídeo, pois ele já havia atingido 30 milhões de acessos.[80] Era mais uma prova de que ele não possuía capacidade argumentativa para falar de questões governamentais sem incorrer em mentiras sórdidas e acusações criminosas. Contudo, a derrubada do vídeo por parte do TSE fez mais uma vez a extrema direita se unir em gritos de "CENSURA!" e "NÃO TEMOS MAIS DIREITO A DAR OPINIÃO".

O ciclo vicioso era nítido: eles mentiam e cometiam crimes, tinham os conteúdos derrubados por decisões judiciais, gritavam que estavam sendo censurados, então mentiam e cometiam crimes... E assim infinitamente. Conseguiram convencer milhões de pessoas de que havia sido instaurada no Brasil a "ditadura do Judiciário", que eliminaria o "conservadorismo" e a "direita".

Integrantes da extrema direita não sabiam se perdiam tempo comigo ou continuavam na campanha contra Lula. Muitos acabavam queimando diversas publicações para me atacar, revivendo vídeos do passado, resgatando palavrões, piadas de cunho sexual, página de revista etc. Enquanto isso, eu seguia trabalhando.

Em 10 de outubro, outro aliado de Bolsonaro cometeu mais um erro escabroso. André Valadão, pastor presidente da Igreja Batista da Lagoinha, publicou em seu Twitter: "Alguém aí tem filha!? Irmã!? Sobrinha!? Gente! Votar nesta esquerda é agredir, invadir, destruir... O NOSSO PAÍS NÃO SERÁ VERMELHO!". Em seguida, exibia uma matéria que dizia: "Colômbia aprova união livre de adultos com menores a partir de 14 anos".

Fiz minha pesquisa, escrevi o roteiro e produzi um vídeo rápido, com menos de dois minutos. De fato era verdade que a Suprema Corte da Colômbia havia aprovado o casamento de adultos com menores de catorze a dezoito anos. E isso havia acontecido em agosto de 2021, quando o país era comandado por Iván Duque, um presidente *de direita*. Apenas em junho de 2022, quase um ano depois, a Colômbia elegeria o seu primeiro presidente de esquerda na história, Gustavo Petro.

"Como é que você está mentindo tanto, pastor? Vocês não aprendem na igreja que é pecado mentir?", perguntei a Valadão. E continuei: "Por que eles mentem tanto? Porque eles precisam que você acredite que a esquerda é venenosa, é assassina, é pedófila, é corrupta, porque só assim eles conseguem se manter no poder". Para concluir, provei que a pauta do casamento de adultos com crianças nunca foi da esquerda, afinal, o país mais de direita do mundo, os Estados Unidos, também aprovava esse tipo de união. Até a data de publicação do vídeo, apenas quatro dos cinquenta estados americanos proibiam o casamento com crianças.[81] O vídeo atingiu 8,5 milhões de reproduções.

No dia seguinte, 11 de outubro, decidi publicar um vídeo diferente.

Eu havia descoberto uma lista de recomendações da gestão Bolsonaro que ilustravam como o presidente e seus ministros haviam destruído órgãos governamentais como Ibama (meio ambiente), Anvisa (vigilância sanitária), Funai (povos indígenas) e outros. Um desses órgãos, o Conitec, responsável pela integração de tecnologias no sistema de saúde pública — ele responde ao Ministério da Saúde —, chocou o mundo em dezembro de 2021 ao emitir uma cartilha recomendando o tratamento de eletrochoques para pessoas com graus severos de autismo, como o "autismo agressivo".[82]

Mais de cinquenta entidades ligadas a psiquiatria, psicologia e direitos humanos publicaram uma nota conjunta de protesto,[83] provando que se tratava de um método arcaico e considerado tortura pela Organização das Nações Unidas. Embora ainda exista, a eletroconvulsoterapia só é utilizada em casos graves de depressão, transtorno bipolar e esquizofrenia, em especial quando o paciente entra em catatonia, aquele estado em que a pessoa perde a interação com o mundo ao redor.[84] O tratamento não é recomendado, sob nenhuma hipótese, para pessoas com autismo.

No vídeo, em vez de apenas apontar os disparates daquela cartilha, contei como Bolsonaro e seus ministros haviam aparelhado os órgãos governamentais, nomeando centenas de militares sem qualquer experiência, além de profissionais incompetentes, aliados ao neofascismo e comprometidos com valores anticientíficos.

Mostrei três nomes por trás do Ministério da Saúde que haviam sido nomeados pela gestão Bolsonaro. Um deles, secretário de Ciência, Tecnologia, Inovação e Insumos Estratégicos, era o médico Hélio Angotti, que se dizia um fervoroso aluno e seguidor de Olavo de Carvalho.[85] Angotti havia sido responsável por uma nota técnica do ministério divulgando que a cloroquina era eficaz para o tratamento da covid-19, enquanto a vacina era ineficiente.[86] Já a Secretaria de Atenção Primária à Saúde ficava a cargo de Raphael Câmara Medeiros Parente, um médico bolsonarista defensor de campanhas pela abstinência sexual.[87] Ainda dentro do Conitec, a gestão Bolsonaro havia nomeado como secretário de Saúde Indígena um militar sem nenhuma experiência na área.

"Por isso, derrubar o Bolsonaro é muito mais do que só tirar ele do poder. É a gente conseguir consertar a destruição completa das nossas instituições e dos órgãos que deveriam proteger e ajudar os mais vulneráveis. Nós precisamos vencer no dia 30 para tirar o Brasil da Idade Média, da era das trevas, do completo e absoluto obscurantismo e negacionismo científico", concluí. Aquele vídeo atingiu 11,5 milhões de acessos.

Eu estava concentrado na elaboração daquele material. Não respondia mensagens, não atendia ligações, vivia recluso e trabalhando a todo momento na próxima publicação e no próximo vídeo.

Desmentindo mais fake news

Minhas redes não deixavam passar uma única mentira divulgada nos grupos de WhatsApp, Telegram e demais plataformas. Toda informação falsa promovida pelos bolsonaristas era rapidamente desmentida, com provas, nos meus perfis. Assim como eu, outros influenciadores trabalhavam arduamente para levar a verdade para o público brasileiro, muitos indo para o confronto direto contra os neofascistas. Apesar de trabalhar diariamente de modo solitário, eu não estava sozinho.

No dia 12 de outubro, Lula, que viajava pelo país em campanha, foi visitar o Complexo do Alemão, no Rio de Janeiro, um bairro que abriga um dos maiores conjuntos de favelas da cidade. Antes de o evento político começar, ele foi até a sede do jornal *Voz das Comunidades*, onde recebeu um presente de Camila Moradia, líder do Movimento por Moradia no Complexo do Alemão, e do ativista Hector Santos. Tratava-se de um boné com as letras CPX, que Lula não tirou da cabeça durante toda a carreata.

A internet implodiu.

O Gabinete do Ódio orquestrou uma gigantesca campanha de desinformação para divulgar que "CPX" significava "Cupinxa", que por sua vez queria dizer "aliado do Comando Vermelho", a facção criminosa envolvida com o narcotráfico no Rio de Janeiro. Mais uma vez tentavam colar em Lula a imagem de "aliado de traficantes", agora distorcendo o sentido de uma sigla e espalhando que Lula participara do evento sem seguranças, sinal de que ele mantinha fortes laços com os traficantes do Comando Vermelho, acusados de comandar a região. Afinal, que candidato à Presidência da República poderia ir a uma área comandada pelo tráfico sem escolta e seguranças?

Era tudo mentira.

Atrás de Lula, a todo momento, estava o delegado da Polícia Federal Alexsander Castro de Oliveira. Junto a ele, nada menos que trinta agentes da Polícia Federal faziam a segurança do ex-presidente. Também estava presente o coordenador de segurança de Lula, o também delegado da PF Andrei Augusto Passos Rodrigues. Para completar, a segurança do evento foi reforçada pela PM do estado com viaturas e mais policiais.[88]

Flávio Bolsonaro foi para as redes e publicou uma montagem que trazia uma foto de Bolsonaro com boné da PRF e Lula com o boné CPX, escrito: "Lula visita 'QG do Comando Vermelho' no Alemão, RJ, e usa boné que significa 'CUPINXA (parceiro) DO CRIME'". Na foto de Bolsonaro, a legenda: "Bolsonaro visita igreja Basílica de Nossa Senhora Aparecida e aparece em outra ocasião usando um boné da PRF (Polícia Rodoviária Federal)".[89] Eles conseguiam enfiar a religião e a manipulação da fé até na hora de inventar que Lula havia utilizado um boné de apoio a traficantes.

TUDO é Deus.

TUDO é a igreja.

TUDO é a fé cristã ameaçada.

TUDO ISSO não passa de distorção e mentira.

A sigla CPX não tinha nada a ver com a palavra cupinxa, até porque a palavra é escrita com ch e não com x: o correto é "cupincha". O significado de CPX é amplamente conhecido dos moradores de qualquer comunidade. Trata-se da palavra "complexo", utilizada para designar locais que abrigam diferentes favelas, como é o Complexo do Alemão. Apenas isso. A sigla é constantemente utilizada em letras de música e apareceu até em publicação do Twitter oficial da PM do Rio de Janeiro: "O comando da UPP Vila Cruzeiro, Cpx da Penha, informa que houve um curto-circuito no ar-condicionado de um dos alojamentos".[90]

Acima de tudo, a associação da sigla CPX ao crime organizado era puro desrespeito e preconceito contra a população que habita esses complexos e que já é constantemente associada ao tráfico de drogas.

O caso foi rapidamente desmentido pelos veículos de checagem, mas o estrago já estava feito. A mentira continuava a se alastrar. O Gabinete do Ódio foi acionado e concentrou sua artilharia na divulgação daquela desinformação. Além de Flávio Bolsonaro, outros grandes influenciadores da extrema direita propagaram a mentira, entre eles Rodrigo Constantino, Carla Zambelli, Mário Frias e, claro, Nikolas Ferreira.

No mesmo dia gravei e publiquei um vídeo explicando tudo, exibindo as fontes oficiais e os portais de checagem de informações. Mostrei também como os bolsonaristas estavam espalhando uma foto de Lula abraçado a um "terrível traficante e assassino" que segurava fuzis. O homem era, na verdade, um ator profissional, morador da comunidade, que atuara como criminoso em alguma peça.

O vídeo atingiu mais de 9,3 milhões de acessos.

O TSE só ordenaria a remoção de todas as publicações associando o boné CPX com o tráfico de drogas doze dias depois.[91] Mais uma vez eles gritaram "CENSURA!".

No dia seguinte, 13 de outubro, foi a vez de desmentir uma das mais sórdidas campanhas de desinformação: Lula teria defendido ladrões que roubam celular, pois eles precisam do dinheiro para "tomar uma cervejinha". De saída, mostrei a checagem oficial da agência britânica Reuters: "Fact Check — É falso que Lula tenha dito que ladrões roubam celulares para tomar cerveja".[92]

Tudo aconteceu por causa de uma entrevista do ex-presidente a veículos independentes em 2017, quando ele falou do aumento da criminalidade em Pernambuco devido à piora da economia da região, que levava o povo à desesperança e, alguns, ao crime: "Vira uma indústria de roubar celular. Para que ele rouba celular? Para vender, para ganhar um dinheirinho. Ora, então eu penso que essa violência que está em Pernambuco é causada pela desesperança".

Era uma afirmação óbvia. Quanto pior o cenário econômico de uma região, maior pode ser a incidência de crimes, a depender de diversos fatores sociais e culturais.

Em seguida, na mesma entrevista, o assunto muda e eles começam a falar de futebol e o conflito entre as torcidas dos times Santa Cruz e Sport. Lula disse: "É preciso distensionar, para a sociedade perceber que a torcida do Santa Cruz e do Sport não são inimigas, são adversárias durante o jogo. Depois vão para o bar tomar uma cerveja junto".

O Gabinete do Ódio havia recortado o trecho "depois vão para o bar tomar uma cerveja junto" e o colado à resposta anterior, gerando um vídeo falso onde Lula supostamente dizia: "Para que ele rouba celular? Para vender, para ganhar um dinheirinho. Depois vão para o bar tomar uma cerveja junto". Bolsonaro repetiu esse disparate no debate da Rede Globo, assistido por cerca de 50 milhões de brasileiros.

O novo vídeo, em que eu provava essa manipulação e recorte, acumulou em torno de 9,2 milhões de acessos. Verdade que não chegava aos pés de um debate presidencial na maior emissora de TV do país, mas fiquei feliz com o resultado.

Em seguida criei outro vídeo, dessa vez desmentindo que Bolsonaro havia sido o grande responsável pela criação do Pix, o sistema de transferência monetária instantâneo que revolucionou a forma como os brasileiros passaram a transferir dinheiro uns aos outros. Essa era simples: o presidente do Banco Central, nomeado por Bolsonaro e seu aliado, havia dito que o "Pix não foi projeto da gestão atual".[93] Mas para Bolsonaro isso não tinha importância, ele continuava se vangloriando de uma medida que não tomara.

Também mostrei outro vídeo, gravado no dia em que o Pix foi lançado no Brasil. Um admirador agradece a Bolsonaro no cercadinho, dizendo: "Parabéns pelo Pix, presidente". Bolsonaro responde achando que o agradecimento dizia respeito à aviação civil, ao que é corrigido pelo fã: "Não, esse é do Banco Central para pagamentos, 24 horas, 7 dias por semana". O presidente então responde: "Isso aí não tomei conhecimento".[94] A criação do Pix datava do governo de Michel Temer, em 2018, e Bolsonaro não fazia a menor ideia do que se tratava mesmo após o serviço já ter sido lançado.

O vídeo atingiu mais de 7 milhões de acessos.

No dia 14 de outubro, em entrevista a um podcast, Bolsonaro afirmou que nenhuma criança havia morrido de covid-19 no Brasil. "Que esse homem é um mentiroso compulsivo, a gente já sabe. Mas agora ele foi longe demais, até para você que é fã e admirador desse cara", foi a entrada do meu vídeo do dia. "Para o Bolsonaro, todas as crianças que faleceram de covid no Brasil não têm absolutamente nenhuma relevância ou importância, porque elas nem sequer existem. Se você conhece alguma criança, se você é pai ou mãe de uma criança que morreu de covid, o Bolsonaro tá cagando pra você. Tá cagando pro teu filho. Porque, pra ele, o teu filho faz parte de uma mentira, de uma conspiração."

Em seguida, mostro uma matéria da Fiocruz, órgão ligado ao governo, que havia publicado: "Covid-19 mata dois menores de 5 anos por dia no Brasil".[95] E incluo a informação de que o Brasil era o segundo país com mais mortes de crianças por covid no mundo, ficando atrás apenas do Peru e tendo dez vezes mais mortes de crianças que os Estados Unidos.[96] Então insiro a explicação de Jair Bolsonaro durante o podcast: "O que aconteceu, em grande parte... O moleque tinha um traumatismo craniano, caiu de bicicleta... Levava pro hospital e botava no leito UTI covid, porque ele recebia por dia, meu, 2 mil reais, enquanto que a UTI pra traumatismo era mil reais".

Sem prova, sem nada. No meu vídeo, desafio o público a imaginar um cenário onde um médico iria arriscar sua licença para praticar a medicina, e até a sua liberdade, em troca de ganhar mil reais *para o hospital*. Não era nem sequer para o médico, mas para o hospital.

"O homem que se diz a favor da vida não tá nem aí se teu filho morreu pra covid", finalizei.

O vídeo superou a média e foi assistido mais de 11 milhões de vezes.

No dia seguinte, mantive a estratégia e publiquei um vídeo que destruiu mais uma mentira bolsonarista, a de que o PT teria desviado 242 bilhões de reais da Saúde. O vídeo atingiu quase 8 milhões de acessos.

Pintou um clima?

No dia 15 de outubro, explodiu um escândalo. No mesmo podcast em que Bolsonaro havia desdenhado das crianças mortas por covid-19, ele dizia: "Eu estava em Brasília, na comunidade de São Sebastião, se eu não me engano, em um sábado de moto [...] parei a moto em uma esquina, tirei o capacete, e olhei umas menininhas... Três, quatro, bonitas, de catorze, quinze anos, arrumadinhas, num sábado, em uma comunidade, e vi que eram meio parecidas. Pintou um clima, voltei. 'Posso entrar na sua casa?' Entrei. Tinha umas quinze, vinte meninas, sábado de manhã, se arrumando, todas venezuelanas. E eu pergunto: meninas bonitinhas de catorze, quinze anos, se arrumando no sábado para quê? Ganhar a vida".[97]

Bolsonaro, um homem casado de quase setenta anos, que passou a vida inteira falando de "moral e bons costumes", enaltecendo a família e a proteção das crianças, falava publicamente que "pintou um clima" com meninas de catorze e quinze anos.

Eu não queria criar sensacionalismo com o caso, sei muito bem o que é ser acusado de pedofilia. Só me pronunciaria depois de analisar tudo, incluindo a defesa do presidente.

Os fãs de Bolsonaro enfrentaram a avalanche de críticas e ofensas contra seu ídolo, justificando que "ele não quis dizer isso" e "o clima era um clima de gravação, porque ele queria gravar a cena". Seus assessores alegaram que aquilo que ele tinha narrado no podcast havia sido inteiramente documentado pela CNN Brasil, ao vivo, e que o "pintou um clima" se referia a "pintou um clima para gravarmos ali", como haviam defendido seus apoiadores. Mas a história não se encaixava.

O único programa produzido pela CNN Brasil com Bolsonaro em situação semelhante mostrava o presidente chegando a uma casa onde moravam três mulheres venezuelanas mais velhas, sem qualquer menina de catorze, quinze anos, bonitinha, arrumadinha, ou quinze ou vinte meninas se arrumando para "ganhar a vida". No programa da CNN, Bolsonaro chegou de carro com uma grande equipe, não de moto. Além disso, o assunto não teve nada a ver com meninas "ganhando a vida": ele foi falar com as três mulheres venezuelanas mais velhas sobre o comunismo, como é um regime horrível e como precisávamos ir contra as medidas de isolamento durante a pandemia.

Indignada, a venezuelana que aparece na matéria veio a público dizer que aquilo não tinha nada a ver com a história do "pintou um clima", e deixando claro que a casa abrigava uma ação social e não tinha nenhum caso de prostituição infantil.

Bolsonaro estava mentindo.

Seus defensores logo mudaram o discurso, passando a alegar que "Bolsonaro é um homem mais velho e não entende direito o que significa a expressão 'pintou um clima'". Bom, aí já era demais. Era hora de gravar.

No vídeo, começo com o discurso: "Não é meu objetivo fazer sensacionalismo com esse caso. Eu pensei muito antes de gravar esse vídeo, mas eu decidi gravar porque simplesmente não tem como encontrar uma explicação para o que aconteceu aqui". Em seguida, boto no ar a fala de Bolsonaro com a frase "pintou um clima" e digo que me esforcei para entender o sentido daquilo, mas não havia qualquer explicação plausível. Repito as teorias da extrema direita e exponho todo o caso da CNN Brasil.

Em seguida, exibo um trecho de uma entrevista do presidente para o Flow Podcast, na qual ele diz que a conversa estava ficando romântica: "Daqui a pouco vai pintar um clima aí, pô. E se pintar o clima eu sou o marido, deixar bem claro", seguido de muitas risadas. Bolsonaro sabia exatamente o que significava a expressão "pintou um clima". Concluo o vídeo: "Então, Bolsonaro.

Quando foi? Por que pintou um clima? O que você queria dentro da casa dessas meninas? Essas são as perguntas que faltam respostas".

Eu não acusei Bolsonaro de pedofilia, não o chamei de pedófilo, apenas pedi explicações, que até hoje não vieram. O vídeo teve mais de 8 milhões de acessos.

Poucos dias depois, o ministro Alexandre de Moraes decidiu que a frase "pintou um clima" não era suficiente para tecer qualquer acusação ao presidente e ordenou que todas as referências ao caso fossem apagadas da internet durante o período eleitoral. Pessoalmente, acredito que foi uma tentativa do ministro de agradar o lado bolsonarista, já que ele era acusado de remover apenas publicações da extrema direita (o que não era verdade). Mesmo assim, o meu vídeo não foi derrubado e ainda se encontra no ar, uma vez que não fez qualquer acusação.

O caso todo foi varrido para debaixo do tapete, mas até hoje permanecemos com a dúvida. Por que pintou um clima entre Bolsonaro, sua equipe e meninas de catorze e quinze anos bonitinhas e arrumadinhas?

A volta de Nikolas

A velocidade com que o apelido "Chupetinha" se espalhava estava impactando o dia a dia de Nikolas Ferreira, que em 17 de outubro decidiu que a humilhação precisava acabar. Quatro dias depois do episódio do boné CPX, ele gravou um vídeo. De cara, disse que havia mandado confeccionar um boné igual e pediu que eu o usasse, acreditando que eu jamais ousaria vestir um boné supostamente relacionado a uma facção criminosa.

Para "provar" que "CPX" era, sim, um termo associado ao tráfico de drogas, ele exibiu a imagem de um criminoso armado que vestia uma camisa com a sigla "CPX C.V". Em seguida, mostrou um cartaz de "procurado" para o criminoso chamado "Xandinho CPX", além de um fuzil apreendido pela Polícia Militar, no qual estava escrito CPX.

Era o puro suco de distorção da realidade. Como foi provado inúmeras vezes, "CPX" significa "Complexo" e pode ser usado para se referir ao Complexo do Alemão, da Maré, do Salgueiro, entre outros. Um criminoso se apropriar da sigla em uma camisa, ou escrever em um fuzil, ou até adotar como apelido, é apenas um símbolo de identificação com o local. No caso da camisa "CPX C.V", conforme foi apurado por jornalistas, o criminoso estava provocando a facção rival, deixando claro que o "Complexo" era do "Comando Vermelho".

A acusação do deputado ecoava o preconceito contra a comunidade, pois ele jamais associaria o nome "Copacabana" a "termo do tráfico" se um miliciano fosse chamado de "Carlinhos Copacabana", ou vestisse uma camiseta de identificação com o bairro.

Mas essa não era a pior parte.

Nos três minutos seguintes, Nikolas decidiu mais uma vez associar Lula ao narcotráfico internacional, com as Farc e grandes ditadores de esquerda. As associações, contudo, foram todas levianas ou mentirosas. Por exemplo, ele tratou como "prova" o fato de Lula ter conhecido pessoalmente Hugo Chávez e Raul Reyes, como se isso fosse, por si, indicativo de alguma coisa. Em determinado momento, o malabarismo intelectual chegou a tal ponto que Nikolas revelou que uma professora nomeada para trabalhar no Ministério da Casa Civil durante o governo Lula seria esposa de um ex-guerrilheiro da Farc. Que diabos isso tinha a ver com a associação de Lula com o grupo de guerrilha?

No fim, Ferreira encerra com a frase: "Dia 30 teremos comemorações nas cadeias ou nas igrejas? Você decide".

TUDO é Deus. TUDO é igreja.

O Projeto Comprova demonstrou que praticamente todas as alegações de Ferreira em seu vídeo eram "falsas" ou "enganosas". A CNN Brasil publicou a checagem.[98]

No mesmo dia, publiquei meu vídeo de resposta, com nove minutos de duração.

Já no primeiro segundo, apareço com o boné "CPX". Mostro como as acusações do deputado são infundadas. Explico em detalhes não só como o Brasil nunca tentou implementar um regime comunista como relembro a associação de Bolsonaro com ditadores sanguinários da extrema direita. Também falo que eu, pessoalmente, sou contrário ao chavismo e a qualquer regime que se imponha sob a forma de uma ditadura, tenha nascido ou não por meio da democracia, ainda que seja para resistir ao imperialismo norte-americano. Mesmo assim, peço às pessoas que estudem os contextos dessas revoluções. E continuo o vídeo desafiando Ferreira a se informar sobre quem foi um grande defensor do chavismo. Mostro Bolsonaro em entrevista concedida em 1999: "Chávez é uma esperança para a América Latina e gostaria muito que essa filosofia chegasse ao Brasil. Acho ele ímpar. Pretendo ir à Venezuela e tentar conhecê-lo".[99]

Sempre discordei do relacionamento exagerado do PT com líderes ditatoriais da esquerda latino-americana. Contudo, finalizei o vídeo dizendo: "Sabe qual é a diferença entre mim e você, Chupetinha? É que eu discordo do Lula e continuo sendo aceito por ele. E você? Alguma vez discordou do seu líder supremo? E se discordar, o que ele vai fazer contigo?". O vídeo atingiu mais de 11 milhões de acessos.

A resposta de Nikolas foi me desafiar a ir com o boné CPX para uma comunidade que não pertencesse ao "Complexo". Uma deturpação lógica, uma vez que entrar em uma favela com a identificação de outra, ainda mais comandada por facção rival, sempre será perigoso. E isso nada tem a ver com CPX estar associado a uma facção.

O vídeo de Nikolas, cheio de mentiras, atingiu mais de 20 milhões de acessos. No mundo digital, a verdade quase sempre perde para a mentira.

O combate da extrema direita à pedofilia

No dia 19 de outubro, com o intuito de subir nas recomendações algorítmicas das redes entre os fãs do neofascismo, abri um vídeo com a frase alarmista muito utilizada pela extrema direita: "Atenção! A segurança dos seus filhos está em risco!".

Havia anos tramitava na Câmara dos Deputados o projeto de lei 1776/2015, que pretendia classificar os crimes de pedofilia como "hediondos". Em função da polêmica envolvendo o tema e sob pressão popular, a Câmara abriu votação para os deputados escolherem se queriam decidir aquele tema naquele dia ou não, o que significaria adiar, sem marcação de data. Venceu o NÃO.

Todos os partidos aliados de Bolsonaro votaram pelo não — Bia Kicis, Eduardo Bolsonaro, Carlos Jordy e Daniel Silveira, além do sempre em cima do muro Kim Kataguiri. Já os partidos de esquerda e progressistas votaram pelo SIM.

Mostrei que em sua gestão Bolsonaro havia derretido o orçamento federal para o combate à pedofilia. Em 2015, com Dilma presidenta, o orçamento para o combate à pedofilia era de mais de 1 bilhão de reais. Em 2022, Bolsonaro diminuiu esse valor em mais de 70%, chegando a apenas 308 milhões de reais investidos.

E piorava, porque em seu plano de governo o presidente já havia apresentado seu projeto de orçamento para 2023. Caso ele fosse reeleito, a verba destinada ao combate à pedofilia cairia para inacreditáveis 15,4 milhões de reais no ano seguinte.

Aquelas eram as pessoas que se diziam "protetoras" da infância.

Ao fim do conteúdo, falei: "Que todos os pais e mães do Brasil saibam. A partir de hoje, a única razão que pedófilos criminosos não são enquadrados como crime hediondo é graças ao bolsonarismo".

O vídeo obteve quase 10 milhões de acessos.

“Censura! Estamos sendo censurados!!!”

Ao longo do segundo turno, várias publicações foram removidas por ordem do TSE. Ainda que a medida tenha atingido os dois lados, havia algum tempo que os comunicadores de extrema direita reclamavam que estavam vivendo sob a “ditadura do Judiciário”, submetidos à “censura explícita”. Essa vitimização viria a se espalhar pelo mundo em 2024, com a adesão de Elon Musk em defesa dos neofascistas e acusações de que o ministro Alexandre de Moraes seria um ditador por ordenar a remoção de conteúdos criminosos.

Musk chegaria ao cúmulo de divulgar duas versões do que chamou de “Twitter Files Brasil”. A primeira acusava Moraes de agir como um tirano por promover a remoção de “opiniões contrárias”, o que ficou comprovado como mentira, uma vez que as decisões se referiam à prática de crimes no Twitter. Já a segunda versão era voltada contra mim, que seria um grande articulador da ditadura para censurar perfis que “pensavam diferente”. Como “prova”, revelou-se que eu tinha o contato direto do diretor do Twitter Brasil, e que havia proposto uma reunião entre mim e o chefe de segurança do Twitter internacional, o que nem sequer aconteceu. Para a extrema direita, essa era a prova irrefutável de que eu controlava o Twitter e decidia quem deveria ser banido da plataforma.

Tenho boa relação com diversos diretores de diferentes redes sociais e, em junho de 2021, pedi ao diretor do Twitter que fizesse alguma coisa a respeito de Allan dos Santos, após sua declaração de que o jogador Christian Eriksen havia sofrido uma parada cardíaca durante uma partida da seleção da Dinamarca em função da vacina contra a covid-19.[100] O jogador nem tinha sido vacinado.[101] O executivo não atendeu ao meu pedido e Allan dos Santos continuou com sua conta intacta.

Foi exatamente por essa covardia da plataforma, e pelo vácuo de ações para coibir a proliferação de mentiras e crimes, que os tribunais brasileiros se mexeram. O exemplo dos Estados Unidos havia deixado claro que a falta de regulamentação das redes sociais e a postura liberal de permitir que elas se autorregulem podiam resultar em tragédia. O atentado ao Capitólio, impulsionado por Donald Trump, causou a morte de cinco pessoas e deixou diversos feridos.

Portanto, além da ordem de remoção de conteúdos criminosos, os tribunais brasileiros também agiram para tentar conter determinados perfis que continuavam a praticar os mesmos crimes, já que a simples derrubada de suas publicações não parecia surtir efeito. Nesse ponto tenho minhas discordâncias, dado que eu mesmo não sou defensor da prática de banimento eterno de alguma pessoa de uma rede social, a menos que respeitado um rito processual com amplo direito à defesa.

No caso do segundo turno das eleições, contudo, as ordens vieram no vácuo de legislação específica, ordenando o bloqueio de indivíduos reincidentes na prática de crimes. Em palavras simples: "Ou tira esse perfil do ar, ou ele vai continuar cometendo um crime atrás do outro e poderá influenciar o resultado das eleições". Sou contra? Sim. Era a única prática plausível para barrar o cenário de barbárie no segundo turno? Sim, também.

O TSE tentou de todas as formas agir na derrubada do conteúdo, e não dos perfis. Nikolas Ferreira, Carla Zambelli, a família Bolsonaro, Carlos Jordy e toda a turma tiveram inúmeras publicações apagadas por propagar desinformação clara e intencional, mas não adiantava. O conteúdo derrubado já fora visto por quem precisava e, quando a decisão era proferida, outras publicações mentirosas já haviam sido feitas e precisariam ser analisadas mais uma vez.

O maior problema é que não eram apenas pessoas cometendo crimes, mas também emissoras como a Jovem Pan, de imensa audiência digital e fortíssima presença na rádio, além de estar na grade de canais de televisão. Durante meses ela se tornou um veículo partidário e atacou de maneira desproporcional o candidato Lula. O time de comentadores incluía Rodrigo Constantino, Adrilles Jorge e Paulo Renato de Oliveira Figueiredo Filho, neto do ex-ditador do Brasil, João Figueiredo, a quem ele vive enaltecendo. Sob o governo Bolsonaro, a emissora viu suas verbas de publicidade recebidas do governo triplicarem.[102] Ao longo da campanha, seus jornalistas reiteradamente se referiram ao ex-presidente Lula como "ladrão", "condenado", "ex-presidiário" e "descondenado". E, por muito tempo, os tribunais brasileiros evitaram tocar no assunto.

No dia 16 de outubro, contudo, não dava mais para ignorar. A Jovem Pan era uma concessão pública, o que significa que operava sob uma permissão governamental para ser uma emissora de radiodifusão. Ela vinha desrespeitando as leis havia muito tempo. Foi só então que o ministro Benedito Gonçalves, do TSE, abriu um pedido de investigação contra o proprietário da empresa, Antônio Augusto Amaral de Carvalho Filho, o "Tutinha", e contra o candidato Jair Bolsonaro e seu vice na chapa, Braga Netto.[103]

O ministro afirmou que "a gravidade no uso indevido dos meios de comunicação decorreria do amplo alcance da rádio, da televisão e dos canais de YouTube da Jovem Pan, com potencial impacto na escolha de milhões de eleitores e eleitoras que foram expostos diuturnamente à desinformação divulgada com a roupagem de jornalismo e debate crítico, bem como do fato de que a concessionária tem recebido robustos recursos públicos do governo federal para transmitir publicidade institucional".[104]

No dia 19 de outubro, o TSE emitiu três decisões diferentes, determinando que o grupo Jovem Pan concedesse direito de resposta ao ex-presidente Lula, em função das declarações dos jornalistas da emissora que haviam atacado o candidato. A corte abriu investigação eleitoral a pedido do PT para analisar se a emissora havia tratado Lula com falta de isonomia em relação a Jair Bolsonaro.[105] Além disso, o tribunal decidiu que a emissora não poderia mais promover informações e acusações falsas a respeito de Lula.

Imediatamente a Jovem Pan reagiu e noticiou que estava oficialmente "sob censura". Uma nota pública foi emitida, com o título "JOVEM PAN SOB CENSURA".[106]

Era mentira, conforme informado por Tânia Maria Saraiva de Oliveira, advogada e integrante da Associação Brasileira de Juristas pela Democracia (ABJD): "O TSE concedeu três direitos de resposta a Lula porque a Jovem Pan continua veiculando como verdadeiras notícias que já foram desmentidas, que são falsas. É fake news mesmo, na caradura. Eles continuam falando de coisas que já foram julgadas e já houve revelação de que são fake news".[107]

Ainda assim, a extrema direita gritava "CENSURA". A Jovem Pan passou a exibir seus programas com uma baita tarja de "CENSURADA" acima do logo. As redes sociais foram à loucura com a extrema direita gritando que era a real defensora da "liberdade de expressão".

Agora imagine um cenário em que eu tivesse gravado um vídeo associando Bolsonaro ao canibalismo, por exemplo. Dois dias depois, o TSE ordenaria a remoção e o vídeo seria derrubado, certo? Mas aí nas minhas redes eu passaria a me referir a Bolsonaro como canibal, reiteradamente. Faria outro vídeo com a associação ao canibalismo, que também seria derrubado pelo TSE, que também derrubaria minhas publicações por serem todas mentirosas. Eu continuaria repetindo aquela desinformação criminosa diversas vezes, acumulando milhões de visualizações. Então, após a trigésima vez que eu subisse um vídeo me referindo ao presidente como canibal, o TSE abriria uma investigação e me proibiria de fazer essa associação. Você chamaria isso de censura? Melhor ainda, os bolsonaristas chamariam isso de censura?

O governo Bolsonaro tentou me prender por eu ter dito, uma única vez, que o presidente era genocida. Foi um único tuíte. Então acho que já temos nossa resposta.

No mesmo dia 20 de outubro, publiquei um vídeo esclarecendo todas as questões referentes às decisões do TSE para derrubar conteúdos e investigar possíveis crimes. Bati na tecla do ciclo vicioso da "vitimização por censura" da extrema direita, ilustrando com o caso em que trezentos perfis de bolsonaristas divulgaram a falsa informação do apoio do traficante Marcola ao Lula. Quando seus posts foram derrubados, gritaram que estavam sendo censurados.

Também alertei que a Jovem Pan já vinha atacando o Lula e fazendo campanha para o Bolsonaro das formas mais sujas possíveis, inclusive tendo sido notificada pelo TSE no dia 6 de setembro por mentira sobre Lula e propaganda pró-Bolsonaro.[108] Em seguida, expliquei como as concessões públicas estão sujeitas a leis específicas, incluindo a Lei Eleitoral, artigo 45, parágrafos III e IV:

"Encerrado o prazo para a realização das convenções no ano das eleições, é vedado às emissoras de rádio e televisão, em sua programação normal e em seu noticiário:

[...]

III — veicular propaganda política ou difundir opinião favorável ou contrária a candidato, partido, coligação, a seus órgãos ou representantes;

IV — dar tratamento privilegiado a candidato, partido ou coligação."

"Tá na lei! É proibido o que a Jovem Pan estava fazendo!", informei.

O vídeo atingiu 10 milhões de acessos.

Tiros e bombas contra policiais federais

Enquanto lutávamos pela divulgação da verdade e enfrentávamos o ódio no ambiente digital, nós, que estávamos envolvidos ativamente nesse combate à desinformação, sabíamos que estávamos perdendo a guerra, embora ganhássemos diversas batalhas. Dava para sentir o crescimento de Bolsonaro, impulsionado pela campanha asquerosa do Gabinete do Ódio. Fazíamos um grande barulho que eles jamais imaginaram acontecer, mas a verdade não conseguia superar a repercussão da mentira.

As pesquisas eleitorais mostravam a gravidade da situação. No dia 22 de outubro, o Datafolha informava 52% para Lula e 48% para Bolsonaro.[109] Como a margem de erro era de 2%, aquilo significava empate técnico. Ao mesmo resultado chegaram o PoderData e a Ideia.[110] A ModalMais/Futura havia informado 50,5% para Lula e 49,5% para Bolsonaro.[111] Já a Paraná Pesquisas, aliada do PL mas com o melhor desempenho no primeiro turno, informava que Lula tinha 51,3%, contra 48,7% de Jair.[112]

Até o dia das eleições a campanha só iria piorar, então aquele era um indicativo claro de que estávamos caminhando para perder as eleições. Bolsonaro e seus filhos, Nikolas Ferreira, Carla Zambelli, todos comemoravam diariamente, celebravam que o cenário estava virando e que não tinha mais jeito, eles já haviam vencido.

Embora divulgássemos otimismo, o cenário nos bastidores era de pânico. O crescimento de Bolsonaro era impulsionado pela frente evangélica, mas também atingia o eleitor médio. Àquela altura, nossas esperanças estavam depositadas na força do Nordeste brasileiro. E quem sabe na concretização de um milagre até o dia 30. De preferência, alguns milagres, não apenas um.

No dia 23 de outubro, o inesperado aconteceu.

Por volta das onze horas da manhã, uma equipe da Polícia Federal foi até a residência de Roberto Jefferson — ex-deputado e um dos mais fervorosos representantes do bolsonarismo no Brasil, cuja prisão domiciliar havia sido revogada por ele ter desobedecido a uma série de medidas cautelares — em Comendador Levy Gasparian, no Rio de Janeiro, para cumprir um mandado de prisão. Jefferson era acusado de promover ofensas a autoridades e ataques às instituições democráticas brasileiras.

O ex-deputado resistiu à prisão. Munido de um fuzil, começou a disparar contra os policiais, que correram para buscar abrigo. Ele continuou atirando e, em seguida, arremessou três granadas contra o efetivo policial. Dois agentes foram feridos.

Após oito horas de resistência, tendo como negociador o Padre Kelmon, que havia concorrido no primeiro turno das eleições, Roberto Jefferson se entregou, agora com o adicional da prisão em flagrante por tentativa de homicídio.

O caso deixou Bolsonaro em uma péssima situação. Era impossível desvincular a imagem do candidato à de Roberto Jefferson.

Foi um recado claro do que era a essência bolsonarista e ajudou a balançar muitos indecisos. No mesmo dia, publiquei um vídeo mostrando como a atitude de Jefferson era a prova viva de como funciona o bolsonarismo: eles cometem o crime, sofrem as consequências e reagem contra aqueles que tentam executar o que diz a lei: "É desse lado que você tá? É do lado dessa gente que você tá? Sai fora daí, irmão. Olha pro que o Roberto Jefferson acabou de fazer. O Bolsonaro é isso".

O vídeo atingiu mais de 5 milhões de pessoas.

O caso impactou o Brasil como um todo.

Faltava apenas uma semana para as eleições.

Cai a casa de Nikolas Ferreira

No dia 25 de outubro, faltando apenas cinco dias para a grande decisão do país, publiquei um vídeo lembrado até hoje por pessoas que se diziam indecisas, ou que já iriam votar em Lula, mas tinham ressalvas sobre o tal "esquerdismo". Ele começava com: "Você com certeza já ouviu que nenhum país governado pela esquerda deu certo. Será?". Essa é uma frase repetida pela extrema direita no Brasil e no mundo.

"Os países que vou mostrar aqui são todos governados pela temida esquerda, será que eles são comunistas? Será que eles deram errado?", respondo, e em seguida, elenco uma série de países. Alemanha, Austrália, Dinamarca, Espanha, Finlândia, Islândia, Luxemburgo, México, Noruega e Portugal, todos governados por representantes da esquerda.

"E por que todos esses países deram e dão certo, mesmo sendo esquerdistas? Porque eles são países democráticos. Venezuela e Cuba são países que passaram por revoluções e vivem sob regimes ditatoriais, algo que nunca foi defendido pro Brasil. A esquerda democrática visa governar exatamente como os países que eu mostrei aqui pra vocês. Há algum perigo nisso? Nenhum. O PT defende a democracia. O Lula defende e sempre defendeu a democracia. E na próxima vez que alguém te perguntar um país de esquerda que deu certo, agora você tem um monte para mostrar pra eles", finalizei.

O vídeo atingiu mais de 11 milhões de acessos.

Nenhum dos países citados caminhou para uma ditadura comunista.

No dia 28 de outubro, a dois dias das eleições, soltei no Instagram o vídeo que havia gravado com Lula no mês anterior. Era simples, rápido e direto. Eu desafiava o Lula a dizer, em menos de um minuto, por que ele merecia ser o novo presidente do Brasil.

"Olha, primeiro porque o Brasil precisa eleger alguém que goste de cuidar do Brasil. Alguém que goste de cuidar do povo. E alguém que respeite a democracia. O Brasil precisa votar, porque o Brasil precisa escolher alguém que goste do diálogo. Pessoas que conversem com a sociedade, que conversem com o movimento social, que conversem com o sindicato, com empresários, com artistas. E que respeitem os adversários. O Brasil tem que ter um presidente que ao invés de distribuir armas, vai distribuir livros. Vai distribuir acesso ao conhecimento e à cultura, que é disso que o Brasil tá precisando."

O vídeo atingiu 10 milhões de acessos.

Mas as fake news não paravam. Impossível desmentir todas, tantas elas eram. Eu divulgava nas redes os veículos de checagem que provavam se tratar de mentiras.

Diziam que o PT iria acabar com os banheiros separados por gêneros nas escolas e obrigariam todas as crianças a frequentar o mesmo banheiro, como forma de impor a tal "ideologia de gênero". Espalharam que hackers russos haviam descoberto fraude nas urnas eletrônicas, que teriam avisado o Exército e assim conseguiram evitar a vitória de Lula no primeiro turno.[113] Juraram que haviam encontrado o registro de votos realizados por pessoas que já haviam morrido, todos em Lula, no primeiro turno.[114] Inventaram um tal "código-fonte das urnas" que o TSE supostamente se recusava a compartilhar, para esconder a manipulação e fraude nas eleições.[115] Promoveram a mentira de que o Movimento dos Sem Terra (MST) estaria bloqueando a transposição do rio São Francisco para que faltasse água nos estados nordestinos e com isso o povo ficasse com ódio de Bolsonaro.[116]

Em uma das mais nojentas manipulações, cortaram um vídeo em que

Lula ia dar um beijo na testa de uma criança, deixando apenas a parte em que ele chega bem próximo, dando a entender que tinha dado um beijo na boca de uma menina de sete anos.[117]

Também inventaram que, numa fazenda do ex-presidente, a equipe de Lula teria detectado funcionários bolsonaristas, os quais teriam sido levados a uma balsa, que explodiu no meio de um rio, matando todos que estavam dentro.[118]

No mesmo 28 de outubro, não bastasse Roberto Jefferson ter sujado a imagem do bolsonarismo cinco dias antes, foi a vez de um segundo episódio marcante na reta final das eleições, dessa vez protagonizado por Nikolas Ferreira.

As mentiras divulgadas pelo deputado eram tantas que, a dois dias das eleições, o TSE ordenou que ele divulgasse um texto desmentindo tudo que havia promovido ilicitamente. Desesperado, logo após divulgar sua retratação, Ferreira publicou cem vezes seguidas uma foto de Alexandre de Moraes usando orelhinhas do Mickey Mouse.[119] A intenção dele era a de empurrar sua retratação para baixo em seu perfil do Twitter, mas acabou chamando mais ainda a atenção das pessoas, que queriam saber o que havia motivado aquela palhaçada. Se ele tivesse apenas postado a retratação e seguido seu ritmo normal de publicações, o caso teria gerado bem menos interesse.

A retratação era nefasta para Ferreira e para toda a campanha de Bolsonaro.

Poucas horas depois, publiquei um vídeo com as afirmações de Ferreira a respeito de suas mentiras ao longo dos últimos meses. E comentei cada item.

1. "Não consta (e nunca constou) na proposta de governo de Lula projeto de legalização das drogas." Acrescentei: "Exatamente o que a gente vem afirmando há muito tempo por aqui. E são palavras dele!".

2. "É completamente falsa a afirmação de que Lula perseguirá cristãos, fechará igrejas e limitará a liberdade religiosa." Acrescentei: "E essa foi uma mentira que você contou muitas vezes, né, Chupetículus? E agora você traz a verdade pra gente. Obrigado, Chupengui. Que é, gente? Tem que agradecer! Ele tá fazendo uma função social importantíssima agora: admitir que sempre foi um mentiroso".

3. "Lula já declarou ser contra o aborto e defende o trato da questão como saúde pública." Acrescentei: "Meu Deus, Chupetistes! A maior mentira de todas que você contou o tempo todo, cara! Até isso você tava mentindo!".

4. "Luiz Inácio Lula da Silva não tem qualquer vinculação com a criminalidade ou organizações criminosas." Acrescentei: "Mas… Ô Chu… Chu… Tu jurava que ele tinha ligação com o PCC, cara".

5. "Luiz Inácio Lula da Silva não pretende e nunca pretendeu censurar redes sociais ou promover qualquer espécie de censura contra os cidadãos brasileiros." Acrescentei: "Pô, essa aí eu te avisei né, Chupanha? Eu te falei várias vezes pra você não cair nem disseminar essa fake news por aí. Olha aí, agora tá passando vergonha".

A partir daí, encerrada a retratação, falei diretamente com o público: "Ou seja, praticamente tudo que esse menino falou, durante todo esse período eleitoral, foi mentira, e ele agora teve que se retratar. A retratação só acontece quando a questão é comprovada, não existe retratação quando a coisa ainda tá no campo das análises e das opiniões. […] Então tudo que Chupetóvski falou agora, nesses prints que eu mostrei pra vocês, é comprovado".

O vídeo atingiu 22 milhões de acessos ao longo dos dois dias que antecederam as eleições. O deputado não tinha como retrucar, responder ou melhorar sua imagem.

Carla Zambelli e a bala de prata

Chegou o dia 29 de outubro, véspera da eleição. Embora o Brasil não tenha 50% de neofascistas, uma quantidade avassaladora de gente havia se deixado contaminar pelo ódio antipetista, pelas mentiras da extrema direita e o desejo de "derrotar a esquerda".

Naquela dia, 94% dos eleitores diziam já ter escolhido seu voto.[120] Parece muito, mas eram os 6% restantes que provavelmente decidiriam as eleições. E essas pessoas tomariam a decisão a caminho das urnas. Ou seja, se estourasse outro escândalo mentiroso, como o do Marcola no primeiro turno, é bem possível que a vitória fosse de Bolsonaro.

As pesquisas indicavam empate. Apenas Ipec e Atlas indicavam vitória, com aproximadamente 54% para Lula e 46% para Bolsonaro;[121] o Datafolha mantinha 52% para Lula e 48% para Bolsonaro,[122] a Quaest informava 51,4% para Lula e 48,6% para Bolsonaro,[123] ambas em empate técnico. A surpresa ficou com a pesquisa Brasmarket, que apontou Bolsonaro à frente com 53,6% dos votos, contra 46,4% para Lula.[124] Já a Paraná Pesquisas, de credibilidade questionada, mas que mais se aproximou do acerto no primeiro turno, marcou 50,4% para Lula e 49,6% para Bolsonaro,[125] empate técnico.

Nas redes, os comunicadores progressistas mantinham-se firmes, corajosos, acreditando na vitória. Nos bastidores, Cobra e eu planejávamos minha fuga do país caso Bolsonaro saísse vencedor. Um avião particular estaria de prontidão para me levar até a Argentina (então presidida por uma gestão de esquerda), sem dar chance ao novo regime de promover algum tipo de ação ilegal contra mim.

Naquela manhã, o Gabinete do Ódio e associados começaram a promover a grande mentira da véspera das eleições. Agora, em vez de atacar Lula com alguma montagem criminosa ou falsa associação com organizações do crime, eles resolveram apelar para algo muito importante no coração de milhões de brasileiros: o MEI.

O Microempreendedor Individual (MEI) é o instrumento pelo qual um trabalhador autônomo pode se tornar uma figura jurídica no Brasil. De posse do MEI, ele pode abrir seu pequeno negócio e ter um faturamento anual de até 81 mil reais. Com ele, empreendedores informais podem ter garantias constitucionais. Em 2023, o Brasil atingiria a marca de 13,2 milhões de MEIs, ou seja, 70% das empresas formais do país.[126]

Entre a madrugada do dia 28 e a manhã do 29, Jair Bolsonaro e seu séquito voltaram os canhões para promover a mensagem de que "Lula irá acabar com o MEI". Era um tiro certeiro, que criaria pânico na população e atingiria milhões de pessoas.

Segundo levantamento do Radar Aos Fatos, as mentiras e ataques relacionados ao assunto se disseminaram rapidamente, atingindo 500 mil interações apenas no Facebook, com mais da metade das publicações tendo sido feita após um post de Jair Bolsonaro no Twitter.[127]

As mensagens se espalhavam no WhatsApp e Telegram, onde Bolsonaro também publicou um vídeo mentiroso. Em uma publicação viralizada pelo serviço de mensagens, podia-se ler: "Sou MEI sou trabalhador!!! LULA não acha!!! Sou MEI sou trabalhador!!! LULA não gosta do MEI (Micro Empreendedor Individual), aquele que trabalha para si próprio, é a costureira que emprega, os que fazem entrega pelo ifood, motoristas de Uber, a manicure, etc. LULA não quer o pequeno trabalhando para ele mesmo, perto da família e com liberdade de horário para trabalhar".

Flávio Bolsonaro postou que Lula teria a intenção de cobrar novos impostos sobre microempreendedores individuais, sem citar nenhuma fonte da notícia. O post foi removido após decisão de Alexandre de Moraes. Jair Bolsonaro escreveu que, "diferente de Lula", ele teria orgulho dos MEIS e que "não são menos trabalhadores". Teve mais de 200 mil curtidas e compartilhamentos.

O MEI havia sido criado durante o segundo governo Lula, sancionado e apoiado por ele. Para desmentir a desinformação, o candidato se pronunciou, ainda no dia 29: "Eles estão nas redes sociais dizendo que eu quero acabar com o MEI. Ou seja, eu sinceramente não consigo conceber como é que alguém disputa uma eleição mentindo descaradamente a campanha inteira".[128]

O ministro Alexandre de Moraes, na manhã do dia 30, ordenaria a remoção de todas as publicações que mentiam a respeito do MEI.[129] Porém, àquela altura, não era mais necessário.

A mentira do MEI provavelmente teria causado um estrago monstro nas eleições, não fosse um episódio protagonizado por Carla Zambelli, uma das mais importantes aliadas e amigas de Jair Bolsonaro, com imenso alcance nas redes sociais.

No dia 29 de setembro, o Tribunal Superior Eleitoral havia aprovado uma resolução proibindo o transporte de armas e munições durante as 24 horas que antecediam as eleições, o dia inteiro do pleito e as 24 horas seguintes. Nenhum colecionador, atirador ou caçador poderia portar armas nas ruas nesse período.[130]

Ainda na mesma tarde, Zambelli saiu de um restaurante na alameda Lorena, em São Paulo, quando teria notado um grupo que gritava o nome de Lula. Essas pessoas teriam xingado a deputada.

De repente, o Brasil inteiro parou. Nada mais importava. Nem o MEI, nem a eleição, o único assunto eram os vídeos que explodiram na internet.

Carla Zambelli, empunhando uma arma, persegue um homem negro pela rua, enquanto ele tenta fugir desesperado. Ela o encurrala dentro de uma lanchonete, com a pistola em riste, enquanto pessoas gritam, inclusive o próprio homem, que repete: "Eu não quero morrer! Eu não quero morrer!". Ela ordena que ele se deite no chão. O homem, desarmado e completamente em pânico, grita: "Ela quer me matar! Pra quê, mano?".

O vídeo termina aí. Uma testemunha relatou que ela só aceitou parar de perseguir o homem já dentro da lanchonete, após obrigá-lo a "pedir desculpas", ainda com a arma apontada para ele. (Mais tarde, Zambelli declarou que decidiu levar a arma consigo mesmo sabendo que era crime.)

Logo em seguida vai ao ar outro trecho, no qual o segurança de Zambelli a acompanha na perseguição, gritando sem parar e apontando a arma para o homem. Em determinado momento, ouvimos um disparo. O segurança havia atirado.

Jornais, noticiários e redes sociais não falam de outro assunto.

Zambelli dá sua versão. Teria agido em legítima defesa: não era apenas um homem, mas pelo menos seis. Ela teria sido agredida, empurrada e jogada ao chão. Em vídeo, declara: "Eles usaram um negro para vir em cima de mim. Eram vários". Exibe a calça rasgada, mostra machucados e diz que só depois da agressão ela decidiu partir para cima do agressor, junto de seu segurança, que só fez o disparo quando viu que um dos supostos agressores fez um movimento para sacar uma arma da cintura.

Era tudo mentira. Para o azar de Zambelli, outro vídeo capturou o momento em que ela alegava ter sido agredida. Na verdade, o homem, desarmado e sem oferecer ameaça, apenas provoca a deputada, dizendo "te amo, espanhola", numa alusão ao suposto período em que Zambelli teria trabalhado como prostituta na Espanha (nunca confirmado e tampouco relevante). A deputada decide partir para cima do homem, que imediatamente se afasta. Ela tropeça nas próprias pernas e cai no chão, sem que ninguém tivesse encostado nela. A partir daí, o homem corre, Zambelli o persegue e o segurança saca a arma, dando um tiro para o alto logo em seguida.

Para piorar, em vídeos filmados pela própria equipe de Zambelli, o homem negro aparece quase o tempo inteiro com os braços cruzados atrás das costas, um sinal clássico de quem não pretende reagir. Ele apenas repete frases como: "Amanhã é Lula, papai, amanhã é Lula" e "Vocês vão voltar para o esgoto de onde nunca deveriam ter saído".

Não havia legítima defesa, não havia seis homens, não houve agressão, não houve empurrão, não havia outra pessoa armada ou que tivesse feito o movimento de sacar uma pistola. Tratava-se apenas de uma das principais bolsonaristas do Brasil apontando uma arma para a cabeça de um homem negro desarmado após ouvir a frase "Te amo, espanhola".[131]

Num intervalo de seis dias, dois dos maiores representantes do bolsonarismo haviam empunhado armas contra inocentes, incluindo policiais federais.

Imediatamente publiquei um vídeo exibindo o ocorrido e pedindo que todos o compartilhassem: "Isso é o que o Bolsonaro quer pro Brasil!", eu concluía. O vídeo atingiu 21 milhões de visualizações. Além disso, disponibilizei os vídeos da própria Zambelli perseguindo o homem para que todos pudessem baixar e compartilhar, o que gerou muitos milhões de visualizações adicionais.

Quando o Brasil acordou no dia 30 e se dirigiu às urnas, a mentira do MEI havia sido obliterada por Carla Zambelli, que dera o recado final para o povo brasileiro do que significava ser bolsonarista.

Naquele dia o povo iria às urnas para decidir entre a barbárie e a paz, entre a perseguição e a sensatez, entre o ódio e a inclusão.

Por incrível que pareça, ainda assim ninguém conseguia prever o resultado.

O cancelador

Durante quatro anos, fiz tudo o que estava ao meu alcance. Em nenhum momento optei pela omissão, pela covardia ou pelo meu bolso. O custo tinha sido altíssimo. Perdi diversas campanhas publicitárias, incluindo uma de 5,5 milhões de reais com um aplicativo financeiro, uma de 2 milhões de reais com uma faculdade e inúmeras outras de valores menores. Marcas não queriam ter qualquer relação comigo (e ainda não querem), pois isso significava (e ainda significa) atrair para si o ódio bolsonarista.

Num cálculo simples, imagino ter perdido pelo menos 70 milhões de reais em campanhas publicitárias ao longo desses anos. Não foi dinheiro que saiu do meu patrimônio, apenas dinheiro que deixei de ganhar.

Ainda assim, muitos agentes da extrema direita, ou os que se dizem "isentões", me acusam de ter mudado de lado em busca de dinheiro. Outros tantos afirmam que eu devo receber enormes quantias do PT e de Lula. Afirmações sem respaldo algum.

Mesmo sendo o responsável pela criação do Instituto VERO de educação digital e midiática, de ter lançado o Cala-Boca Já Morreu, que salvou dezenas de pessoas que foram perseguidas criminalmente pelo governo brasileiro, de ter me empenhado com todas as forças para que as críticas pudessem existir, fui chamado de "agente da censura" por lutar para que fossem combatidos crimes na internet e por participar ativamente do debate para regulamentação do meio digital, que a extrema direita conseguiu associar com censura e "silenciamento do conservadorismo".

Até hoje essa imagem me persegue. Minha batalha, durante esse período, sempre foi política, sempre foi contra a extrema direita, a favor de uma regulamentação que proteja a liberdade de expressão. No entanto, a imagem que conseguiram vincular ao meu nome foi a de alguém que "persegue quem pensa diferente".

Ainda que tenha perdido milhões de reais, oportunidades de negócios, oportunidades artísticas e amigos, faria tudo outra vez, se tivesse a chance.

O resultado

Nunca senti nada parecido com o que meu corpo experimentou naquele 30 de outubro de 2022. Ondas de calor e de frio me atacavam aleatoriamente. A ansiedade se manifestava em suor e arrepios ao mesmo tempo.

Quase todos os meus amigos estavam na minha casa. Organizei um grande lanche e jantar, para seguirmos noite adentro a apuração dos votos. Eu não fazia ideia de onde estaria na manhã seguinte, se na minha cama ou em algum hotel na Argentina. Muito pior do que isso, não sabia se o Brasil seria entregue à esperança ou às trevas.

Em alguns momentos da campanha, cheguei a ter certeza de que a eleição estava perdida. Contudo, a última semana havia sido crucial, com os episódios de Roberto Jefferson, Nikolas Ferreira e Carla Zambelli, que refletiam até que ponto o ódio bolsonarista era capaz de chegar.

Às dezessete horas, as urnas foram devidamente fechadas. Eu mal respirava.

Em poucos minutos saberíamos as primeiras parciais e os comentários dos especialistas. O calor e o frio percorriam meu corpo como se estivesse doente.

Meus amigos tentavam melhorar o clima, cantando músicas de apoio ao Lula.

Às 17h20, fomos surpreendidos com a primeira parcial.

Com 2% das urnas apuradas, o resultado era: Bolsonaro 56,41%/ Lula 43,59%.

Não era possível.

Tudo bem, especialistas avisaram que isso poderia acontecer, visto que as urnas dos estados do Sudeste e Sul seriam apuradas primeiro, o que provavelmente se refletiria em uma largada favorável a Bolsonaro, mas eu queria acreditar que aquilo estava errado.

Quinze minutos depois, às 17h35, nova parcial mostrou que mais de 10% das urnas estavam apuradas, com 52,02% dos votos para Bolsonaro e 47,98% para Lula.

Lembro de pensar: "Meu Deus, 10% é muito por cento". Acostumado a fazer enquetes nas redes, havia aprendido que bastava uma pequena amostragem de votos para eu já saber o resultado. Por exemplo, se eu abro uma enquete agora perguntando para o meu público se eles gostaram do filme *Titanic*, apenas 2 mil votos já serão suficientes para saber o resultado, mesmo que mais 500 mil pessoas votem. A variação é sempre minúscula. Será que seria o caso aqui? Se 10% das urnas estavam apuradas, mudaria alguma coisa até o final?

Eleições presidenciais não são uma enquete no Instagram sobre o *Titanic*, são muito mais complexas, por se tratar da representatividade de um povo extremamente plural distribuído em 26 estados mais um Distrito Federal. As urnas não eram apuradas proporcionalmente, sendo conferidas de maneira mais rápida em alguns estados do que em outros. E nossa esperança estava nisso.

Às 18h11, com mais de 35% das urnas apuradas, Bolsonaro seguia na frente, agora com 50,81% dos votos, contra 49,19% de Lula.

Trinta e cinco longos minutos depois, ouvi a voz de William Bonner na Rede Globo: "Com 67,76% das urnas apuradas, Lula acaba de ultrapassar Jair Bolsonaro na apuração. Neste momento, o candidato petista aparece com 50,01% dos votos, contra 49,99% de Bolsonaro".

A gritaria em casa foi estrepitosa. Vários vídeos foram gravados para os stories no Instagram. Àquela altura, uma reviravolta era praticamente impossível.

Às 19h56, Lula foi eleito presidente do Brasil.

O resultado havia sido 50,90% para Lula e 49,10% para Bolsonaro.

Lula recebeu 60 345 999 votos.

Bolsonaro recebeu 58 206 354.[132]

O Brasil se salvou por uma diferença de 2,1 milhões de votos.

Ao final da campanha, os vídeos que produzi ao longo do mês de outubro tiveram mais de 400 milhões de visualizações, disparado a maior audiência que tive na vida, em apenas 25 dias. E estou bem consciente de que esse sucesso se deve à causa, não a mim.

Naquela noite, eu e meus amigos fomos para a ponte que atravessava minha piscina e, munidos de velas que soltam faíscas, gravamos um vídeo gritando e cantando o nome do novo presidente do Brasil.

Nós vencemos o ódio.

Vencemos mesmo?

O ódio nunca é de fato vencido. Por isso o trabalho de enfrentá-lo deve ser constante. Ele perde algumas batalhas, mas nunca é derrotado por completo. Nem mesmo o nazismo conseguiu ser extinto, então não tenho esperança de um dia convivermos sem esses expoentes de uma visão doentia de mundo e sociedade.

O meu ódio interno, contudo, havia sido derrotado, esmagado, destruído. Essa foi minha maior vitória em toda essa travessia. Agora, munido de informações, literatura e contatos, eu me sentia mais encaixado no mundo, sabendo por quem eu deveria lutar e como deveria ser essa batalha.

Em março de 2023, Marcelo Freixo declararia em entrevista: "O Felipe certamente teve peso na vitória de Lula, pois levou a trajetória do presidente a um público novo, que não tinha visto Lula no Planalto, não sabe o que é lutar pela liberdade sob uma ditadura. Diferente de nós, ele fala o dialeto dos jovens".[133] Fiquei feliz.

Em pesquisa realizada pela USP, Filipe Vilicic revelou que mais de 90% dos meus seguidores afirmaram que, por minha causa, haviam mudado de opinião em assuntos como saúde mental (72,5%) e política (71,4%). Além disso, 66% concordam com minha visão de que "mulher deve ter o direito ao aborto"; 98% concordam que "famílias LGBTQIA+ devem ter o direito de adotar"; e 94,2% concordam que "Bolsonaro foi o pior presidente do mundo, principalmente durante a pandemia".

Cumpri a minha obrigação.

De novo, o ódio nunca é vencido.

A eleição do Lula marcou um novo recomeço para o país. Incompetentes foram desligados de cargos de gestão, sobretudo os militares, substituídos por profissionais e especialistas. Para cuidar dos direitos humanos, saiu Damares Alves, que se elegeu senadora, e entrou um dos maiores nomes do mundo na área, Silvio Almeida. Já na economia, saiu o Paulo Guedes e entrou o brilhante professor universitário Fernando Haddad. Aos poucos, o país foi voltando ao prumo.

A perseguição contra mim, contudo, não pararia. Se antes eu era uma ameaça comunista contra o líder supremo, depois das eleições eu passei a ser visto como um dos motivos de sua derrota. Isso só aumentou o ódio e as tentativas de cancelamento.

Ainda hoje, vídeos meus do passado são resgatados, a página da revista surge de tempos em tempos como se fosse novidade, eu continuo sendo associado à pedofilia.

Em fevereiro de 2023, fui atacado por um brasileiro em Paris, depois de uma partida de futebol entre o PSG, time de Neymar na época, e o Lille. O homem gritava no meu ouvido, me mandando ir embora e proferindo todo tipo de palavrão. Foi identificado como um dos amigos do jogador brasileiro.

Em abril, moradores da cidade de Juiz de Fora fizeram bonecos de judas para serem espancados, perfilados como se fossem presos do nazismo na Segunda Guerra Mundial. Um dos bonecos trazia o meu rosto.

O ódio nunca será vencido.

Tudo o que podemos e devemos fazer é enfrentá-lo todos os dias.

A tentativa de golpe

Infelizmente a nossa história não tem fim. E nunca terá.

Logo depois das eleições, Bolsonaro se recolheu aos aposentos do Palácio da Alvorada e quase não deu mais as caras. Faltando ainda dois meses para o fim de seu mandato, e com o Brasil precisando desesperadamente que fosse iniciado o trabalho de transição para a chegada do novo governo, ele decidiu não fazer praticamente mais nada. Sim, aquele homem que passou décadas se enaltecendo como um grande patriota.

Em paralelo, milhares de brasileiros tentavam paralisar estradas e se aglomeravam em acampamentos na frente de quartéis das Forças Armadas, implorando por um golpe militar que impedisse Lula de assumir. Era uma resposta aos anos do ódio promovido pelo agora ex-presidente.

As imagens eram estarrecedoras. Os vídeos viralizavam, revelando quão eficaz fora a lavagem cerebral a que essas pessoas haviam sido submetidas. O clima estava tenso, acampamentos em geral financiados por empresários com interesse no golpe haviam sido erguidos em frente aos quartéis. Muita gente violenta e que parecia determinada a só desmontar as ocupações quando o Exército tomasse o poder. Bolsonaro, o único que poderia acabar com aquilo, optou pelo silêncio e pela reclusão, decerto na esperança de que os manifestantes fossem bem-sucedidos.

Bolsonaristas bloqueavam rodovias com terra e pneus queimados, além de atacar carros que tentavam furar os bloqueios.[134] As pessoas cometiam crimes em nome de Bolsonaro, que não tirava o pino dessa panela de pressão prestes a estourar — bastaria pedir que os manifestantes fossem "pacíficos" e conclamá-los a voltar para casa. E sobretudo enfatizar que abandonassem aquela ideia criminosa de golpe.

No dia 8 de janeiro de 2023, a panela explodiu.

Logo depois do almoço, milhares de bolsonaristas se encontraram e seguiram em cortejo pelas ruas de Brasília. Duas horas depois, iniciaram o triste ataque terrorista contra os Três Poderes.

Os vândalos invadiram o Congresso Nacional, o STF e o Palácio do Planalto, onde destruíram diversos itens do patrimônio público,[135] desde toda a mobília até o histórico relógio Balthazar Martinot Boulle, que pertencera a d. João VI, de valor não divulgado. Até o quadro *As mulatas*, de Di Cavalcanti, avaliado em 8 milhões de reais, foi rasgado. Somente no STF, foram perdidos 106 itens históricos de valor imensurável, que jamais poderão ser restaurados.

Houve pânico por parte do povo brasileiro. Muitas pessoas acreditavam que aquilo poderia, de fato, motivar um golpe de Estado, que poderia ser a faísca necessária para o início de um gigantesco incêndio.

Cerca de duas horas após a invasão dos prédios, as Forças Armadas agiram. Porém, ao contrário do que os terroristas supunham, o Batalhão de Choque da Polícia Militar do Distrito Federal expulsou todo mundo à força. O Exército seguiu o que manda a Constituição Federal e se submeteu às ordens da República.

Por volta de 18h20, os extremistas, revoltados após terem sido derrotados e vendo o sonho ir por água abaixo, atearam fogo no gramado do Congresso Nacional. Às vinte horas, o interventor na Secretaria de Segurança do DF, Ricardo Cappelli, convocou todas as forças de segurança para a Esplanada, com o objetivo de prender o maior número possível de pessoas e expulsar os insurgentes do local.

Somente às 21h17, diretamente dos Estados Unidos, o ex-presidente se posicionou, condenando os ataques de maneira branda e comparando-os a atos "praticados pela esquerda". Aproveitou ainda para tentar se eximir de qualquer culpa, dizendo: "Repudio as acusações, sem provas, a mim atribuídas por parte do atual chefe do executivo do Brasil".[136]

Bolsonaro não era apenas responsável pela invasão, ele já havia botado lenha na fogueira se não se criasse o tal do "voto impresso". Em 2021, falou: "Se nós não tivermos o voto impresso em 2022, uma maneira de auditar o voto, nós vamos ter problema pior que os Estados Unidos [na invasão ao Capitólio]".[137]

Foi exatamente isso que seus súditos fizeram. Praticamente todos estavam ali motivados por uma suposta "fraude" nas urnas, o que já havia sido comprovado como impossível por inúmeras frentes e especialistas, incluindo aliados do ex-presidente.

Até hoje essas pessoas acreditam que as eleições foram fraudadas.

O fim de Jair Bolsonaro

Durante sua gestão, Bolsonaro fez questão de criar um bordão a respeito de si. Disse ser "imbrochável" — jamais teria impotência sexual —, "incomível" — jamais seria penetrado analmente — e "imorrível" — jamais morreria.

No dia 30 de junho de 2023, ele seria obrigado a adicionar um termo à sua lista, só que dessa vez um epíteto verdadeiro: "inelegível". Por maioria de votos (5 a 2), o TSE declarou a inelegibilidade de Jair Bolsonaro por oito anos, contados a partir das eleições de 2022, em função da prática de abuso de poder político e uso indevido dos meios de comunicação durante reunião realizada no Palácio da Alvorada, quando o presidente reuniu embaixadores estrangeiros e infringiu diretamente as regras eleitorais do país.[138]

Isso, contudo, é apenas a ponta de uma gigantesca montanha de acusações contra Bolsonaro e seus aliados.

Hoje o ex-presidente responde a cinco inquéritos diferentes no STF, além de outras investigações, como tentativa de golpe de Estado, falsificação de cartão de vacina, venda de joias do governo, envolvimento com os ataques de 8 de janeiro.

Além disso, Bolsonaro também responde por suposta interferência na Polícia Federal, atos de contravenção penal durante a pandemia e violação de sigilo funcional na divulgação de uma investigação sigilosa sobre ataque hacker ao TSE.[139]

No dia 8 de fevereiro de 2024, Jair Bolsonaro teve seu passaporte apreendido pela Polícia Federal.[140]

Milhões de brasileiros esperam pela sua prisão.

Censura! Censura! Censura!!!

O governo Bolsonaro se utilizou da Lei de Segurança Nacional para tentar prender centenas de pessoas, incluindo a mim. Muitas foram salvas graças ao projeto Cala-Boca Já Morreu, outras ainda enfrentam as consequências da nefasta gestão de um genocida.

Graças às ações do TSE e do STF, diversos autores de crimes pela internet tiveram derrubadas suas publicações e, em alguns casos, suas contas. Outros tiveram suas prisões decretadas, como o criminoso pseudojornalista Oswaldo Eustáquio e o ex-deputado criminoso Daniel Silveira. Já Allan dos Santos, um dos maiores propagadores de mentiras intencionais, encontra-se foragido nos Estados Unidos.

Nenhuma dessas decisões foi tomada sem fundamento. São incontáveis crimes, desde os mais simples, como injúria, calúnia e difamação, até os mais complexos, como incitação a golpe de Estado, lavagem de dinheiro e organização criminosa.

Ainda assim, toda a turma neofascista brasileira conseguiu consolidar uma representação internacional, liderada principalmente por Eduardo Bolsonaro, que vem rodando o mundo ocidental em busca de apoio para o que eles chamam de "ditadura do Judiciário brasileiro". A comitiva costuma ser acompanhada por Bia Kicis e Gustavo Gayer, e eventualmente por Marcel van Hattem, Messias Donato e Coronel Ulysses. Em 2024, conseguiram um aliado de peso: Elon Musk.

As diversas reuniões e viagens começam a consolidar certa "Internacional Neofascista", com a união de poderosos chefes de Estado, pessoas muito influentes e proprietários de grandes fortunas. A ideia, ao que tudo indica, é unir forças para desestabilizar democracias de centro ou de esquerda e assumir o poder, seja por meio de eleições ou por outras vias.

Alguns nomes que supostamente compõem esse grupo, entre meros interessados em defender a "liberdade de expressão absoluta e irrestrita sem qualquer consequência" e outros que, comprometidos com a escalada do neofascismo, possuem um projeto de poder, são Eduardo Bolsonaro e sua trupe, Elon Musk,[141] Donald Trump,[142] Javier Milei,[143] Viktor Orbán[144] e Chris Smith.[145]

Em abril de 2004, sete deputados bolsonaristas foram discursar no Parlamento Europeu, em Bruxelas: Eduardo Bolsonaro, Bia Kicis, Júlia Zanatta, Gustavo Gayer, Marcos Pollon, Ricardo Salles e Coronel Ulysses[146] — os cinco primeiros custeados com dinheiro público. Os brasileiros discursaram sobre "censura" e "ataque aos direitos humanos" promovidos pelo Judiciário brasileiro, principalmente pelo ministro Alexandre de Moraes. Mais de 100 mil reais de dinheiro público foram gastos para que parlamentares eleitos democraticamente fossem mentir sobre o "fim da democracia no Brasil".

A deputada Júlia Zanatta, que vive esbravejando sobre "perseguição" e "fim dos direitos humanos", está sempre com uma tiara de flores na cabeça e segurando fuzis em fotos publicadas na internet. Na Alemanha nazista, meninas costumavam usar tiaras de flores em homenagem ao Führer. Ela jura que jamais pensou nisso, diz apenas que "a tiara de flores além de exaltar a feminilidade da mulher representa a cultura alemã e é um ornamento do traje típico da Oktoberfest".[147] No Parlamento Europeu, Zanatta "por acaso" decidiu não usar a tiara de flores, sua marca registrada.

Essa mesma deputada, que se diz perseguida e silenciada, posou para fotos segurando um enorme fuzil e vestindo uma camiseta em que se podia ler: "*Come and take it*" (Vem que tem). Embaixo da frase, o desenho de uma mão cravejada de furos de balas, faltando o dedo mindinho, uma alusão ao presidente Lula.

* * *

A extrema direita já percebeu que pode criar um gigantesco grupo em escala global. Em abril de 2024, o primeiro-ministro húngaro, Viktor Orbán, promoveu uma reunião formal desse grupo em seu país, com a presença de Eduardo Bolsonaro; de herdeiros do franquismo; de aliados de Donald Trump e outros candidatos americanos; de deputados do Paraguai; de membros da equipe de Javier Milei; de um ministro israelense e de representantes de partidos da extrema direita da Itália, Eslovênia, Polônia, França, Alemanha, Áustria e Holanda.[148]

O evento era o CPAC 9, Conferência de Ação Política Conservadora, voltado para o ultraconservadorismo e a união mundial. "Sabemos que os liberais são todos comunistas", disse o mestre de cerimônias. No Brasil, os liberais são vistos como integrantes da direita, enquanto em outros países são representantes da esquerda. Basicamente, o que ele quis dizer foi: "Sabemos que os progressistas são todos comunistas".

É óbvio que isso é mentira. A tática do medo do comunismo continua com força total, com a extrema direita identificando como comunista todo e qualquer posicionamento contrário a seus ideais racistas, xenófobos, homofóbicos e assassinos.

"Vamos ter eleições pelo mundo e elas terão de ser vencidas", afirmou Viktor Orbán. Em outro momento, definiu o progressismo como um "vírus", dizendo que a Hungria possuía um laboratório para combater esse vírus na União Europeia. Como sempre, houve inúmeras falas associando a criminalidade à entrada de imigrantes, além da promoção do ódio contra a comunidade LGBTQIAPN+ e elogios a Elon Musk.

Matt Schlapp, ex-estrategista de Donald Trump, declarou: "Nas eleições dos próximos anos, vamos vencer para sempre o comunismo". Já o primeiro-ministro da Geórgia, Irakli Kobakhidzé, aproveitou para promover a ideia de que os países precisam "defender a família", e a ferramenta seria proibir a união entre pessoas do mesmo sexo, a adoção de crianças por casais homossexuais e as cirurgias de ressignificação sexual.

O fim

O fim da disputa eleitoral não apaziguou o Brasil, muito pelo contrário. Parece enraizado o clima de briga, disputa, ofensa e crimes para espalhar a agenda neofascista, sobretudo no ambiente digital, onde a ausência de legislação específica dificulta o enfrentamento. Desde então venho dedicando parte considerável do meu tempo empenhado na regulamentação e no debate de melhores práticas para defender os interesses gerais da população, sobretudo a manutenção da liberdade de expressão. Fácil não é, ainda mais pela força que o bolsonarismo assumiu no Congresso. Embora derrotado, Bolsonaro tem inúmeros aliados eleitos para cadeiras na Câmara e no Senado.

O projeto de lei 2630, após quatro anos de empenho do relator Orlando Silva, com a colaboração de diversos especialistas, foi jogado no lixo pelo presidente da Câmara dos Deputados, Arthur Lira, em 2024. O projeto não era perfeito, mas era decente e servia como ponto de partida, inclusive era melhor que o aprovado pelo Parlamento Europeu e já em vigor na União Europeia.

Em função disso, durante palestra realizada na Câmara, me referi ao deputado como "excrementíssimo", um trocadilho com "excelentíssimo", tratamento comumente dirigido a políticos. Lira acionou a Polícia Legislativa e pediu minha prisão pelo crime de injúria. Enquanto escrevia este livro, o MP solicitou o arquivamento do processo.

Mas não é apenas de sujeitos dessa estirpe que nosso Congresso e as câmaras municipais são formados. Em maio de 2023, fui contemplado com a Medalha Pedro Ernesto, a mais alta honraria da Câmara Municipal do Rio de Janeiro, em função da minha atuação no combate à disseminação de informações falsas. Ao longo do tempo, criei relações e ampliei minha atuação junto a representantes do progressismo para divulgar pautas importantes, explicar o funcionamento da política e pedir ajuda no enfrentamento ao neofascismo. Passei a atuar junto à Unesco em diversos eventos internacionais referentes à regulamentação digital e às melhores práticas para a internet.

Em fevereiro de 2023, fui convidado para o painel de abertura do evento Internet for Trust, da Unesco, em Paris, onde tive a honra de palestrar junto à prêmio Nobel da Paz Maria Ressa; à subsecretária-geral para Comunicações Gerais da ONU, Melissa Fleming; e à jornalista britânica Carole Cadwalladr, responsável por expor o escândalo envolvendo o Facebook e a empresa Cambridge Analytica durante a campanha de Trump.

A extrema direita segue se organizando internacionalmente, tendo o Brasil como um alvo crucial nessa guerra, espalhando que o país vive sob uma ditadura, onde a direita é proibida de se pronunciar. Muitos acabam caindo nessa mentira, ou enxergam nela uma oportunidade de ganhar algum poder, aproveitando-se da situação para fazer palanque e gerar desestabilização política, como as recentes ações de Elon Musk e seus ataques públicos contra o ministro Alexandre de Moraes e todo o STF.

Enquanto escrevo este livro, o Rio Grande do Sul passa pela maior tragédia climática da história do Brasil, com um volume de chuvas devastador. Consegui articular com a primeira-dama do Brasil, Janja, a utilização de um avião da Força Aérea Brasileira para o envio de 220 purificadores de água capazes de transformar a água da enchente em água potável. Como o valor para essa compra era muito alto (em torno de 4,8 milhões de reais), publiquei um vídeo mobilizando meus seguidores a fazer doações.

Na campanha de arrecadação, bolsonaristas se uniram para denunciar minha chave Pix de recebimento das doações. Mesmo assim, em 24 horas arrecadamos mais de 5 milhões de reais, compramos os purificadores, fizemos o envio e contamos com a Defesa Civil para as instalações.

Então começaram a surgir vídeos de influenciadores da extrema direita me acusando de desviar o dinheiro das doações; de comprar os purificadores por preços superfaturados; de ter recebido dinheiro da empresa de purificadores como garoto-propaganda; de receber dinheiro do banco onde abri a conta para receber as doações. Todos esses conteúdos, somados, atingiram milhões de pessoas.

Essa é a minha realidade. Essa é a minha batalha. E seguirei lutando.

Epílogo

Três de maio é o Dia Mundial da Liberdade de Imprensa.

Nesse dia, em 2023, eu estava numa pequena antessala nos fundos do gigantesco complexo da sede da ONU, em Nova York, com os joelhos levemente trêmulos. Engolia um café coado com leve sabor de sola de sapato. Não sabia se aquele gosto se devia à inabilidade norte-americana em coar cafés ou à minha ansiedade.

Dali a pouco um funcionário do evento entrou e me informou que era hora de ir.

Caminhei emulando tranquilidade e me posicionei na lateral do palco. Quando meu nome foi anunciado, me dirigi ao microfone. Foi só então que tive de me esforçar para não dobrar os joelhos e cair ali mesmo.

Eu estava no centro do palco da Assembleia Geral da ONU.

À minha frente, representantes de diversos países aguardavam em silêncio. Eu responderia às perguntas da jornalista Kristen Salcomey, correspondente da Al Jazeera.

Foi difícil absorver tudo aquilo. Eu vinha de um bairro periférico do Rio de Janeiro, enfrentara um dos piores presidentes da história, havia resistido, sobrevivido e agora era o orador principal num evento do Dia Mundial da Liberdade de Imprensa da ONU.

Silêncio sepulcral. Por alguma razão, aquelas pessoas queriam me ouvir. A síndrome do impostor começava a se manifestar. O que eu estava fazendo ali? Um homem sem faculdade, sem cargo público, que gravava vídeos divertidos para famílias que falam português, mas que agora discursaria em inglês sobre um assunto sensível.

Imaginei que o nervosismo fosse me impedir de falar, e que ter de improvisar em outra língua me faria passar vergonha. Eu não tinha um discurso pronto, não havia rascunhado uma apresentação e falaria o que me viesse à cabeça.

De repente, ouviu-se a voz de Saloomey. Ela se apresentou e começou a listar as perseguições que eu havia sofrido sob o regime Bolsonaro.

"Você estava preparado para isso [responder e ser perseguido criminalmente], como um influenciador?"

O nervosismo foi embora, as falas vieram: "Com certeza não. Ser acusado das coisas de que fui acusado foi a maior dificuldade da minha vida. É o que eles fazem quando não conseguem corromper a pessoa, eles tentam corromper a alma dela. E então a imagem dela aos olhos do povo. Quando comecei a realmente enfrentar o regime Bolsonaro", olhei para a plateia e me dei conta de que havia representantes de todo o mundo, então acrescentei: "Eu não sei se vocês conhecem o Bolsonaro. Se não conhecem, bem, vocês têm muita sorte". O auditório caiu na gargalhada. "Mas, se conhecem, sabem do que estou falando."

Discorri sobre a estrutura de desinformação e difamação para destruir minha imagem para milhões de brasileiros. Denunciei a perseguição, as acusações criminais de "corrupção de menores", as acusações por falar palavrões em vídeos antigos e a "ameaça à segurança nacional" por chamar o presidente de genocida. "Ele é um genocida e eu vou continuar dizendo isso. Pelos crimes que cometeu, ele deveria estar enfrentando um indiciamento por genocídio." Falei do Cala-Boca Já Morreu e de como defendemos gratuitamente dezenas de pessoas perseguidas pelo governo, salvando cada uma delas.

Então, Saloomey perguntou: "Você também luta contra a desinformação. Como fazer isso sem ferir a liberdade de expressão?". Minha resposta: "O que agora estamos tentando fazer é convencer as empresas a agir em uma escala maior, em vez de focar em conteúdos individuais. [...] Se focarmos em cada post individualmente, criaremos uma atmosfera de 'vamos deletar tudo', em que as empresas deletarão o máximo possível de conteúdo para não serem responsabilizadas".

E é com essas palavras proferidas na ONU que encerro este livro:

"Precisamos criar sistemas de regulação dos posts de um jeito que se compreenda o contexto do que está sendo postado. E o algoritmo, é aí onde o problema está de fato: o algoritmo.

Precisamos de transparência e precisamos de responsabilidade no sistema de recomendações. As recomendações de conteúdo são, de longe, o maior problema que temos online. As empresas querem poder nos usar para vender publicidade... E, por causa disso, democracias estão sendo ameaçadas! Isso é o quão longe a coisa vai!

Então, a menos que a gente realmente foque nos algoritmos e entenda que a economia da atenção é um dos fatores mais problemáticos que já tivemos na nossa sociedade, nós não conseguiremos enfrentar o problema. As empresas precisam sentar com especialistas e entender como podemos focar na economia da atenção com o objetivo de impedir que os algoritmos façam lavagem cerebral nas pessoas e as radicalizem, apenas porque precisam que elas permaneçam mais tempo online. É por isso que essas empresas continuam mostrando postagens e vídeos que irão radicalizar as pessoas, porque essa é a mais eficiente maneira de nos manter conectados.

Eu sou um criador de conteúdo, toda a minha vida eu fui treinado para fazer a pessoa ficar online. Conheço todas as dicas, todos os conselhos que YouTube, Facebook, Twitter, Instagram oferecem a um grande criador. E eles fazem isso conscientemente, tentando viciar o usuário.

Precisamos entender como o sistema funciona e atacar os algoritmos. Precisamos de transparência e precisamos que recomendações sejam destacadas como recomendações, caso contrário as pessoas continuarão a receber um fluxo de conteúdo radicalizante e continuarão a se tornar viciadas em coisas que irão radicalizá-las".[1]

Encerro este livro com um apelo ao leitor: não se permita ser manipulado até se tornar um radical. Questione. Pesquise. Enfrente.

Notas

Todas as notas deste livro podem ser acessadas pelo QR Code abaixo ou por meio do link <www.companhiadasletras.com.br/FelipeNeto>.

ESTA OBRA FOI COMPOSTA POR GABRIELA DAHER SOUZA EM MINION
E IMPRESSA EM OFSETE PELA LIS GRÁFICA SOBRE PAPEL PÓLEN NATURAL
DA SUZANO S.A. PARA A EDITORA SCHWARCZ EM AGOSTO DE 2024

FSC
www.fsc.org
MISTO
Papel | Apoiando o manejo florestal responsável
FSC® C112738

A marca FSC® é a garantia de que a madeira utilizada na fabricação do papel deste livro provém de florestas que foram gerenciadas de maneira ambientalmente correta, socialmente justa e economicamente viável, além de outras fontes de origem controlada.